한국 생태공동체의 실상과 전망

한국 생태공동체의 실상과 전망

국중광 엮음

도서출판 월인

머리말

자연과 생태계의 파괴가 더 이상 묵과되어서는 안 된다는 생각에 뜻을 같이한 분들이 모여 생태문제 연구를 위한 연구팀을 구성한 것이 5년 전이었습니다. 그동안 우리 연구팀은 한국학술진흥재단의 지원을 받아 세 차례에 걸쳐 생태문제와 관련된 연구를 했습니다. 1차는 2002년 12월부터 1년간 "생태위기 극복을 위한 대안으로서 독일 생태공동체, 그 이론과 실제"라는 주제로 독일을 중심으로 생태문제를 주로 이론적으로 다루었습니다. 이 연구의 결과물은 『생태위기와 독일 생태공동체』라는 제목으로 출판되었습니다. 2차는 "독일 생태공동체의 실천과 발전 가능성에 대한 연구"(2003년 12월~2004년 11월)라는 주제 하에 독일 생태공동체에 대한 집중적이고 총체적인 연구를 수행했습니다. 이 연구의 결과물 역시 『새로운 눈으로 보는 독일 생태공동체』라는 제목으로 출판되었고 문화관광부에서 시행한 '제38회 문화관광부 교양부분 우수 추천도서'로 선정되어 연구의 보람을 느끼게 했습니다. 우리의 연구가 수행되는 도중인 2004년 12월 24일 크리스마스 이브에 동남아시아 해안지역에서 쓰나미라고 불리는 지진해일이 발생해서 30만 명 이상의 인명피해와 수 백 만 명의 이재민을 생겨나게 했습니다. 리히터 규모 9.0의 지진에 의해 야기된 이 자연재난은 수소폭탄 270여 개, 히로시마에 투여된 원자폭탄의 266만 배와 맞먹는 파괴력이었다고 합니다. 쓰나미의 피해를 가장 심각하게 입은 지역이 외지인들, 특히 서구인들을 위한 관광지로 개발되거나 미식가들을 위한 새우 양식장으로 개발되어 해일을 막아주는 천혜의 방어벽 역할을 했던 맹그로브 숲과 산호초들을 없애버린 해안지역이라는 점에서 인간에 의한 생태계 파괴의 위험성을 적나라하게 보여준 사례라고 볼 수 있습니다. 전쟁과 같은 이데올로기나 종교, 민족적 자존심을 둘러싼 다툼이 아니라, 급변하는 자연 환경 속에서 살아남기 위한 투쟁이 국가나 인간의 미래를 좌우할 것이라는 "미국 정부의 지구 관련 비밀보고서"는 우리에게 충격적인 사실입니다. 더구나 "총을 겨눌 수도, 이런 위협을 통제할 수도 없다는 점에서 국가안보상의 독특한 위협 요인"이라고 판단한 이보고서가 미국의 국방성이 작성하였다는 점에서 충격을 넘어 공포를 불러일으킵니다.

두 차례에 걸쳐 독일의 사례를 중심으로 생태문제를 집중적으로 다루었던 우리는 한국의 현실에 눈을 돌리지 않을 수 없었습니다. 1960년대 산업화와 근대화를 지상명제로 삼고 독재적인 방식으로 개발을 해서 고도성장을 이루어낸 한국사회는 모든 목표를 대량생산과 대량소비에 두고 오직 부의 축적과 개발을 삶의 목표로 삼게 만들었습니다. 1990년대 소위 세계화라는 허울 좋은 명분으로 무장한 세계 독점 자본가들과 산업가들의 탐욕스러운 욕망에 부응하는 것이 마치 선진국으로 가는 지름길로 여기는 한국의 매판 재벌, 정치가, 관료, 언론인들은 한국과 한국의 민중을 그들의 기득권을 유지하기 위한 수단으로 삼고 예속시키려고 광분하고 있습니다. 여기에 소위 선진지식을 배웠다고 자부하는 지식인들은 온갖 번지르르한 이론들을 만들어서 기득권층을 돕고 스스로도 기득권층이 되려고 안간힘을 씁니다. 소비를 미덕으로 여기도록 부추기는 세력에 맞서 삶의 근본적인 의미를 추구하려는 많은 노력들이 한국사회의 일각에 일어났습니다. 이들은 자연과 환경문제들에 대해 근본적인 성찰을 했고 그 결과 생태친화적인 삶만이 지속 가능한 미래 사회의 대안이 될 수 있다는 판단에서 귀농, 여러 형태의 공동체 형성, 환경마을 조성 등을 통해 자신들의 꿈을 실현하려고 하고 있습니다. 이런 현실에서 우리 연구팀은 두 차례에 걸친 생태문제 연구 결과를 토대로 한국에서의 대안적 생태운동의 실상을 집중적으로 조사하고 분석해서 바람직한 생태운동의 방향을 구상할 필요성을 절감하고 "독일 생태공동체의 비판적 적용을 통한 한국형 생태공동체의 모델 연구"라는 주제로 역시 한국학술진흥재단의 도움을 받아 2005년 9월부터 1년간 연구하였습니다. 11명의 연구원이 참여한 이 연구는 한국에서 실천되고 있는 생태공동체들을 ‘운영’, ‘교육문화’, ‘확산’이라는 세 가지 큰 틀 안에 각각 3~4개의 세부과제를 설정해서 집중적인 조사와 분석을 했습니다. 1년간 수행된 이 연구과정에서 우리는 생태공동체의 형태를 가지고 비교적 잘 운영되고 있는 것으로 알려진 충북 홍성의 <홍동마을>, “한국 DMZ 평화생명동산”을 기획하고 있는 춘천시 북사면의 <생기마을>, 전남 장성의 <한마음공동체>들을 공동으로 방문하여 공동체의 실상을 직접 보고 조사 분석했습니다. 그 밖에 전남 무안군의 <월선리 예술인촌>, 강원 평창군의 <성필립보 생태마을> 등 연구원들이 개별적으로 방문하여 자료 수집을 하는 등 실질적인 연구를 위한 노력들을 했습니다. 그 결과물들이 바로 이 책에서 논문들로 제시되고 있습니다.

생태공동체의 운영모델의 세부과제중 하나인 「갈등해결을 위한 수단으로서의 비폭력적 커뮤니케이션」에서 김갑년 선생님은 현대사회에서 아주 중요한 역할을 하는 의사소통이 생태공동체의 공동체적 성격을 유지하는데 역시 아주 중요하다는 관점에서 시작합니다. 다양한 종류의 커뮤니케이션 중 조직 커뮤니케이션으로 분류될 수 있는 공동체내에서의 의사소통은 구성원 상호간의 일상 대화만이 아니라 공동체 운영에 필요한 의사결정에 필수적인 요소이고 의사결정이 민주적으로 이루어질 수 있는 경우에야만 공동체도 민주적으로 운영될 수 있다고 판단합니다. 이 연구는 한국 생태공동체들의 구성원간 의사소통 모델을 분석 조사하는 동시에 이것을 바탕으로 한국 생태공동체내에서 의사소통 능력의 학습 가능성을 모델화하려고 시도합니다. 세부 2과제인 「한국 생태공동체에서의 노동」에서 최승호 선생님은 현대 산업사회에서의 노동은 자연이 생산자인 인간과 유리되어 화폐로 환원되는 상품가치에 다름 아니라고 판단합니다. 영원한 성장, 경쟁, 물적 풍요를 전제로 하는 자본주의 구조에서는 지속적인 성장과 완전고용의 달성은 불가능하므로 새로운 대안이 제시되어야 한다는 것입니다. 자연친화적 방식을 취해 자연과 일치되는 노동과 삶을 수행하는 새로운 사회공동체의 출현이 불가피합니다. 돌봄, 협력, 보전, 유대강화, 지속 가능성을 담보로 하는 생태공동체야 말로 21세기의 대안

사회일 수 있다고 판단한 연구자는 한국 생태공동체에서의 노동이 어떤 식으로 이루어졌는지를 조사, 분석합니다. 그 결과 노동을 통한 공동체의 발전 가능성과 공동체성을 강화시킬 수 있는 방안을 제시하고자 합니다. 세부 3과제인 「한국생태공동체 경제」에서 고명희 선생님은 인간 삶의 기본조건인 의·식·주 문제를 생태적인 측면에서 고찰하고 있습니다. 대량생산, 대량소비에 길들여진 자본주의 사회는 체제유지를 위해 한계가 있는 지구자원과 자연을 가능한 한 대량으로 남획하고 착취해서 지구상에서의 인간의 생존을 위협하는 정도에 이르렀다고 판단합니다. 이러한 상황을 극복하기 위해서는 인간들이 먹고 사는 문제를 지역의 부존자원을 최대한 활용할 수 있는 자급자족적 지역중심 경제의 지향이라고 봅니다. 이런 목적을 달성하기 위해 생태공동체는 지속가능한 사업에 초점을 맞추어야 한다고 연구자는 판단하고 구체적으로 생태공동체가 실시하는 지속가능한 사업의 종류, 생산과정의 경제적·생태적 효율성, 생산물 유통의 지속가능성의 문제와 생태공동체의 사회적 자본은 어떻게 관리되는지를 천착해서 생태공동체의 운영 모델을 구상하고 있습니다. 유상균 선생님은 세부과제 4인 「생태공동체의 에너지활용 및 제로웨이스트」에서 기본적으로 가장 중요하다고 여겨지는 에너지와 쓰레기 문제를 생태적인 관점에서 다룹니다. 생태공동체의 가장 큰 특징은 물질과 에너지의 생산과 순환이 얼마나 생태적인가 하는 것입니다. 연구자는 본인이 속한 녹색대학에서의 체험과 주변 생태공동체의 사례들을 에너지 자립을 시도하는 다른 외국의 공동체들과 비교해서 생태건축과 대안 에너지 생산 문제 등을 조사·분석합니다. 연구자는 생태 친화적 에너지 생산도 중요하지만 체계적인 절약 정신으로 에너지 자체를 많이 필요로 하지 않는 쓰레기 없는 공동체와 사회가 더 중요함을 강조합니다. 2과제인 "생태공동체의 교육 문화 모델"의 첫번째 세부주제인 「한국 생태공동체 체험학습의 실태와 발전방안」에서 윤도현 선생님은 생태공동체내에서의 체험학습이 생태공동체 운동의 확산을 위해 중요하다고 생각합니다. 그 이유를 연구자는 외부사람들의 생태공동체 방문과 체험으로 공동체의 가치와 생활양식을 홍보할 수 있고, 둘째 체험학습으로 생태공동체와 외부세계와의 네트워크를 강화하는데 이바지할 수 있으며 마지막으로 생태공동체의 운용과 재생산에도 일정한 경제적 보완수단일 수 있다는 실질적 의미를 지적합니다. 비교적 체험학습이 활발하고 효과적으로 이루어지고 있다고 판단되는 장성의 한마음 공동체와 단양 한드미 마을이 연구의 중요한 자료가 되었습니다. 세부 2과제인 「생태공동체의 생활교육」에서 한광용 선생님은 생태적 삶의 근본적인 의미를 집중적으로 추구합니다. 생태적 삶을 산다는 것은 기존 삶의 의미, 목표, 방법 등을 철저히 부정하고 미래에 대한 희망을 담보할 수 있는 개인적인 노력뿐만 아니라 사회적 변화를 추동하는 적극적이며 현실적인 삶의 변환을 의미한다는 것입니다. 연구자는 한국형 생태공동체의 참 모습을 우리나라에서 예부터 꾸준히 전해 내려온 그러나 지금은 거의 망각된 진정한 생태적 삶에서 찾으려고 시도합니다. 세부 3과제인 「문화활용을 통한 생태마을 만들기」에서 전선자 선생님은 지금까지 실현되고 있는 생태공동체를 비롯한 공동체들의 많은 노력에도 불구하고 활성화되지 못하는 이유들을 우선 분석합니다. 우리나라 곳곳에서 추진되는 '생태적인 마을 만들기', '살기 좋은 지역 만들기' 등의 사업이 주민들의 자발적인 참여와 협동으로 이루어지고 있다고 긍정적인 판단을 합니다. 그러나 이 참여와 협동을 더 한층 강화하기 위해서, 즉 사업 주체들의 역량확대와 강화를 위해 다양한 방법이 모색되어야 한다는 것입니다. 연구자는 지역생활문화를 활성화하여 고유문화 아이템으로 만들어 낼 수 있는 '문화활용'에 관한 지식과 운영시스템이 절실하다고 봅니다. 이 목적을 위해 연구자는 실제로 방문한 공동체들을 조사·분석해서 한국의 토색적 생태의식을 간직한 한국형 문화활용의 가치와 목표, 역할을 밝혀 바람직한 '생태공동체 만들기'의 방향을 제시하고 있습니다. 3과제인 "생태공동체의 확산 방안"의 세부 1과제인 「생태공동체와 지역사회와의 공존방안」에서 박경장 선생님은 생태공동체가 단지 하나의 자족적인 집단으로 정태적인 삶의 양식이 아니라 인류 미래의 지속가능한 삶을 담보할 수 있는 동태적 삶의 성격을 지닌 대안사회운동이라는 관점에서 출발합니다. 연구자는 이 운동이 근본적으로 주변 지역사회와 이상적으로 또는 현실적으로 공존할 수 있고, 더 나아가 두 사회 속에서 살아가는 사람들의 삶의 질을 상호 향상시킬 수 있는 공생의 가능성과 방안을 모색합니다. 이 연구에서는 생태공동체가 지역운동이 되어야 하는 이유, 한국 지역사회의 현실, 한국 생태공동체와 지역사회의 공존의 현실 등이 조사·분석되고, 이 분석을 기반으로 지역사회와의 공생방안을 위한 조건들과 지역사회와 공존할 수 있는 바람직한 생태공동체 모델이 제시되고 있습니다. 세부 2과제 「한국 생태공동체의 네트워크화」에서 김성균 선생님은 다양한 경제 주체 간 기능적 연계와 채널을 제공하여 경제성장을 이루어 내서 지역사회 발전의 중요기제로 작동되는 네트워크를 생태공동체의 활성화 전략으로 사용할 수 있다고 생각합니다. 다양한 경제적 주체간 정보교류, 협력, 보완 등을 연계망으로 지니는 네트워크는 호혜성, 상호의존성, 느슨한 동반자적 관계, 네트워크의 새로운 정보와 협력적 교류관계의 형성을 유도하는 권력(힘)의 특징을 가집니다. 기존 사회 간접망 투자에 근거한 지역발전 이론에서 사회적 관계를 중요시하는 네트워크이론을 통해 연구자는 생태공동체에서의 의사결정 및 전략 수립의 주체와 특정한 형태의 인프라, 즉 물적 기반, 지식 및 노하우 등 사회적 요소와 함께 여건 변화에 적응할 수 있는 집단적 학습과 능력을 자율적으로 배양할 수 있는 관행과 제도를 마련하려고 시도합니다. 세부 3과제인 「생태공동체 확산을 위한 기반제도」에서 전춘명 선생님은 생태공동체의 활성화는 현대사회에서 선택이 아닌 거스를 수 없는 본질적인 삶의 방식을 추구하는 대안사회운동의 종합적 실현이라고 봅니다. 이 운동은 바로 생명운동이고 그런 의미에서 생태공동체는 사회적 생명체로 간주되어 그 생명체와 주변 환경의 관계를 고려하는 '생태공동체의 사회생태학'적 입장을 취한다고 연구자는 판단합니다. 이 입장에서 이 연구는 사회적 변화의 폭과 깊이를 담아내는 사회적 기반제도를 조사·분석하여 생태공동체의 발전과 확대를 위한 요소와 방안들을 모색하고 있습니다. 마지막으로 김성균 선생님이 정리한 「부록」은 현재 국내 여러 지역에 분포되어 있는 40여 개의 공동체들의 설립목적 및 운영방향 등에 관하여 간략하게 기술하고 있으며, 더불어 주요 공동체 연구기관들에 대한 현황을 제시하고 있습니다.

지금까지의 연구 결과로 생태적인 삶은 더 이상 미룰 수 없는 필연적인 것임이 드러났습니다. 한국 생태공동체에 대한 우리의 연구는 작은 불씨에 지나지 않습니다. 앞으로 계속 더 훌륭한 후속 연구들이 나오기를 기대합니다. 연구원들의 노고에 진심으로 감사드립니다. 그리고 연구에 지원을 한 한국학술진흥재단과 이 책의 출판을 가능케 해주신 도서출판 월인 관계자 여러분께 감사의 말씀 드립니다.

2007년 1월

정남 누옥에서

연구책임자 국 중 광

차 례

머리말 5

1과제 생태공동체 운영 모델

17 **김갑년**
갈등해결을 위한 수단으로서의 비폭력적 커뮤니케이션

43 **최승호**
한국 생태공동체에서의 노동

69 **고명희**
한국 생태공동체 경제

89 **유상균**
생태공동체의 에너지 활용 및 제로 웨이스트

2과제 생태공동체의 교육 문화 모델

117 **윤도현**
한국 생태공동체 체험학습의 실태와 발전방안
-장성 '한마음공동체'와 단양 '한드미마을'을 중심으로

137 **한광용**
생태공동체의 생활교육

167 **전선자**
문화활용을 통한 생태마을 만들기
-독일 생태공동체의 비판적 적용을 통한 한국형 문화활용 연구

3과제 생태공동체의 확산 방안

197 **박경장**
생태공동체와 지역사회와의 공존방안

233 **김성균**
한국 생태공동체의 네트워크화

275 **전춘명**
생태공동체 확산을 위한 기반제도

[부록] 한국 공동체 현황 303

1과제: 생태공동체 운영 모델

김갑년

최승호

고명희

유상균

갈등해결을 위한 수단으로서의 비폭력적 커뮤니케이션

김 갑 년 (숙명여자대학교)

1. 들어가는 말

현대사회를 커뮤니케이션의 시대라고 한다. 사회 모든 분야에서 커뮤니케이션의 중요성이 강조되고 있으나, 이는 많은 경우 자신의 이익을 관철시키기 위한 수단으로써 이용될 뿐이다. 상대방을 언어적으로 제압하고 굴복시켜 자신의 목적을 달성하려는 매우 공격적이고 그런 의미에서 폭력적이라 할 수 있다. 현대 사회의 대안으로 등장한 생태공동체에서도 커뮤니케이션은 공동체 유지의 중요한 요소이다. 이 공동체 안에도 갈등은 존재하며 갈등 해결 능력이 요구된다. 필자의 경험에 의하면 갈등은 일반적으로 부정적인 감정과 결합되어 있으며 왕왕 그에 대해 논하기를 꺼려한다. 하지만 생산적인 작업 환경을 조성할 책임을 진 담당자라면 이 문제를 피할 수 없다. 적절한 갈등 해결책이 없다면 원활한 의사소통과 협력은 보장되지 않는다.

국내외 생태공동체들이 의사 결정방식으로 민주적인 방식을 택하고 있다. 이 의사결정 방식에는 일반의 의사결정과는 다른 특별한 점들이 부각된다. 예를 들어 몇몇 공동체에서 '연찬'이나 '아우성'이라 부르듯이 각기 다른 명칭의 회의방식을 채택하여 전원일치의 찬성이 나올 때까지 회의를 계속한다. 이런 방식의 의사결정은 구성원의 특별한 의사소통 능력을 요구한다.

이 논문에서는 여러 생태공동체에서 운용되고 있는 커뮤니케이션 모델을 비폭력적 커뮤니케이션이라 규정하며, 이러한 커뮤니케이션 방식을 분석하여 일반 사회에서도 적용 가능한 커뮤니케이션 프로그램을 발전시키고자 하는 것이 목적이다. 의사소통 능력과 문제해결 능력은 타고난 능력이 아니다. 이 분야의 능력을 대부분의 사람들은 습득해야만 한다. 본 연구에서는 이러한 능력을 발전시키고 강화할 수 있는 모델을 제시하는 것이 목적이다.

2. 국내 생태공동체의 의사결정 방식과 갈등해결 방식

커뮤니케이션의 종류는 다양하다. 생태공동체 내에서의 커뮤니케이션을 조사한다면 이는 조직 커뮤니케이션이라 할 수 있다. 여기서 조직은 시간적으로 지속되면서 형성되고, 특수한 목표를 추구하고, 일정한 규칙 체계를 갖추고 있는 사람이나 집합으로 이해된다. 이러한 의미에서의 대표적 조직의 예는 학교, 기업, 병원, 협회, 정당 등이 있다. 조직 커뮤니케이션은 개인 간 커뮤니케이션과 두 개의 영역으로 병존하는 것이 아니라 중첩되는 층위로 다뤄져야 한다. 가정에서와 마찬가지로 조직에서도 사람들이 함께 행동하는 것이며 이런 점에서 조직에서도 항상 개인 간 커뮤니케이션이 일어난다. 조직 커뮤니케이션은 다음과 같은 특징을 갖고 있다:

- 조직 커뮤니케이션은 구성원들 사이에서 내부적으로 일어날 수도 있고, 조직과 그 환경 사이에서 외부적으로 일어날 수도 있다.
- 참가하는 사람의 수는 2인 접촉에서부터 팀을 거쳐 조직 외부의 전체 사회에 이르기까지 매우 유동적이다.
- 참가자들 사이의 커뮤니케이션 관계는 각자 부여된 임무에 의거하자면 비대칭적이다.

본 과제의 연구대상은 조직, 즉 생태공동체 내부에서 일어나는 커뮤니케이션으로 참가자 수는 2인 접촉에서 다수까지이나 그 참가자가 조직의 구성원인 커뮤니케이션으로 한정한다. 그러나 본 연구의 대상은 생태공동체 구성원 상호간의 일상 대화가 아니라 공동체 운영에 필요한 의사결정 커뮤니케이션임을 밝힌다.

우리는 아마도 우리의 말하는 유형을 '폭력적'이라고는 보지 않을 것이다. 그렇지만 우리의 말들은 상대방을 다치게 하거나 슬프게 하는 도구가 되기도 한다. 말이 입힌 상처는 칼이 입힌 상처보다 깊다고 했다. 우리는 서로 이해를 하지 못하기에 동료들끼리 서로 불친절하게 대하며, 서로의 관계에 금이 가고, 거래상대방끼리 서로 고소를 하여 법정으로 가기도 한다. 이와 같이 우리가 다른 사람들과 다투는 층위는 매우 많다. 다분히 인격적 친밀성과 정서적 깊이, 도덕적 헌신과 수양, 사회 내부적 응집력 등을 강조하는 공동체 운동의 본질적 측면을 고려할 때 공동체 구성원 상호간의 의사소통 유형은 일반의 의사소통 유형과 다를 것이다.

2.1. 산안마을

산안마을의 운영은 기본적으로 전원일치제에 의하며 개인의 의견을 존중하면서 공동의 뜻을 실천해 나간다는 원칙이다. 인원이 많을 경우 3인 이상의 대표를 전원이 모인 연찬회에서 투표가 아닌 '전형'이란 방식으로 가장 잘 어울리는 사람을 전원 일치로 선출하여 대표기구를 구성하여 운영한다. 또한 6개월 마다 새로 전형을 하며, 이에 따라 모든 구성원들은 새로운 역할을 갖게 된다. 산안마을의 의사결정 방식인 '연찬'은 갈등의 극복에도 중요하다. 모든 갈등의 바탕은 자기의 견해나 주장만이 옳다고 고집하며, 그 갈등의 원인 또한 상대방에게 있다고 하는 것이다. 산안마을의 연찬은 갈등이 생기면 먼저 자기 자신을 돌아보고 검토하는 것으로부터 시작한다. 개인의 자각과 성숙함을 요구하는 것이다. 그리고 갈등의 상대가 있다면 당사자와 대화 연찬을 하며, 여러 사람이 참가하는 연찬회에 그 갈등을 공개하여 참가자들로부터 여러 의견을 들어 자기만의 결론에 빠지지 않도록 하는 것이다.

2.2. 지리산 두레마을

지리산 두레마을의 운영은 두레공동체운동을 총괄하는 DCM총회에서 결정된다. 그러나 지리산 두레마을의 실무운영은 두레마을 운영위원회 및 가족회의를 통하여 진행된다. 실무운영을 위해 진행되는 의사결정 방식은 가족회의와 운영위원회로 구분되어 진행되는데, 가족회의는 성원전체의 합의제 방식을 취하고 있으며, 생활 전반에 관한 내용을 주요 의제로 정하고 있다.

2.3. 민들레 공동체

민들레 공동체는 체계화된 조직과 운영방식은 정하고 있지 않으나, 매일 갖는 자체 저녁 기도회 이후 잠깐씩 대화를 통하여 안건을 다루고 있다. 의사결정 방식은 합의제 방식을 취하고 있으나, 이것 역시 아직 안정적 구조를 갖고 있는 것은 아니다. 공동체 내부의 갈등이 발생했을 경우에는 일상적인 기도회, 성경읽기 등을 통한 신앙적 방법을 동원하고, 갈등 당사자 간의 대화를 통한 상호이해와 용서를 구하며, 다른 공동체 회원의 개입을 통한 갈등 당사자 간의 문제해결을 시도한다.

2.4. 실상사 사부대중 공동체

기본적으로 총회, 이사회 등 법인의 운영 틀을 가지고 있다. 총회, 이사회에서는 투표나 거수에 의한 다수결 방식을 따르지 않고 충분히 의견을 교환한 후 합리적인 대안을 찾아 의결하는 방식을 취한다. 내부에 의견대립과 갈등이 생기는 경우 우선은 갈등 당사자 간의 대화를 시도한다. 문제를 해결할 때 까지 최대한 시간을 가지며, 여러 차례의 대화에도 문제가 해결되지 않는 경우 중재를 요청한다. 여기서도 해결이 되지 않으면 공동체 대표가 참여하여 양자 간의 전체회의를 개최하여 조정한다.

2.5. 안솔기 마을

매월 한 차례 갖는 주민 모임에서 마을의 크고 작은 일들을 논의한다. 마을을 대표하는 주민 공동대표가 3명이 있으며, 매년 연말 주민 모임에서 선출한다. 마을과 관련된 의사 결정은 주민 모임에서 과반수의 찬성으로 결정하고 있다.

2.6. 예수원

예수원은 의회(의장, 형제대표, 독신자매 대표, 기혼자매 대표 등 3~4인)와 회원모임으로 이루어진다. 매월 회원모임에서는 재정지출 원칙이나 인원구성 등을 안건으로 삼아 주제토론을 거쳐 출석의원 2/3의 결정 또는 과반수의 찬성으로 의사결정을 한다. 갈등이 있을 경우에는 당사자들이 직접 해결토록 하고 어려울 경우→각 책임자들 중재→의회 중재→목회, 장로 모임의 중재→회원모임의 중재 등의 과정을 거친다.

2.7. 정토회

정토회의 활동과 운영의 토대는 1993년 3월 '만일결사운동'으로부터 출발한다. 세상을 바꾸려면 최소한 한 세대, 즉 30년의 시간이 필요하다고 본 법륜스님 등 회원들이 최고의사결정기구인 총회를 구성하여 만일결사를 하였다. 총회는 현재 26명으로 구성되며, 의사결정은 소수의견을 존중하고 만장일치를 이루려는 민주적 절차인 삼의제(三儀制)로 이뤄진다. 이는 무조건의 만장일치제가 아니라 만장일치에 가까운 방식이다. 대립되는 의견이 있어 소수, 즉 1/3 이하의 참가자가 소수의견을 계속 주장 할 경우 1/3의 의견이 무시되고 2/3의 의견이 채택되는 것이 아니라 다시 토론을 한다. 이때에는 단지 소수만이 자신들의 의견에 대한 보충설명을 할 수 있으며, 다수는 소수의 보충설명을 듣기만 하고 다시 투표를 한다. 그래서 종전의 소수의견에 동의하는 사람이 1/3을 넘으면 그 안건에 관한 논의는 처음으로 돌아가 다시 시작한다. 그리고 이 두 번째 투표에서도 1/3 이하의 동의를 얻는데 그치더라도 다시 한번 새롭게 논의를 할 수 있다. 그러나 세 번째 투표에서도 1/3 이하이면 소수가 자신들의 의견을 스스로 철회한다. 이것이 삼의제이며, 결론적으로 보아 만장일치가 되는 것이다.

정토회에서의 갈등해소 방식은 세 가지 과정을 거친다. 첫 번째가 참회로서 자기 스스로 뉘우쳐 참회하는 것이다. 두 번째 수행법이 자기를 돌이켜 밖으로 표현하는 것이다. 이것을 포살이라 한다. 세 번째 수행법이 자자이다. 자자는 본인이 늘 자기에게 사로잡혀 있기 때문에 남을 보듯이 자기를 보지 못하기 때문에 남의 눈을 통해 자기를 보게 하는 것이다. 또한 자자는 나에 대해서 알고 있거나 갖고 있는 생각을 드러내서 말해줌으로써 개인에게는 해명할 기회를 주고 돌이킬 수 있는 기회를 준다.

2.8. 예수살이 공동체

예수살이 공동체는 배동교육을 마친 뒤 활동하는 '더부네'와 사제, 수도자로 운영에 참여하는 '길벗', 그리고 활동을 후원하는 '수산나회'가 운동의 세 축을 형성한다. 의사결정은 사안에 따라 차이가 있지만 전체 성원의 합의 방식을 기본으로 삼는다. 공동체를 대표하는 정회원들이 대표자 선출 논의 과정을 거쳐 만장일치로 결정한다.

2.9. 풀무농업고등기술학교

학교의 모든 운영은 교사회를 통하며 학생들의 활동은 학우회나 생활관 운영회를 중심으로 진행된다. 이 결정방식을 '무두무미'라 하며, 한 사람의 의견을 중요시하는 것이 아니라 모두가 동등한 상황에서 논의할 수 있는 구조가 특징이다. 대개는 장시간의 논의를 거쳐 최종안을 도출하며, 교사회에서 합의하느냐, 위임하느냐의 여부도 문제의 성격을 논의하여 교사회에서 결정을 한다. 갈등을 해소하는 특별한 원칙이나 제도는 없으며, 다만 풀무는 가족이라는 말을 강조하고 있다.

2.10. 자유학교 물꼬

학교의 운영은 공동체 식구 모두가 매주 한차례 모이는 한데모임에서 결정된다. 이때 물꼬가 원칙으로 삼는 것은 1) 정말로 그러한가 끊임없이 묻고, 2) 사랑으로 하고 있는가 돌아보고, 3) 공동체를 위하고 있는가, 4) 틀림없이 훌륭한 길이라고 믿어 의심치 않는 자신의 생각이라도 모두가 반대하면 내려놓을 수 있는가를 살피고 또 살피는 것이다. 의사결정은 한데모임에서 이루어지는데, 무엇보다 각자 맡고 있는 역할(통합교과, 농사, 부엌, 사무실, 학교소사, 목수, 요가 등)에 대해서 최대한 맡은 이의 의견을 존중한다. 또한 아이들의 일은 많은 경우 역시 아이들 한데모임에서 결정한다. 이때 어른이든 아이든 한 표씩을 행사한다. 물꼬에서는 갈등이 이미 자기 안에 해결방법을 가지고 있는 경우가 많다고 생각한다. 그래서 각자의 영성훈련을 중시한다.

2.11. 간디 청소년 학교

교사 공동체가 일상의 학교 교육을 관장하며, 학교생활에 관한 규칙이나 안건들은 교사와 학생이 함께 모여 의논하고 결정하는 가족회의가 있다. 교사

공동체의 경우 합의에 이를 때까지 계속 의견을 나누고 회의를 거듭하는 만장일치제를 원칙으로 하고, 특정 사안의 경우 위원회를 만들어 위임한다. 갈등이 생겼을 때에는 대화를 통하여 해결하며, 대화는 공식적, 비공식적 통로 모두를 포함하며, 의견이 조율될 때까지 계속 회의를 하거나 사적 만남을 통하여 서로에 대한 차이를 인정하는 과정을 거쳐서 공식 결정으로 가져간다.

2.12. 작은누리

작은누리의 운영은 형식적인 대표가 없으며 공동의 의견, 의사를 수렴하고 실천해가는 인디언식(불의원) 토론구조이다. 의사결정은 만장일치를 원칙으로 하며, 공동체의 생산, 공동체원들의 미래, 교육내용과 방식, 평화를 위한 구체적 실천방안 등을 논의한다. 생활 속에서 발생하는 갈등들은 2주에 한번 정기 '생활회의'를 통해서 갈등을 조정해 간다.

2.13. 광명YMCA 생협

매해 총회를 열지만 일상적인 결정은 이사회와 등대지기월례회에서 한다. 의사결정은 만장일치를 원칙으로 하며, 만일 소수가 찬성하지 않으면 소수의 의견을 충분히 개진할 수 있도록 한다. 다수결로 하는 의사결정 방식을 적용하지 않는다.

3. 갈등해결

3.1. 정의

'갈등해결'이라는 낱말은 '갈등'과 '해결' 두 부분으로 구성되어 있다. 갈등은 독일어로 'Konflikt'인데, 이 낱말은 라틴어의 'configere'에서 유래했으며 '충돌하다'를 의미한다. 이로써 이 낱말은 기본적으로 갈등에 내재하는 가연성과 폭발성을 포함하고 있다. 이 가연성과 폭발성은 갈등의 유형에 따라 다양한 강도를 가지고 있으며 잠복돼 있을 수도 있다. 사회적 갈등은 서로 관련이 있는 최소한 두 당사자 사이의 긴장상황이다. 이 긴장은 사고와 지각, 감정, 의지 또는 행위에서 표면적으로나 실제적으로 불일치하기 때문에 발생한다. 갈등의 경우 최소한 이 두 당사자 중 한쪽이 다른 한쪽을 자신의 이해달성에 방해요소로 느낀다.

'해결'은 아래와 같은 세 가지 의미범주를 포함한다:

- 결과
- 일치
- 종결

'해결'이라는 낱말은 '갈등'이라는 낱말과의 연관에서 서로 반목하는 두 진영 사이의 긴장이 종결될 경우 성공적인 갈등해결이 이루어졌다는 것을 의미한다. 이 결말에 도달하기 위해 그 전에 결과가 구해져야 하며, 이 결과는 이 두 진영에게 계속해서 그들의 이해를 완전하거나 제한된 범위에서 추구할 수 있는 가능성을 부여한다. 즉 상호간의 일치가 있어야 하며, 이 일치는 계약에 의해 이루어질 수도 있다. 이는 양자가 상대방의 이해와 상충하는 것을 막기 위해 자신들의 이해를 일정 부분 줄이는데 준비가 돼 있다는 것을 의미한다. 또 다른 가능성은 상대방의 이해와 상충되지 않으며 자신들의 이해가 완전하게 수행되는 것을 가능하게 하는 전혀 새로운 해결가능성을 발견하는 것이다.

3.2. 갈등의 종류

갈등의 종류는 갈등의 동기 또는 갈등의 테마에 따라 Mahlmann(2000,

S. 83)에 따르면 다음과 같이 분류할 수 있다:

- 이해갈등: 갈등 당사자들의 상이한 욕구
- 목표갈등: 다양한 이해는 상이하고 일치하지 않는 목표와 관련이 있기 때문에 이해갈등과 매우 밀접한 관계
- 판단갈등: 공동으로 계획된 목표가 어떻게 실현되는가(갈등대상)
- 분배갈등: 물질, 금전, 지도자 역할 등 제한된 것들을 어떻게 나누는가의 문제
- 역할갈등: 역할갈등은 어떤 개인이 그에게 부여된 역할과 그 자신의 행태가 일치하지 않을 경우 발생
- 구조갈등: 형식적, 조직적 확정이 갈등의 동기
- 관계갈등: 갈등당사자들의 관계 훼손
- 가치갈등: 상이한 도덕적 가치와 규범, 세계관이 핵심

그러나 실제로는 대부분의 갈등이 매우 다원적이며 서로 맞물린다. 갈등유형을 이론적으로 분류하는 것은 이질성을 줄임으로 갈등의 단순화에 도움을 준다. 어떤 한 유형의 갈등의 핵심이 무엇인가 설명할 수 있어 가능한 갈등해결이 합목적적으로 추구될 수 있다.

대부분의 갈등은 하루아침에 생겨난 것이 아니다. 그렇기 때문에 갈등관리를 위해 중요한 것이 갈등을 예방하거나 갈등을 적시에 인지하는 것이다. 예를 들면 구성원들 사이에 무뚝뚝하고 형식적인 대화양식과 작업능률의 감소, 사소한 일에 다투는 것 등이 심각한 갈등을 암시할 수 있다. 열린 갈등문화는 잠재적인 갈등을 장기간 방치하거나 갈등이 증폭되는 위험을 방지한다. 이를 위해 좋은 분위기를 조성하여 모든 구성원이 자신의 가치를 인정받으며 지원을 받는다고 느껴야 한다. 갈등을 사전에 방지할 수 있는 가능성은 진실하고 신뢰할 수 있으며 열린 커뮤니케이션이 보장될 때에만 가능하다.

생태공동체의 구성원들 역시 다양한 갈등요소에 노출되어 있다. 한 예로 산

안마을에서는 학교에 다니고 있는 아이들의 교육과 관련하여 여러 의견이 존재함으로 갈등이 발생한 적이 있다. 안솔기 마을에서는 마을 안 도로 포장 문제로 3년여 논란을 겪다가 포장하기로 결정을 하기도 하였다. 자유학교 물꼬에서는 주방에서 세제를 사용해야 하느냐 문제로 논란을 하기도 하였다. 간디 청소년학교에서는 교육 시스템을 바꾸는 일로 교사들 간의 의견이 분분했다.

3.3. 갈등상승의 단계

생태공동체의 구성원들이 갈등을 적시에 인식하여 적절한 방식으로 대처할 수 있는 능력이 없으면 이는 필연적으로 갈등당사자에게 영향을 미친다. 이런 조정되지 못한 갈등의 결과를 커뮤니케이션 학자인 Glasl(1994)은 9단계의 갈등의 상승으로 설명하였다:

1. 냉담
2. 대립과 논쟁
3. 말 대신 행동
4. 이미지 손상에 대한 불안과 제3자와의 연대노력
5. 체면손상
6. 위협전략
7. 한정된 파괴 타격(시도)
8. 상대방 파괴
9. 동반몰락

Glasl이 설명한 갈등진행의 역동성에서 중요한 것은 선택 가능한 행위가 점차적으로 배제되기 때문에 폭력의 수준이 상승하며 갈등상대방의 행동영역이 좁아진다는 것이다.

처음 세 단계는 내용에 관한 것이며, 이 단계까지에는 제한된 협력이 가능하다. 네 번째에서 여섯 번째 단계에서는 내용적 영역에서 관계영역으로 전환하며, 핵심은 갈등쌍방의 개인적 관계이다. 그러나 이 단계까지는 아직 결말이 가능하나 갈등쌍방 중 한쪽을 잃으며 가능하다. 또한 이 결말은 해당 당사자의 체면 손상 없이 일어날 수 있다. 일곱 번째 단계부터는 갈등쌍방 모두 손해를 볼 수 있다. 자신의 존재를 보존하는 것보다 상대방을 파괴하는 더 중요한 적대관계가 형성된다. 이러한 상황이 아니라면 갈등쌍방의 성숙도에 적절하지 않을 사고방식이나 감정, 동기 등이 이 단계에서 중요하게 된다.

3.4. 갈등의 평가

갈등은 어느 조직에나 존재하며 긍정적일 수도 있다. 그러나 필자의 경험에 의한다면 갈등에 대한 평가는 대부분의 생태공동체에서 부정적이다. 갈등은 의미 없는 장애요소로 인식되며 구성원들은 갈등이 공동체의 안녕과 질서를 해친다고 생각한다. 그 결과 갈등은 축소왜곡 되고 금기시되어 갈등을 건설적으로 극복하는 것을 어렵게 만든다. Mahlmann(2000)에 따르면 개개 구성원들의 갈등에 대한 인식이 갈등상황에서 중요하다. 만일 갈등이 부정적으로 인식된다면 갈등쌍방이 서로 개인적으로 공격당한다고 느끼기에 당사자들이 적대적인 관계가 되는 것이 빈번하다.

이에 반해 구성원들이 갈등은 피할 수 없는 것이라는 인식을 가지고 있다면, 이러한 인식은 공동의 발전을 도모할 수 있는 기회를 의미하며, 열린 갈등문화와 갈등해결 과정을 도울 수 있는 중요한 조건이다. 이상적인 것은 상반된 기본의식은 공동의 해결책을 어렵게 하기 때문에 모든 구성원이 갈등에 대해 동일한 긍정적인 기본의식을 가져야 한다. 공동체의 지도자로서 열린 갈등문화를 이루기 위해서는 민주적인 지도방식이 중요한 조건이다.

4. 갈등해결전략

갈등관리의 목표는 이른바 더 강한 갈등 당사자가 약한 상대방의 의지를 꺾고 자신의 이해를 관철시키는 것은 아니다. 갈등해결은 단지 모든 당사자가 그 해결책을 받아들이고 그를 지지할 때만이 긍정적으로 평가된다. 그러므로 갈등관리의 목표는 모든 당사자가 승리자로서 그 갈등에서 벗어나는 것을 의미한다. 상황과 갈등의 정도에 따라 다양한 방법이 적용될 수 있는데, 다음에서는 그 중 세 가지를 살펴보겠다.

4.1. 갈등대화의 중재

갈등당사자들 모두 자신들이 정당하다고 여기기 때문에 스스로 그 갈등을 해결할 수 없는 구성원 사이의 갈등이 발생했다면 이 두 쌍방을 도와 해결을 모색하는 대화중재자가 필요하다. 이때 갈등해결대화의 중재는 내적, 외적으로 수행될 수 있다. 중요한 것은 갈등당사자들이 중재에 동의해야 한다는 것이다. 중재자의 과제는 길고 피곤한 논쟁대화를 막기 위해 개방적 분위기와 신뢰감을 주며 대회진행을 효과적으로 구성하고 조정하는 것이다. 중재자는 쌍방이 활발한 정보교환과 이해교환을 하도록 도우며 창의적인 해결책과 실질적인 협약을 찾을 수 있도록 지원한다. 이때 중재자는 우선적으로 갈등당사자들의 단점이 아닌 장점에 집중해야 한다. 중재자가 취해야 할 또 다른 원칙들은 갈등 쌍방의 전체적인 가치평가와 이 두 쌍방과 지속적으로 해결책을 찾는 것이다. 이를 위해 중재자는 건설적인 대화진행 능력과 중재기술에 관한 지식, 특정한 질문기술과 역할방식을 소유해야만 한다.

이러한 유형의 갈등해결에서의 문제점은 필자의 견해에 따른다면 현실에서 이 중재자의 역할이 대부분 상위의 관리자에게 주어진다는 것이다. 특히 이 중재자가 권위적인 인물이라면 갈등쌍방은 이 갈등대화를 두려워하여 열린 대화를 방해할 수 있다. 그 외에 이 관리자가 중재자의 역할에서 갈등쌍방의 일치된 해결책을 찾기보다 자신의 이익을 관철하려고 할 수도 있다.

4.2. 비폭력적 커뮤니케이션(NVC)

갈등상황에는 익숙한 행위유형에 빠질 커다란 위험이 내포되어 있다. 갈등 쌍방 중 한쪽은 '공격이 최상의 방어'라는 슬로건 하에 목소리가 커지고 상처를 주는 커뮤니케이션을 선택한다. 다른 한쪽은 현명한 사람이 양보한다는 생각으로 목소리를 죽이고 수동적인 된다. 그러나 장기적으로 봐서는 이 상황이 그를 힘들게 한다. 또는 갈등에서 도피하가나, 화를 내부적으로 삭인다. 갈등을 해결하는 이러한 방식의 행동은 당사자를 불만스럽게 하며 건설적인 갈등해결에 도움이 되지 않는다.

로젠버그(Marshall B. Rosenberg: 2004)가 제안하는 NVC(Non Violent Communication)의 매력은, 그것이 우리 모두가 원하지만 실천하기 어려운 평화로운 삶과 진정한 소통을 실천하는 구체적인 틀을 제공해준다는 것이다.

폭력이라고 하면 우리는 대개 보통 사람들이 하지 않는 일, 곧 싸우고, 죽이고, 때리고, 전쟁하는 것만을 생각하기 때문에 우리 자신의 폭력성을 인정하지 않는데, 이것은 로젠버그에 따르면 우리가 폭력 그 자체에 무지하기 때문이다. 그에 따르면 우리는 우리 모두가 폭력적으로 행동하고 있다는 것을 인정하고, 우리 마음가짐에 질적인 변화를 일으켜야 할 필요가 있음을 인식해야 한다.

비폭력은 우리를 지배하는 부정적인 사고방식을 긍정적인 사고방식으로 대치하여 생활에 심는 것이다. 우리가 하는 모든 행동에는 이기적인 동기가 조건으로 깔려 있다. 비폭력은 우리 안에 잠재한 우리의 긍정적인 면이 밖으로 나타날 수 있도록 하는 것이다. 우리 자신을 바꾸는 것은 우리의 언어와 대화방식을 바꾸는 데서 시작한다.

나 자신은 내가 하는 말이 전혀 폭력적이 아니라고 생각하더라도 우리의 말하는 방법이 서로의 마음에 상처를 주고 아프게 할 때가 종종 있다. 이런 일이 부부간, 부모 자식 간처럼 긴밀한 관계에서 자주 일어나면 사태가 심각해질 수가 있다. NVC는 우리에게 새로운 의사소통의 대화방법을 제시해 준다. NVC의 목적은 서로의 인간성을 보는 차원에서 유대 관계를 맺어서, 나와 상대가 원하는 것, 필요로 하는 것을 동등하게 존중하고, 또 서로 마음에서 우러나와서 주고받는 인간관계를 이루는 데 있다.

NVC는 로젠버그가 오랫동안 고민해 온 두 질문에 대한 연구의 결과에서 나온 것이다. 로젠버그는 인간의 본성은 서로의 삶에 기여할 때 기쁨을 느끼는 것이라고 믿으면서 일찍부터 다음의 두 문제를 깊이 생각하기 시작했다. 첫째는 왜 우리들은 이 본성을 잃고 서로 폭력적으로 착취하면서 사는가. 둘째는 그런 반면에 어떤 사람들은 어떻게 해서 아무리 어려운 상황에서도 본연의 인간성과 다른 사람들에 대한 연민을 유지하고 있는 것인가. 이 두 가지를 연구하는 동안에 로젠버그는 우리가 대화를 할 때 쓰는 말과 대화방법이 얼마나 중요한 역할을 하는가를 깨달았다. 힘든 환경에서도 우리가 인간성을 유지할 수 있는데 도움이 되는 구체적이고 명확한 이 대화 방법은 여기에서 나온 것이다. 그래서 NVC는 어떤 새로운 것이기보다는 우리에게 우리의 원래 모습을 상기시켜 주려 하는 것이다. 그 모델은 간단하지만 효과는 크다.

우리 자신을 표현하고 또 다른 사람이 말하는 것을 들을 때 습관적이고 자동적인 반응이 아니라 현재 내가 무엇을 관찰하며, 그것에 대해서 내가 어떻게 느끼고 있으며, 나의 어떤 욕구가 충족되었나, 아니면 충족되지 않았나를 명확히 인식하면서 솔직하게 의사소통을 할 수 있게 된다. 우리의 모든 행동은 항상 어떤 욕구를 충족하려는 것이라는 것을 이해하게 되면, 역으로 다른 사람들로부터 비판이나 비난을 들었을 때에도 전에처럼 변명, 항변 아니면 반격을 하기보다는 상대방을 존중하면서 그 말 뒤에 있는 감정과 그 느낌을 자아내는 욕구를 들어줄 수 있게 되기 때문에 전에 무섭게 들리던 메시지들을 이해와 연민으로 들을 수 있게 된다. 또 주어진 상황에서 서로가 무엇을 원하는지를 알 수가 있기 때문에 자발적이면서 더 효과적으로 서로의 삶에 기여하는 기쁨을 느낄 수가 있다. 이 대화 방법은 우리 삶에서 일어나는 어떠한 상호작용에도 사용할 수 있다. 특히 자기 자신의 감정과 내적인 욕구를 심층적으로 들어주고 이해함으로써 내적인 평화를 얻을 수 있다. 또한 불쾌하거나 괴로웠던 이전의 인간관계의 경험에서 받은 상처를 치유할 수 있다. 긴밀한 사람들에게는 더 친밀한 관계를 형성하는데 도움이 되고, 가족, 학교, 조직과 기관들, 상담과 치료에 또는 어느 상황에서나 일어날 수 있는 갈등 해결에도 많이 쓰이고 있다. 현재 NVC는 개인, 그룹, 국제간의 갈등과 분쟁을 해결하기 위한 중재에 많이 쓰이고 있다.

4.2.1. NVC 모델

서로 마음에서 주고받는 대화를 하기 위해서는 다음의 4가지 요소의 정보를 서로 주고받는 것이 중요하다.

1) 관찰

어떤 상황에서든지 실지로 무엇이 일어나고 있는가에 대해 평가를 하지 않으면서 있는 그대로 보기이다. 자기가 원하는 데로가 아니라 중립적으로 관찰하는 것을 의미한다.

평가가 섞이면 상대방을 비판하게 되고, 상대방은 우리가 하는 말에 거부감을 느끼고 변명이나 반격으로 반응을 하게 된다.

관찰 - "내 말이 끝나기 전에 네가 전화를 끊었을 때…"
평가 - "네가 무례하게 행동할 때…"

2) 느낌

위의 상황에서 우리는 어떻게 느끼고 있는지를 분명히 파악하여 표현하는 것이 중요하다. 때에 따라서는 "…느낀다."라고 하지만 실제로는 상대방을 비판하는 말은 피하는 것이 좋다. 예를 들면, "배반당한 느낌이다."라고 할 때는 나의 순수한 느낌보다는 내가 상대방의 행동을 어떻게 평가하는가를 표현하고 있다. 이 경우에 정확한 느낌은 실망이라든가, 분노, 슬픔일 수가 있다.

3) 필요, 욕구

우리의 모든 느낌은 우리 내면의 어떤 욕구와 연결이 되어 있다. 이 욕구들은 만인공통이고, 우리의 생명력의 근원이다. 우리가 건강하고 행복한 삶을 살기 위해서는 충족되어야 할 어떤 필요와 욕구들이 있다. 이 욕구는 만인공통이고, 우리 생명력의 근원이다.

이 욕구는 여러 층으로 육체적 생존에 필요한 것, 정신적, 영적인 것들이 있다.

우리 내부분은 필요나 욕구라는 측면에서 생각하는 것을 배우지 못했다. 그래서 우리의 욕구가 충족되지 않았을 때 다른 사람의 탓으로 돌리는데 익숙해졌다.

다른 사람을 비판, 비난, 분석, 해석하는 것은 자신이 필요(욕구)한 것을 돌려서 표현하는 것이다. 특히 우리가 강한 감정을 느낄 때일수록 그 원인인 어떤 욕구가 충족되었는지 충족되지 않았는지를 명확히 이해하는 것이 대단히 중요하다.

그래서 우리의 느낌을 일으키는 욕구와 좀더 직접적으로 연결할 수 있을수록 그 욕구가 충족될 가능성이 커진다. 하지만 자신의 욕구를 인식하고 표현하는 것을 비판적으로 보는 환경에서는 이것이 힘들다. 특히 다른 사람을 돌보기 위하여 욕구를 무시하도록 사회화된 여성들에게는 더욱 그렇다.

4) 부탁, 요청

우리의 삶을 더 풍요하게 하는데 필요한 것을 긍정적이고 아주 구체적인 말로 부탁하기이다. 부탁에는 연결 부탁과 행동 부탁이 있다. 끊이지 않고 공감이 흐르는 대화를 위해서는 연결 부탁을 많이 쓰는 것이 필요하다. 그 예는, "내가 이런 말을 했을 때 너는 어떻게 생각하니?", "… 너는 어떻게 느끼니?" 등이다.

4.2.2. 참 대화를 방해하는 요소들

로젠버그는 왜 우리가 우리의 본성인 연민으로부터 멀어져 서로 폭력적으로 행동하게 되었는가의 원인을 연구하던 중에 아주 중요한 사실을 발견했다. 그것은 인간들을 폭력적으로 생각하게 하고 행동하게 하는 특정한 형태의 언어와 대화가 있다는 것이다. 그런데 우리들 대부분은 우리들을 삶의 에너지에서 소외시키는 이런 말을 배우면서 성장해 왔다. 왜냐하면 지배체재의 사회에서는 소수의 지배계급 사람들이 자기들의 이익과 그 체제를 유지하기 위해서 다수의 시민들을 이런 말로 수세기 동안 교육을 해왔기 때문이다. 이렇게 삶을 소외시키는 말들에는 다음과 같은 특징들이 있다.

1) 도덕적 판단

도덕적 비판은 자신의 가치관과 부합되지 않는 행동은 부정적으로 판단하는 것이다. 비난, 모욕, 분석, 낙인 등이 대표적인 사례이다. 비판의 세계에서는 옳고 그름을 따지는 말로 가득 차 있고, 사람과 이들의 행동을 두 갈래로만 나눈다. 즉, 누가 옳고 그른지, 누가 정상이고 비정상인지, 또 누가 책임감이 있는지, 그리고 똑똑한지, 무지한지, 그리고 그 잘못한 정도를 따지는 데에만 관심을 쏟는다. 이러한 말들은 서로 방어적이고 저항적이며 또는 공격적인 태도를 갖게 한다. 누군가를 나쁘다고 판단하게 되면 그 사람이 마땅히 벌을 받아야 한다고 생각하면서 폭력도 정당화시키게 된다. 자기 자신의 가치관과 맞지 않는 다른 사람들의 기준에 맞추어 행동을 할 때 그 선택의 뒤에는 대개 두려움, 죄의식, 혹은 수치심 등이 있는 때가 많다. 그렇게 되면 스스로를 혐오하게 되어서 자존심도 상처를 받는다.

가치판단과 도덕적 판단을 혼동하지 않는 것이 중요하다. 우리의 삶을 윤택하게 하고, 우리의 삶에 기여하는가에 기반을 둔 것이 가치판단으로 우리 생활에서 항상 하는 것이다.

2) 비교(경쟁) 하기

우리가 우리자신을 다른 사람과 비교를 하게 되면 우리 자신에게나 다른 사람에 대한 연민이 차단된다. 경쟁을 하거나, 비교를 당하면 불안하거나, 두려움을 느끼게 된다.

3) 강요

상대방의 선택의 자유를 존중하지 않으면서 자신이 바라는 것을 다른 사람에게 강요하는 것도 연민을 차단하는 대화의 한 형태이다. 듣는 사람이 우리의 요구를 들어주지 않으면 벌이나 책망을 받을 것이라는 위협이 내포되어 있으면 아무리 부드럽게 말을 하더라도 강요가 된다.

우리 사회에서 특히 권위적 지위를 가지고 있는 사람들 사이에서 가장 빈번하게 나타나고 있는 커뮤니케이션 형태이다.

4.2.3. 부정적인 메시지를 듣게 될 때의 4가지 선택

NVC의 세 번째 구성 요소인 필요(욕구)를 우리가 명확하게 인식할 때 그 당시의 우리의 필요가 우리의 느낌의 근원이라는 것을 이해하게 된다. 다른 사람의 말과 행동은 우리에게 자극은 줄 수는 있어도, 결코 우리가 갖는 느낌의 원인은 될 수는 없다는 것을 알게 된다. 우리가 갖게 되는 느낌은 그 당시의 우리의 필요와 기대에도 달려 있지만, 다른 사람들의 언행을 어떻게 받아들이기로 선택하느냐의 마음자세에도 달렸다. 예를 들면, "당신은 내가 여태까지 만난 사람 중에서 가장 이기적인 사람이야!"에 대한 4가지 다른 수용 방법은 다음과 같다.

1) 자신을 탓하기

첫 번째는 비난과 비판을 개인적으로 받아들이는 것이다. 이것은 다른 사람의 판단을 무비판적으로 사실로 수용하면서 자신을 탓하고 복종하게 만드는 것이다. 이러한 선택은 우리를 죄의식, 수치감, 그리고 우울한 느낌 쪽으로 기울게 만들기 때문에 자기 패배적이고 자존심에 상처를 받을 수 있다. 자기변명이나 방어에 에너지를 소모하게 된다.

위의 예문에 대한 이런 식의 반응은, "내가 또 잘못 했지. 좀더 신경을 썼어야 했는데… 나는 왜 매일 이 모양이지?"

2) 상대방을 탓하기

두 번째는 상대방을 탓하는 선택이다. 다른 사람이 나를 공격한다고 생각하면서 반격을 하는 것이다. 이 때는 분노를 느끼게 되고 반격에 에너지를 소모한다. 위의 예문에 대한 반응은, "정말 이기적인 사람은 당신이라구요. 내가 여태 해 준 것은 하나도 생각하지 않고. 당신은 그런 말 할 자격도 없어요."

3) 우리 자신의 느낌과 욕구를 인식하기

세 번째 선택은 자신의 느낌과 욕구에 의식의 불을 비추어 보는 것이다. 자신의 느낌에 초점을 맞추면 현재의 상처받는 느낌은 노력했다는 것을 알아 주기를 바라는 욕구에서 비롯된다는 것을 인식하게 된다. 다른 사람을 탓하기 보다는 자신의 욕구와 희망, 기대, 가치관 혹은 생각을 인정함으로써 자신의 느낌에 대한 책임을 받아들인다. 내적 평화를 느낄 수 있다.

위의 예문에 대한 반응은, "당신이 만난 사람들 중에서 제가 가장 이기적이라는 말을 들으니 마음이 아픕니다. 왜냐하면 당신이 원하는 것들에 내가 얼마나 신경을 쓰고 노력을 하고 있는가에 대해 인정을 받기를 원하기 때문입니다."

4) 상대방의 느낌과 욕구에 초점을 두기(공감으로 듣기)

끝으로, 부정적인 메시지를 받았을 때 네 번째 선택은 상대방이 지금 말하고 있는 부정적인 메시지의 뒤에 있는 느낌과 욕구에 우리의 의식의 불을 비추어 주는 것이다. 이때는 묻는 형을 쓰는 것이 좋고, 조언, 위로, 설명, 교육, 정정하기 등은 피해야 한다. 무섭게 들리던 말들이 상대방과 유대관계를 형성할 수 있는 기회가 될 수 있다.

예문에 대한 묻는 말은, "당신이 원하시는 것에 대해 제가 더 많은 관심을 가져 주기를 바랐기 때문에 실망하셨어요?"

5. 나가는 말

갈등은 대부분 감정적이며 상당 부분 스트레스와 관련이 있다. 우리 모두는 세상을 각자의 개인적인 인식방식을 통해 받아들이며 자신의 개인적인 시각을 객관적 실제라고 믿으려는 경향이 있다. 그 외에 Mahlmann(2000: 197)에 따르면 어떤 행위에 단지 하나의 유일한 해석만을 허용하고 이를 고집하는 경향이 있다. 결과는 필연적으로 갈등의 발생이다. 갈등의 인지가 이르면 이를수록 앞에서 설명된 갈등해결 방법으로 갈등의 증폭 없이 이 갈등을 건설적으로 해결할 기회는 많아진다. 필자의 견해에 따르면 이를 위해 열린 갈등문화와 구성원들의 사회적 능력이 중요하다.

모든 사람은 자신의 욕구와 소망, 목표를 위해 투쟁을 할 권리가 있다. 어려움은 바로 갈등 상대방의 욕구와 소망을 존중하는 것이다. 우리 대부분이 지배체재 사회에서 그런 체제를 유지하기 위해서 발전된 폭력적인 언어로 교육을 받아왔고 오랫동안 쓰면서 살아왔기 때문에 그렇게 말하는 것을 거의 제2의 천성처럼 생각하게 되었다. 그래서 처음에는 오히려 NVC가 어색하게 느낄 수도 있다. 하지만 연습을 하여 실생활에 써 보면 우리의 본성인 연민으로 돌아가는데 도움이 되고 서로의 삶에 기여하여 행복한 인생을 사는데 도움이 된다. 쉽지는 않지만 연습을 하면 가능하다.

참고 문헌

김갑년 옮김 (1999): 『화행론 입문』, 한국문화사.

김석준 (2003): 『재미있게 말하는 사람이 성공한다』, 책이있는마을.

김현영 옮김 (2003): 『논쟁기술』, 한스미디어.

용혜원 (2003): 『탁월한 언어의 능력』, 청우.

이두원 (2000): 「의사-환자간 커뮤니케이션 행위에 대한 대화분석 연구」, 의사소통 문제의 유형과 해결방안을 중심으로. In: *한국 언어학회 45-1호*, 232~265.

이연택 (2003): 『토론의 기술』, 21세기북스.

윤치영 (2003): 『당신도 화술의 달인이 될 수 있다』, 책이있는마을.

진정근 옮김 (2003): 『커뮤니케이션』, 유로서적.

Beck, R. (2000): Konfliktmanagement. Augsburg, ZIEL

Brown, P./S.C. Levinson (1978): Universals in Language Usage: Politeness Phenomena. In: E. Goody (ed.)(1978): *Questions and politeness: Strategies in social interaction.* Cambridge: Cambridge University Press, 56-310.

Ders. (1987): *Politeness: Some universals in language usage.* Cambridge: Cambridge University Press.

Deppermann, A. (1999): *Gespräche analysieren. Eine Einführung in konversationsanalytische Methoden.* Leske+Budrich, Opladen.

Drew, P/Heritage, J. (1992): *Analyzing talk at work: an introduction.* In: P. Drew/J. Heritage(eds.)(1992), 3-65.

Drew, P./Heritage, J.(eds.) (1992): *Talk at work: Interaction in institutional settings.* Cambridge: Cambridge University Press.

Ekman, P./W.V. Friesen (1969): The repertoire of nonverbal behavior: categories, origins, usage, and coding. In: *Semiotica* 1, 49-98.

Fehlau, Eberhard G. (2002): Konflikte im Beruf. Planegg: Haufe.

Geisler, L. (26. 11. 2005): *Arzt und Patient-Begegnung im Gespräch* <http://www.linus-geisler.de/ap/ap06_sprache.html>

Glasl, F. (1994): Konfliktmanagment: Ein Handbuch zur Diagnose und Behandlung von Konflikten für Organisationen und ihre Berater. Stuttgart

Grice, H.P.(1975): Logic and conversation. In: P. Cole/J.L. Morgan (eds.), *Syntax and Semantics* Vol. 3: Speech Acts. New York: Academic Press. 41-58.

Heath, C. (1992): The delivery and reception of an diagnosis in the general-practice consultation. In: P. Drew/J. Heritage(eds.)(1992), 235-268.

Holler, I. (2004): Arbeitsbuch Gewaltfreie Kommunikation. Mit einem Vorwort von Marshall B. Rosenberg. Junfermann

Hundsnurscher, F. (1994): Dialog-Typologie. In: Fritz, G/Hundsnurscher, F. (Hg.). *Handbuch der Dialoganalyse.* Tübingen, Max Niemeyer, 203-238.

Korsch, B.M./Negrete, V.F. (1972): Doctor-patient communication. In: *Scientific American 227,* 66-74.

Lakoff, R.T.(1979): Stylistic strategies within an grammar style. In: *Academy of Science Annals 327,* 51-78.

Lalouschek, J.(1999): Frage-Antwort-Sequenzen im ärztlichen Gespräch. In: Brunner, G./Fiehler, R./Kindt. W(hg.), *Angewandte Diskursforschung.* 155-173.

Leech, G.N.(1983): *Principles of pragmatics.* London: Longman.

Mahlmann, Regina (2000): Konflikte managen. Weinheim: Beltz.

Pöhlmann, S./Roethe, A. (2004): Richtig streiten kann man lernen. Junfermann.

Redder, A./Wiese, I.(hrsg.)(1994): *Medizinische Kommunikation. Diskurspraxis, Diskursethik, Diskursanalyse.* Westdeutscher Verlag, Opladen.

Rosenberg, Marshall B. (2004): Gewaltfreie Kommunikation. Paderborn, Junfermann.

Selting, M./Auer, P./Barden, B./Bergmann, J. et al. (1998): Gesprächsanalytisches Transkriptionssystem(GAT). In: *Linguistische*

Berichte 173, 91-122.

West, C. (1984): *Routine Complications, Troubles with Talk between Doctors and Patients.* Indiana University Press, Bloomington.

한국 생태공동체에서의 노동

최 승 호 (충북개발연구원)

1. 서론

1.1. 연구 목적

인간은 자연의 일부이면서 동시에 하나의 독립된 개체로 노동을 통하여 자연을 변형시키며 자연의 물질적 순환과정에 참여한다. 인간은 이러한 변형된 형태의 자연을 소유하며 그에 따라 생계유지 및 사회적 관계를 형성한다. 자연과의 상호작용 속에서 노동은 생활 그 자체로 자아의 실현, 자기충족, 자아완성의 목적을 가진다. 그러나 현대 산업사회에서의 노동은 자연과 생산자인 인간과는 유리된 채 화폐로 환원될 수 있는 상품가치로 의미가 환원된다. 산업사회에서 임금노동은 생계유지를 위한 구속적이고, 규범적인 노동으로 자리잡은 반면, 과거 전통사회에서 임금노동과 뚜렷하게 구분할 수 없었던 자발적인 노동인 가사 노동, 공동체노동(회합, 타인을 돕는 일, 지역사회 공동일)은 주변화, 개인화됨으로써 개인생활세계와 공동체지역사회와는 단절된 채로 나타난다(짐 아이프 저, 류혜정 역, 2005: 84-85).

현대 자본주의 산업사회에서 노동은 노동 자체로 의미 부여되는 것이 아니라, 자본축적과 잉여생산물의 확대, 자본의 재생산 메커니즘에 종속되게 된다. 자본축적은 임금 노동자에게 필요 이상의 노동시간을 강요함으로써 노・사와 빈・부 간의 사회적 갈등을 양산시킬 뿐만 아니라 자연 원료의 남획으로 인한 자연의 '신진대사의 균열'(제이슨 무어 외, 2006: 22-25)을 야기시킴과 동시에 이에 대한 비용부담을 남반구 사회에 전가시키는 방식으로 발전한다. 지속적인 경제성장은 더 이상 지속적인 생산 조건으로 자연원료의 남획이 어려울 뿐더러, 무분별한 성장정책은 환경오염과 그에 따른 비용부담을 후세대에게 전가시키는 결과로 나타난다. 지속적인 경제성장과 고용창출, 소득재분배, 사회보장이라는 일반적인 자본주의 생산과 복지사회의 공식은 이미 깨어진지 오래다. 영원한 성장이 가능하리라는 환상은 글로벌화된 금융자본의 확대와 노동시장의 유연화 전략, 고령화, 저출산에 대응하기 위해 가사와 여가까지 상품서비스 산업화시키는(문순홍, 2006: 220) 방향으로 나아간다. 그러나 자본주의 가치기준에 의한 지속적인 경제 성장률의 하락과 과거의 생산조건인 자연원료의 소진, 높아가는 무역장벽, 환경오염의 심각성은 생산과 소비사회에 근본적인 방향 전환을 요구하게 한다. 지속적인 성장과 완전고용의 달성은 더 이상 자본주의 생산 방식으로는 가능하지 않다. 기존의 사회가 추구했던 원칙이 경제성장, 경쟁, 물적 풍요, 생계보장이라면 대안 사회의 21세기 원칙은 돌봄, 협력, 보전, 유대 강화, 지속 가능성이어야 한다. 글로벌화와 무한정한 자본의 확대, 이에 반한 대량실업, 비정규직과 자영자의 양산, 자아정체성의 혼돈, 지역사회 공동체의 와해, 생태파괴는 자연과 인간, 인간과 인간 간의 관계성의 단절을 심화시킨다.

자연에는 자연친화적인 원료, 즉 수력, 풍력, 지력, 태양력은 무한하며 아무리 소비하여도 계산청구서를 보내지 않는다는 사실과 자연 속에 인간의 완전고용이 존재한다는 것(프란츠 알트 지음, 박진희 옮김, 2004)과 '작은 것이 아름답다'라는 진리를 상기할 필요가 있다. 위와 같은 생태적 생산방식, 지역사회와 공동체 생활의 강조는 현대 자본주의 사회와는 대조되는 새로운 사회

공동체의 지향을 추구하게 한다.

그리하여 21세기 대안사회모델로 제시되고 있는 생태공동체는 지속가능한 순환 경제로 유기농산물을 주업으로 하며, 공동체적 소규모 지역사회로 공동체 구성원 간의 유대와 협력을 기반으로 한다. 현실 사회주의가 무너진 후 서구 여러 곳에서 생성되고 있는 생태마을은 전통적인 농촌 마을의 붕괴와 사회주의 이상이 실패한 후의 대안으로 많은 공감대를 형성하고 있다. 비록 초기 단계이지만 한국에서의 생태마을도 발전과정에 있는데, 이에 한국 생태마을에서의 노동, 즉 생활세계의 구성을 위한 조직과 운영은 어떤 식으로 이루어지고 있는지, 마을 내의 생산조직과 사회・문화조직의 운영방식은 무엇인지를 파악하여 마을의 발전 가능성과 그에 따른 문제점을 지적해 보고, 또한 공동체성을 강화시킬 수 있는 가능한 방안을 제시해 보고자 함이 이 글의 목적이다.

1.2. 연구 방법 및 범위

2002년 2월 환경부에서 지정한 생태마을은 14곳에 이르나 그 외에도 소규모 마을은 다수 존재한다. 한국 생태마을의 운영을 조사함에 있어서 조사통계 방식의 접근은 어렵다. 왜냐하면 계량적인 통계 수치는 공동체가 추구하는 이상과도 다르며, 일반 산업사회에서 가지고 있는 경제학적 기준으로는 생태적인 가치와 맞지 않기 때문이다. 예를 들어 나무 한 그루가 있다면 일반 자본주의 경제학은 이 나무를 베어서 시장에 판매하여 금전으로 환산할 수 있는 가치만을 측정한다. 나무가 인간에게 자연미관과 정서적, 심미적으로 미치는 영향과 단기간에 쉽게 측정하기 어려운 공기정화나 생태 순환적인 효과를 파악하지 않고 있기 때문이다. 그리하여 노동에서도 공동의 작업, 협업을 통하여 얻어질 수 있는 부가적인 인간관계의 복원과 유대, 공동체성의 강화는 단기적으로 계산되지 않을 뿐더러, 근본적으로 측정하기 어려운 것이다. 연구 방법으로는 현재까지 소개된 마을 관련 문헌과 마을 발간 소개 책자, 인터넷

자료 등을 주로 참고하였으며, 더불어 공동체 마을을 직접 방문하여 마을의 대표들과 심층 면담을 가지면서, 공동체의 이념과 이상, 운영, 당면문제와 애로점 등을 살펴보고자 하였다. 실제 문헌으로 나타내기 어려운 좀더 자세한 내용과 실상을 면담을 통하여 알 수 있었다. 연구 범위로는 모든 생태마을을 조사 대상으로 하기에는 어려움이 있어서 기존 마을 공동체인 충남 홍성 '풀무마을'과 전남 장성 '한마음공동체', 계획공동체인 경기도 화성 '산안마을'을 대표적인 사례로 조사하여 한국 생태마을에서의 노동의 의미와 조직, 운영방식, 공동체성의 강화로 나아가기 위한 생활세계 재구성 방안을 모색해 보고자 하였다.

1.3. 연구 내용과 차례

우선 생태공동체가 무엇인지 개념 정의를 시도해 보았다. 상당히 다양한 형태를 띠고 있어서 하나의 개념으로 파악하기는 어려우나 규범적으로 무엇인지는 정의해야 할 필요성이 있다. 그리고 산업사회의 임금노동과는 다른 공동체 사회에서의 노동은 지속가능성, 자아실현, 자기만족, 자아 완성의 목적과 함께 생계노동, 가사노동, 사회적, 문화적 일, 공동체 일 등이 괴리되거나 분리되지 않고 개인의 생활세계 속에서 실현되는 것을 의미한다. 공동체에서의 노동이란 곧 생활 속의 전체적인 행위 그 자체이며, 이러한 생활세계를 어떻게 구성하고 조직, 운영할지, 구체적으로 한국 생태마을에서의 이러한 생활세계가 어떻게 조직되어 있는지, 즉 생산조직과 사회적 필요에 의한 사회, 문화조직이 어떤 것이 있는지를 조사한다. 그리하여 결국 한국 생태마을의 공동체 조직을 통한 운영원칙과 방법을 파악하여 공동체 사회로 가기 위한 전체적인 생활세계를 재구성할 수 있는 한국형 생태마을의 특징과 모형을 구상해 보고, 그에 따른 문제점과 발전 가능성을 점검해 보고자 한다.

2. 생태공동체란?

'공동체'라는 개념은 학술적으로 매우 다양하게 사용되고 있어서 일치된 개념을 찾기가 어렵다. 그럼에도 불구하고 대개의 사회학자들은 '공동체'라는 용어를 사회적이며 지역적인 조직체의 단위들을 가리키는 용어로 사용하고 있다. 즉 공동체란 사람들이 가정을 꾸려 나가고 생계를 유지하며 아이들을 키우고 생활의 대부분의 활동을 해나가는 장소를 일컫는 용어이다. 그 속에 세 가지의 구성요소들이 포함되어 있는데, '지역성', '사회적 상호 작용', '공동의 유대'이다. 이러한 정의에는 지역적 차원, 사회학적 차원, 문화심리적 차원이 포함되어 있다.

생태적인 것과 공동체적인 것의 결합으로써 생태공동체는 공동체 구성원들이 생태적인 가치관의 공유를 지향하고, 공유된 가치를 생활공간 속에서 실현해 나가려는 집단적인 노력을 의미한다. 그럼에도 구성원들의 이념적 정향과 가치관, 그리고 사회 구성의 형태에 따라 다양하게 나타난다. 그러나 크게 보자면 생태(환경) 사상적으로 생태중심주의 및 전일주의(holism)에서 벗어나지 않는다. 생태중심주의는 인간중심주의 및 과학기술과 대립되는 입장이며, 전일주의는 개체주의(individualism)에 반대되는 입장이다(송명규/김병량, 2001). 공통적인 기본 원칙으로는 먼저 자연환경적인 측면에서 거주지의 자연서식지를 보호하고, 고형 폐기물을 재활용하며, 친환경적인 재료로 건물을 짓고, 재생 가능한 에너지를 사용하고, 자동차 이동거리는 최소화하는 등의 생태계에 최소한의 영향을 주는 것을 원칙으로 든다. 거대 규모보다는 소규모를 지향한다. 지속가능한 경제 활동으로 생태적으로 적합한 공동체 경제를 창출하여 공동체 내부와 공동체간의 교환을 촉진하면서 화폐 경제를 대체할 수 있는 방안까지도 모색한다. 소비와 생산을 축소시키는 집단적 방식의 공동체적 대안사회를 지향한다. 노동의 중요성을 인식하고, 정신성의 확장과 발전을 추구한다. 사적 소유를 철폐하고 실질적인 공동 소유 혹은 무소유를 실현한다. 철저히 순환적인 경제구조를 지녀야 하며, 생산과 소비가 결합되어야 한다. 또 농업을 근간으로 하여야 하며, 그 농업은 자연농업 혹은 유기농업이어야 한다. 생명지역주의적 원칙을 존중하여야 한다. 의사 결정 방법과 갈등해결 방법에 있어서 공동체 구성원들의 의사를 최대한 반영하는 민주적인 절차를 갖추고, 공동체의 가치와 전망을 함께 공유함으로써 공동체 구성원들의 결합력을 높인다(정규호, 1995: 105; 유정길, 1996: 31-36, 송명규/김병량, 2001: 197, 각주 2에서 재인용).

2004년 발간된 '오이로토피아 eurotopia'에 따라 생태공동체를 정의하면 '사회적으로 공동체를 형성해야 하고, 생태적이어야 하며, 문화적이며 영성적이어야 한다'고 나와 있다. 그러나 실제로 구현되는 공동체는 이념이나 가치관이 다양할 수 있고, 세 가지 요소 중 어느 한 두 요소가 강조되기도 한다.

한국의 생태마을을 구성원의 거주지 형태별로 분류해 보면, 기존마을형, 계획형, 혼합형(기존마을 + 계획적 생태마을)으로 구분해 볼 수 있다. 기존마을 형태는 주로 농촌의 기존마을 주민들이 생산방식을 환경농업으로 바꾸거나 마을환경을 개선하거나, 삶의 방식을 생태적으로 개선한 곳으로, 대표적인 예로 충남 홍성군 문당리, 전남 장성 한마음공동체 등이 여기에 속한다. 계획마을 형태는 생태적인 이념과 철학이 동질적인 구성원들이 주민 자치적으로 마을을 조성한 계획적인 생태마을로, 경기 화성의 산안마을, 경남 산청의 간디 생태마을 등을 들 수 있다. 혼합형 마을은 기존마을이 생태마을로 전환하면서 신규로 새로운 계획적인 생태마을을 조성하여 동질적인 공동체를 형성하는 방식인데, 주로 농촌마을에 귀농을 하고자 하는 귀농자들이 중심이 된 전북 무주 진도리 귀농마을을 사례로 들 수 있다. 그리고 생산기반에 따른 유형은 마을내부 자급자족 방식, 마을 외부 생산의존 방식, 마을 내·외부 혼합생산 방식 등으로 구분할 수 있다. 마을 외부 생산의존 방식은 한국의 생태마을(마찬가지로 세계 어디에서나)에서는 생소하며, 대개는 원칙적으로, 그리고 현실적으로 마을 내부 자급자족 방식을 추구하며, 필요에 따라 내·외부 혼합생산방식을 병행할 수도 있다(심문보, 송두범, 2002: 124-126).

3. 생태공동체에서 노동의 의미

현대사회의 노동은 임금노동이 규범적인 것이며, 개인 생계와 소득은 임금, 자산・금융소득, 부분 복지급여비로부터 얻는다. 임금노동 이외에 가사노동, 양육, 간병, 자발적인 일, 공동체와 관계된 회합과 참여, 영적인, 문화적인 일, 교육, 여가 등은 사회적으로 인정되는 것이 아니라 개인화시킴으로써 생계활동의 세계와는 분리되어 있다. 유사한 의미로 하버마스는 이를 '체계에 의한 생활세계의 식민화'라고 한다.[1] 전통적인 지역사회에서는 가사, 육아, 노인 간병, 대인교제와 생계활동의 작업장 간에 분리가 아니라, 한 곳에서 이루어지면서 생계노동과 생활세계가 결합되어 있었던 반면, 산업사회는 작업장과 생활공간을 엄연히 분리한 채로 발전한다. 결국 산업현장의 임금노동에서 벗어나 가사, 간병 같은 노동행위는 경제적 이익을 가져다주지 못하기 때문에 가사노동을 담당하는 여성의 경우 경제적으로나 직업경력을 쌓으려는 데나, 노후의 사회보장에서도 불이익을 받을 수밖에 없다. 이렇게 노동이 지극히 남성화됨으로써 여성과 가정, 또한 공동체 일과는 엄연한 분리가 나타난다. 에너지원과 자연원료의 남획, 비재생적인 자본의 재생산 구도에 노동행위가 노동 자체로써의 의미가 있는 것이 아니라 자본의 재생산과정에 종속됨으로써 과잉생산과 소비에 부응하는 필요이상의 노동(시간)을 강요당하게 된다.

지속가능한, 재생산적인, 사회적 필요에 의한 노동은 생태친화적인 노동이 기반이 되어야 하며, 환경기술과 자연 에너지원 개발과 연구에 보다 많은 일

1) 체계는 자본주의 경제나 관료체제와 같이 권력과 이해에 의해 매개되는 영역인 반면, 생활세계는 개별 주체들이 상호작용과 실천적 지식의 공유를 통하여 사회적 행동을 조정해 나가는 상징적 그물망이며 대인관계의 영역으로 일상적이고 문화적인 세계를 지칭한다. 사회진화는 체계와 생활세계가 분리되는 과정을 의미한다. 궁극적으로 경제나 관료행정의 수단적 하위 체계들이 생활세계의 영역을 침탈하는 것을 말한다. 과도 확산된 체계의 지도 이념인 수단적 합리성이 생활세계의 영역을 침범하여 상호이해라는 통합구조가 필수적인 생활세계에서의 의사소통행위를 무력화하고 왜곡시킨다. 이는 체계의 명령이 그에 저항하는 문화, 사회, 인격성의 영역 안으로 침투해 들어오는 것을 의미한다 (Habermas, J. 1981: 227).

자리 창출이 있어야 한다. 현재의 임금노동의 시간은 남·여 모두에게 반나절노동으로 충분하며, 이러한 노동시간의 단축으로 일자리가 재분배되어야 한다. 동시에 가정과 문화적인 일, 지역공동체와 관계된 일에 보다 많은 시간이 할애되어야 한다.

이러한 목적에 부합하는 대안 사회로서 생태공동체에서의 노동은 생태적인 유기농업이 주업을 이루면서 자급자족 경제를 추구하며, 공동체 내의 협동적인 노동을 강조한다. 생산조직으로는 마을의 생산협동조합이나 영농조합 또는 마을 내의 공동생산조직을 통해 생산 작업반을 조직하거나 생산 작물을 선정·개발하며, 과잉 생산과 과소 생산을 방지하기 위해 생산량을 조절하기도 한다. 생산조직은 생산품의 유통, 가공, 판매를 담당하고 있으며, 상호 출자방식에 의한 개인 이윤의 일부가 공동체 사업을 위해 사용되기도 한다. 노동 작업장은 공동체의 결속과 단합을 위해 공동체 내의 일에 종사하는 것을 원칙으로 하나, 필요에 따라 공동체 외부 일에 종사하는 것도 허용될 수 있다. 또한 기존 마을 공동체는 구성원을 기존 지역마을의 사람들만으로 구성하는 경우가 대부분이지만, 필요에 따라 외부인을 일정 비율 수용해서 기존 공동체 구성원과 융화될 수 있는 범위에서 마을자체로 해결할 수 없는 전문적인 일을 담당하게 할 수도 있다. 이는 외부 지역사회와의 단절이 아닌 개방된 형태의 상호 협력과 공존을 의미하기도 한다. 노동 방식은 공동노동(노작), 협업, 개인노동으로 구분해 볼 수 있다. 공동체의 규범적인 의미에서는 공동노동이 주를 이루어야 하지만, 일의 종류에 따라 개인의 다양성과 자율성의 우선과 함께 노동방식을 구성원 상호 간의 합의에 의해 유연하게 만들어 갈 수 있다.

자립적인 생활을 가능하게 하기 위한 개인의 욕구 충족과 사회적 필요로써 사회적 관계망의 확대는 공동의 사회적 이해 관심과 협력을 필요로 하기 때문에 공동체성의 강화로 나아갈 수 있다. 그 속에 사회적 일자리는 영리를 목적으로 하지 않으면서 공동체 내의 유효인력의 활용과 생산노동과 가사, 공동체 일까지 구성원의 참여를 통해 공동체적 삶을 실현시킬 수 있다. 공동체 사회 내의 생산조직 이외의 사회적 조직으로는 의료생활협동조합, 신용협동조합, 자활후견센터, 농업교육관(센터), 생태친화적 에너지원 개발과 연구 조직, 공동육아방, 유치원, 문화시설, 지역 노인 간병소, 외부인을 위한 체험학습관 등 생활 전반에 관계된 시설을 거론할 수 있으며, 그 외에 공동식사나 마을 공동행정을 담당하는 인력도 배치할 수 있다. 마을의 공동의 과제는 주민 자치적인 만장일치나 그에 상응하는 합의제를 통해 해결해 가야 한다.

지역사회에서 생태친화적이고 공동체성을 강화시킬 수 있으며, 지속가능한 인간과 자연, 인간과 인간 간의 관계성을 복원시킬 수 있는 노동은 얼마든지 가능하다. 결국 다시 각인되는 것은 산업사회에서는 자본주의 경제방식으로는 완전고용이 불가능하지만, 지역을 기반으로 한 생태적 경제에는 완전고용이 가능하다는 사실이다.

이상은 원론적인 측면에서 생태공동체의 노동과 그에 의한 운영가능성을 기술하였다. 그렇다면 실제로 현재 한국의 생태마을에서는 이러한 원칙과 공동체 발전 가능성을 얼마만큼 실현시켜 나가고 있는지 다음 장에서 대표적인 마을의 사례를 통해 살펴보고자 한다.

4. 한국 생태마을에서의 노동과 운영실태[2)]

4.1. 충남 홍성군 풀무 마을[3)]

풀무마을에서는 생산부문의 노동이 어떻게 조직되는지, 이러한 생산조직의 이념, 역사, 조직운영과 구성, 생산물의 생산, 유통, 판매가 어떻게 이루어지는지 우선 조사해 본다.

충남 홍성군 홍동면 문당리에 위치한 풀무마을은 생산조직으로 풀무생활협

2) 일반적인 마을의 소개는 마을 홈페이지를 참고하였다.

3) 풀무지역이란 행정상의 구역의 의미보다는 공동체적으로 조직화되어 가는 조직체에 의미를 부여하고자 이 지역의 옛 지명을 조직체의 이름으로 하였다(김종숙, 1998: 265).

동조합을 운영하고 있다. 이 조직은 유기농업을 실천하는 농민들의 자발적인 조직이며 생산 공동체라 할 수 있다. 정관에 나와 있는 조합의 목적에 따르면 서로 돕는 협동정신을 바탕으로 조합원의 복지향상과 지역사회 발전에 기여함을 목적으로 한다고 나와 있다. 이 조직을 통하여 생산물의 생산, 가공, 유통이 이루어지며, 종소농 중심의 경종과 축산의 순환형 지역환경농업이 추구된다.[4] 나아가 참여와 자치, 생명자치를 지향하는 대안문화의 형성과 생산자와 소비자가 함께하는 협동조합방식의 유기농산물 직거래를 통한 도농공동체 만들기를 목표로 하고 있다(풀무생활협동조합, www.pulmu.or.kr).

이곳의 유기농과 생산조직의 역사는 1993년부터 오리농법을 도입하면서 출발하였다. 1998년부터는 유기재배 단체 인증을 받았다. 2002년 9월 17일에 특별법인 풀무생활협동조합 창립총회가 개최되었고, 2003년 4월 23일 조합 산하 풀무환경농업영농조합법인이 설립되었다.

조합원은 2005년 7월 기준 800여 명이며, 약 90가구 81농가로 구성되어 있다. 유기농산물 취급 품목수는 120여 종이며, 2004년도 유기농산물 직거래 매출액은 51억원이다. 문당리의 경우 90% 정도가 유기농업을 실행하고 있으나, 홍동면 전체로 보면 50% 정도이다. 총회는 정기총회와 임시총회로 구분되며 별도의 규정이 없는 한 총회 구성원 과반수의 출석으로 개회하고 출석 인원 과반수의 찬성으로 의결한다. 총회에서 조합원은 1인 1표제로 의사에 참여한다. 조직 임원으로 직선제 이사 8인과 감사 3인, 상근직원 13명, 일용직 2명, 기사 2명을 두고 있다. 조직기구로는 쌀생산위원회, 채소위원회, 유기축산위원회, 교육홍보위원회가 있으며, 쌀마을작목반 30개반, 채소품목별작목반 25개반, 축산 한우, 양돈, 자연닭 등 6개반으로 총 61개반의 단위조직을 가지고 있다. 주요시설로는 친환경유기농산물 산지 물류센터 대지 1,200

---

4) 풀무생협은 자급자족을 원칙으로 하며, 소농 위주의 다품종 소량생산을 추구하다. 축산도 분뇨와 퇴비를 이용하여 순환경제에 도움이 되고 경제적 어려움도 해결할 수 있는 이점이 있으므로 일부분 허용하고 있다. 그러나 대기업 축산이 환경 파괴를 불러오므로 소 12두 이상 사육은 엄격하게 금지한다(마을 지도자와의 심층면접 중에서).

평, 건물 130평, 유기농벼 전용건조 저장센터 대지 1,700평, 건조시설 3,000톤급, 창고 160평, 유기농산물 종합가공공장 부지조성으로 3,000평을 가지고 있다. 이는 조합원 지원, 정부지원자금, 이익금 등에서 투자된 것이다. 출자금(자기자본금)은 2억 3천만원(평균 출자금 27만원)이며, 총자산은 12억원이다. 도농직거래 조직으로는 한국생협연대 산하 지역생협 50개소, 수도권 생협연합회 산하 지역생협 23개소, 한국여성민우회 생협 산하 지역생협 5개소, 친환경농산물 전문매장인 수도권 및 충청권지역 약 30개소와 거래를 하고 있다. 조합의 관리비와 사업운영 비용은 농산물 수매금의 12%(쌀 4%, 채소는 12% 마진)와 농민들이 낸 출자금에서 지출한다. 조합은 조합운영으로 발생된 잉여금을 조합원에게 배당하며 조합원들에 의해 출자, 이용, 운영되는 비영리 조직이다. 농산물 가격결정은 소비자생협조합과 조율하여 가격을 결정한다. 쌀은 농가의 생산비를 산출한 후 결정하는데, 2005년의 경우 2004년 가격으로 동결하였고, 야채는 일반적인 유기농산물 시장가격에 접근하여 결정을 하게 된다. 이러한 생산비 산출조사가 이루어지면, 소비자생협과 협의 후에 가격을 결정한다. 그 다음 풀무생협 마진과 서울 소비자생협 공급 마진이 더해져서 소비자 가격이 산출된다.

1960년대 말부터 농업이 기계화되면서 공동노동의 전통은 점차 사라지게 되었다고 한다. 규모의 경제가 이루어지면서 주민들 간의 상호부조와 교류가 약화되었고, 그리하여 전통적인 마을의 풍습은 점차 소멸되어 갔다. 그러나 마을 주민들 상호 간에 오리농법의 시작과 함께 경제적인 공동의 이해관계가 형성되었다. 오리농법은 그 자체만으로도 노동력이 많이 요구되며, 마을 주민들에게는 서로 협력하지 않으면 불가능한 경제공동체의 성격을 띠게 된다. 또한 오리입식을 통한 생산자와 소비자 간의 교류도 촉진시킨다. 공동체성의 강화를 위한 공동노동(노작)의 필요성이 있으나 마을 단위에서는 일부 마을정비와 관련된 노동 이외에는 없고 주로 작목반 단위에서 이루어지고 있을 뿐이다. 특별히 벼농사의 경우 공동육묘장이 공동으로 운영되고 있다. 이웃끼리 일손을 돕는 품앗이는 개인 친분관계에 따라 이루어지고 있다. 생산협동조합

내에서 개별농가별로 생산을 하고 있고, 생산량과 품목의 결정, 유통, 판매의 경영은 협동형태를 띠고 있다. 마을의 생산시설물도 일정 정도 공동소유이다. 그러나 생협은 자칫 시장지향적인 논리에 매몰될 수 있는 생산방식을 경계하고, 협동조합의 이념을 실현할 수 있는 조합원 재교육이 필요하다.

문당리 마을과 관련된 생산조직 이외의 지역 사회·문화 기관과 조직으로는 풀무학교, 풀무학교 전공부, 홍동농업교육관, 풀무 신협, 정농회, 재생 비누공장, 홍성신문, 갓골 어린이 집, 찜질방 등을 들 수 있다. 이는 개개인의 생활세계를 생산(노동)공동체, 교육공동체, 사회·문화공동체 등의 다양하게 이름 지워진 조직들과 함께 결합시키는 것이라 할 수 있다. 마을의 공동시설로는 농업교육관, 교육관 숙소, 교육관 식당, 농촌생활유물관, 황토건강체험실, 환경농업마을정미소, 마을정자, 체험학습장 등이 있다.

여기에서 대표적인 기관들을 소개해 본다.

"더불어 사는 평민"을 교훈으로 하는 풀무농업고등기술학교(풀무학교)는 유기농업의 기술교육과 홍보를 담당해 왔다. 1958년 개교하였으며 기독교 신앙과 생태적 가치를 지향하며 공동체 의식을 기르는 데 주력해 왔다. 지역이 학교이고 학교가 지역이라는 신념(김조년, 1998) 아래 풀무마을 내에서 활동하고 있는 자생 단체들이 풀무학교 안에 설립되어 활동하다가 독립된 단체이거나 졸업생들이 지역의 자치조직들인 생산유통조직(풀무생협, 유기농업생산자회), 가공산업(바른식품, 밀사랑, 홍동한우), 교육, 문화 활동(갓골 어린이 집, 시골 문화사, 지역 유물 전시관 등), 환경(재생비누 협동조합), 언론(홍동신문), 풀무신협 등에서 활동하거나 이끌고 있다(김종숙, 1998: 267-270).

홍동농업교육관이 2000년 12월에 준공되어 생산자, 소비자, 어린이, 공무원들에게 환경과 환경보전 농업의 중요성을 교육하며, 숙소는 각종 단체의 연수 및 견학 방문 시 숙식처와 회의 장소로 활용되고 있다. 또한 행정자치부의 정보화 시범마을로도 지정되어 있다(심진범, 조혜경, 2003: 74-78). 교육관의 준공 과정에서 군청의 소극적인 지원에 대응하여 마을 주민들이 협력하여 매일 조를 짜서 직접 벽돌을 찍어내는 공동작업이 이루어졌다. 마을 공동 현안을 공동체 구성원들에게 설득하고, 상호 신뢰와 협력으로 해결해 나간 좋은 사례였다.

폐식용유를 이용한 재생 비누공장은 1994년 설립되어 합성세제로 인한 공해를 줄이고 지역 환경에 대한 인식도 넓히는데 교육적인 기여도 한다.

'갓골어린이집'은 농사일에 전념하기 위해 자녀를 안심하고 맡길 수 있는 지역 육아시설의 필요에 따라 1980년에 지어졌다. 90년대 말까지 자립적으로 운영되어 오다가 그 후 행정기관의 지원을 받아 시설도 개선되고 안정된 운영을 하고 있다. 우리나라 최초의 지역신문으로 '홍성신문'은 독자주주제로 주 2회 발행되고 있다. 그리고 여가 휴식공간으로 찜질방을 건축하여 지역사회의 나눔의 장소로 활용되고 있다. 이는 옛날의 사랑방 역할과 지역민의 스트레스 해소의 장소로 역할을 하고 있는데, 운영도 마을 사람들이 당번을 정해서 자발적으로 관리하고 있다.[5)]

또한 외부인들과 함께 하는 행사나 축제로는 6월 6일 오리입식 행사와 10월 3일 가을걷이 나눔의 잔치가 있다. 이런 행사는 도시 소비자와 함께 짓는 농사를 실현하고, 수확의 기쁨을 나누려는 취지에서 열리고 있다. 그리고 향후 마을 주민의 10%까지 외부인을 구성원으로 받아들일 계획이다. 이것은 고립되고 폐쇄된 오지마을이 아니라 외부세계에 개방되어 있으며, 마을에 새로운 활력을 기대할 수 있기 때문이다. 공동의 식사는 마을회의 때나 마을잔치 때에 하며, 일년에 5회 정도 있다. 마을공동체의 운영은 조합과 뚜렷이 구분되지는 않지만, 마을 내의 문제는 마을회의나 법인이사회를 통해 해결하고 있다.

풀무마을의 사회적 관계망은 학교에서부터 찜질방에까지 다양하게 형성되어있다. 2001년에 지역의 대학이라 할 수 있는 풀무학교 내에 전공부까지 두

5) 지역민의 필요에 의한 문화·여가시설은 지역적 여건과 지역민의 실생활상의 필요와 연관이 되어 있어야 한다. 관 주도의 공급자 중심의 현대식 문화센터가 농촌 지역민의 필요에 실질적으로 부응하기는 어렵다.

게 되었는데, 그럼에도 불구하고 공동체 밖에서 찾아야 하는, 경제적 부담을 야기할 수 있는 사회적 요구들이 있다. 우선 공동체에 무엇보다 필요한 것은 공동의 노동과 학습이다. 공동의 노동은 마을 청소, 장작 만들기, 풀베기 등 마을 정비를 할 때 한나절 혹은 하루 정도 이루어진다. 학습은 상호 배우며, 지적 호기심을 채우고 자기 개발과 완성이 가능하다. 풀무마을에는 풀무학교가 있으나, 전체적인 마을 구성원을 대상으로 한 공동체 학습 프로그램은 없다. 그리고 농촌지역에서 60대 이상의 노인층이 많은 관계로 이들의 건강과 간병 부분을 지원해 줄 지역공동체 차원의 대안이 있어야 한다. 또한 건강상의 이유나 개인적인 사정으로 농사일을 할 수 없게 된 한계 가정에 복지 차원에서 공동체적 지원이 있어야 한다. 마을의 의사형성과 결정에 있어서도 한국의 생태마을의 대부분에서 나타나는 지도자의 판단과 능력에 많이 의존하는 경향이 있다. 각 영역에서 마을을 이끌고 갈 리더들을 배출해내고 민주적인 의사형성과 합의를 이끌어낼 수 있는 역량을 키우는 것이 또한 과제이다. 생계노동으로써 농업은 개인적인 직업이 아니라 삶의 한 방식이며, 자연과 인간과의 관계망이다. 사회적 필요에 의한 사회적 관계망은 인간 간의 관계의 강화와 복원을 추구한다. 풀무 마을은 자연부락공동체이며, 부분공동체로 경제 · 교육공동체적 성격을 띠고 있다.

4.2. 전남 장성 한마음공동체

1990년 3월 설립된 호남 최초의 유기농업 단체인 '한마음공동체'의 이념, 역사, 생산, 유통과정을 조사하면서 공동체 생산노동이 어느 정도 실현되고 있는지를 살펴본다.

'한마음공동체'는 80년대 이래 피폐해져 가는 농촌 문제를 근본적으로 해결하기 위해 정의, 생명, 민족공동체에 근거해서 세워졌으며, 생산, 유통, 소비가 함께 어울려져 생활 속에서 농민운동을 실천하며 오늘에 이르고 있다. '한마음공동체'라는 개념은 생산자, 소비자, 생태학교를 포괄하는 개념으로,

하나의 가치를 지향하는 '하나'라는 범주를 포함하고 있다. 이 공동체는 모여 사는 생활공동체가 아닌 생명 먹거리를 위한 경제 목적 공동체이다. 1994년 2월 한마음 유기농 영농조합법인이 설립되었으며, 행정기관과의 관계에서 공식명칭은 '장성군 유기농법 소득 작목 한마음영농조합법인'으로 사용한다. 생산 농민들은 남면의 마령리 서촌, 백운, 시정마을과 덕성리 자풍, 덕성마을, 평산리 장평, 장산마을, 분향리 죽분 마을에 분포되어 있고, 약 60 농가가 생산자협동조합의 조합원으로 참여하고 있다. 현재 이 지역은 그린벨트로 지정되어 있다. 생산농가들은 4개 행정리에 총 220여 세대가 있으며, 그 중 약 95% 정도가 논농사를 짓고 있고 10% 정도는 비닐하우스 농사를 짓고 있다. 장성은 단감의 주산지로 알려져 있고 이 지역의 경우도 약 5% 정도가 단감을 재배하고 있다. 생산자들은 대부분 가족농을 중심으로 구성되어 있으며 소상품 생산체계를 유지하고 있다. 한마음공동체는 우렁이 농법을 전국적으로 확산시킨 곳이기도 하다(한마음공동체, www.yuginong.co.kr).

가치지향적인 유기농업의 조창기에는 60가구로 거창하게 시작하였으나, 생산물의 판로가 어려워 생산물을 싼 값에 팔 수밖에 없는 상황이 도래하였다. 시장 가격의 결정에 의존하는 일반 농산물과는 달리 유기농산물은 생산자, 유통조직, 소비자 간의 신뢰를 바탕으로 한 판매형식이어야 하기 때문이다. 또한 공동생산, 공동분배를 실험해 보았지만 생산력이 떨어지는 결과도 낳음으로써 공동체에 대한 이상이나 꿈이 퇴색되었다.[6] 결국 유기농가도 절반가량 줄어들었고, 가치 지향적 의도는 소수 핵심 구성원들에 국한되어 현재는 전체적으로 개인위주의 시장 지향적 농업에 부분적으로 유기농을 가미하는 형태를 유지하고 있다.

1996년에서 2002년까지의 '한마음공동체'의 매출을 비교해 보면 두 배로 성장했고 이익금 역시 8배로 상승했다. 그러나 매출의 증가에 비해 생산농가

---

6) 마을 지도자인 남목사의 경험은 만약 1백평의 땅에 10명이 공동으로 생산하는 것보다 10평의 땅에 1명이 개인 경작하는 것이 생산의 효율성 면에서 더 효과적이었다고 말한다(김성균, 2003b).

의 수는 거의 제자리걸음이다. 따라서 '한마음공동체'의 매출 증가는 한마음공동체 이외의 성원들이 제공한 무농약 농산물에 의한 것으로 보인다. 판매의 다변화를 위해 직영매장을 비롯하여 광주, 순천, 목포 등에 45개 매장을 두고 직거래하고 있다. 한마음 생산농가 중 전적으로 한마음공동체를 통해 판매를 행하고 있는 농가는 11농가에 불과하고, 나머지 농가들은 경제적 이해에 따라 한마음공동체뿐만 아니라, 다른 생협조직과 개별적인 네트워크에 의존하여 판매를 행하기도 한다. 결국 유통에 대한 선택기준은 가격보장과 안전성이다.[7)]

'한마음공동체'는 농민들의 자발적 선택에 기초한 임의조직이면서 동시에 법인체 성격을 가지고 있는 개방형 조직으로 협업과 협동생산을 지향하고 있지만 실제적으로는 협업이나 협동생산은 수행되지 않는 내적 모순을 가지고 출발한 농업생산조직으로 규정할 수 있다. 조직의 목적을 결정하는 과정이 조직원들의 요구와 합의에 의해서보다는 조직 핵심 지도력의 의지와 가치가 강하게 반영됨으로 인해서 농업위기에 대응하는 새로운 형태의 조직인 협업적 경영을 통한 공동의 이해실현은 제한되고 자신이 보유한 일부 토지만을 유기농업으로 대체하는 측면을 보이고 있다. 농민이 당면한 현실문제에 대한 실천적 움직임이 결여되어 있고, 농업생산에 있어서도 유기농산물에 집중함으로써

7) 유기농업은 실행과정에서 생산력의 저하라는 위험을 감수해야 하기 때문에 농산물 판매수입에 대한 의존도가 강한 농가일수록 유기농업으로의 전환이 어렵다. 이로 인해 규모가 영세한 농사나 노동력 의존도가 높고 농업소득에 전적으로 좌우되는 대규모인 농가들은 유기농업 방식으로 전환이 어려우며 농업의존도가 높은 중농들 역시 전적으로 유기농업적 생산방식을 선택하기는 어려운 이유 중의 하나이다. 유기농업 생산과정에서 가장 힘든 노동과정은 제초이다. 그러나 한마음공동체에서는 제초작업을 협동에 의존하기보다는 가족노동이나 고용노동으로 해결하고 있다. 또한 지력 향상을 위해 무엇보다 중요한 퇴비의 공동생산 역시 이루어지지 않고 있다. 일반적인 유기농업조직의 특성인 작목특화전략이나 집단구역화라는 특징도 발견되지 않는다. 유기농산물 생산농가들은 유기농산물 가격이 노동한 수고에 비해서 낮다고 한다. 또한 판매에 있어서도 전량 판매가 보장되지 못한 적도 있었다고 지적했다(오미란, 2004). 그나마 초기에 생산량과 소득 감소를 감내하면서 지역민들에게 유기농을 의욕적으로 시작할 수 있게끔 설득할 수 있었던 데에는 목회자인 마을지도자로서 교회를 중심으로 종교적 믿음의 친분이 있었기 때문에 가능했던 것으로 보인다.

소비자와의 관계 역시 소량생산과 상대적 고가격, 제한된 생산품종으로 한계를 가지고 있다.

'한마음공동체'의 사회적 관계망이 되고 있는 '한마음자연학교'는 1999년 마령리의 폐교된 남면 서초등학교를 구입하여 2000년에 설립되었는데, 이 곳은 생태환경체험, 농촌문화체험, 황토민박체험, 생태교육, 황토집, 천적사육, 가축사육 등 다양한 생태문화 체험이 공유되는 공간이다. 이밖에도 부설조직으로 생태유치원과 여성농업인센터가 있다. 생태유치원은 지역사회 대안교육의 일환으로 공교육 체계로 진행되고 있는 기존의 유치원 교육패러다임을 거부하고 자연친화적인 교육프로그램을 실시하고 있다. 여성농업인센터는 여성농업인들이 안심하고 농업에 전념할 수 있도록 보육, 방과후 교실운영을 통해 자녀교육을 함께 하고 있다. 그리고 여성농업인에게 교육, 취미, 문화 등 다양한 영역의 활동을 실시하여 지역사회 여성이 지도자적인 역할을 할 수 있도록 하며, 또한 생활 속의 각종 고충을 상담, 안내하며 여성 농업인의 이익을 대변한다. 생태문화사업은 두 가지 영역으로 나눌 수 있다. 정규직 생태교육을 갖춘 생태교육프로그램과 생태유치원, 여성농민센터 등 고유한 프로그램에 의해서 정규적으로 운영되는 것과 다른 하나는 일반 소비자들을 대상으로 자연학교의 생태문화 프로그램과 체험공간을 제공하는 사업이다.

한마음공동체의 조직운영은 점점 가치실현 중심적인 구조에서 현실적인 경영을 중심으로 한 전문화, 분업화 과정으로 변화해 갔다. 그 과정에서 생태문화산업은 한마음공동체 조직의 형성과정에서 제기한 생명 중심의 가치체계의 확대와 이를 위한 사회체계의 구성을 도모하는 새로운 공동체적 이상을 실현하는 중요한 매개 역할을 가능케 하여 준다. 이는 유기농업 생산이라는 생태적 가치를 실현하려는 생산조직이 현실 경제적 이해관계에 의해 가치실현을 제한당하는 데 대해 생태중심적 가치실현을 저해하는 요인을 극복하고 보완하는데 있어서 매우 중요한 통로로 작용하고 있다.

지역민과 도농교류 행사로는 정월대보름행사 및 모내기, 추수감사절 행사가 있고, 이를 통해 소비자와 생산자 교류가 이루어진다. 또한 자연학교와 생태유치원을 통해 생산자교육, 소비자교육, 대안교육 및 농촌문화를 도시민이 누리고 있고, 농촌은 동시에 농외소득을 올리며 녹색관광을 실천하는 그린투어리즘 운동을 펼쳐가고 있다고 할 수 있다.

한마음공동체의 조직분야는 생산, 유통, 생태문화로 분화되어 있다. 유기농생산 초기에는 생산이 주요 과제였다면, 그 다음으로는 유통문제의 해결이 최대 관심이었고, 그 이후로는 생태문화산업 육성으로 발전하였다. 유통조직과 생태문화산업은 법인에 속해 있지만 별도의 운영체계를 가지고 있다. 따라서 구성원들 간의 내적 충돌은 없지만 조직 전체적인 통합기능을 저하시키는 원인이 되기도 한다. 생태문화산업프로그램에 생산농민의 이해를 증진시키는 활동이 조직적으로 배치되지 못하고 또한 생산조직이나 유통조직 역시 생태문화산업의 내용에 적극적으로 결합하여 이러한 활동을 매출에 용이하게 조직하는 작업은 이루어지지 않고 있다. 따라서 조직내부의 분야별 사업의 전문성은 강화되지만 조직 전체적인 통합은 약화현상이 초래된다. 이러한 현상이 장기화되면 조직은 설립 초기의 목적을 상실하고 경영적 요소만 남는 이윤을 추구하는 조직으로 변질될 우려가 발생하게 된다. 개별생산 노동과 유통부문에 부분 협동경영 형태를 띠고 있어서 협동의 원칙에 기반한 공동체성은 약한 편이다. 생계경제를 위한 경제적 공동체로써 자본주의적 개인 노동윤리와 시장이윤의 논리가 좀더 강하다. 이 마을도 여느 한국 생태마을처럼 조직의 리더에 의존하는 정도가 심하다. 의사결정은 영농조합법인 이사회를 통하여 결정이 된다고는 하지만, 이사회의 구성이 친족 위주로 이루어져 있고, 실질적으로는 유통조직 대표와 지도자와의 의사결정이 대부분을 차지한다. 무엇보다 공동체 운영을 위해서는 한국사회의 고질병인 혈연주의와 연고주의를 극복하고, 지역사회 주민과는 반목과 갈등이 없어야 한다.

4.3. 경기 화성 산안마을

역사가 오래된 계획공동체인 산안마을은 기존의 공동체마을과는 비교할 수 없는 공동체성을 가지고 있다. 노동을 포함하여 생활세계 전체를 일체시킴으로써 그들의 이상을 실현해 가고 있다. 이에 무소유가 담고 있는 노동과 생활을 살펴본다.

이 마을의 공식 명칭은 '야마기시즘 사회 경향실현지(京鄕實顯地)'이다. '야마기시즘'으로 불리는 이념의 제창자인 일본인 야마기시 미요조(山岸己代藏: 1901~1961)에서 유래한다. 경향(京鄕)은 '경기도 향남면'의 약자로 경향지방이라는 의미이기도 하며, 사람이라면 누구나 바라며 찾아가고자 하는 모두의 고향이라는 뜻도 담겨져 있다. '실현지'란 산안마을 사람들이 자신들의 이념을 생활 전체의 영역에서 구체적으로 실천하는 정주 공간이라는 뜻이다. 야마기시즘에 따른 이 같은 실현지는 세계 곳곳의 50여 개 소에 달한다. 1984년 현재의 주민 6가구에 의해 설립되었으며, 다소 유동적인 주민수는 2001년 10월 기준 실거주자 기준으로 총 52명이다. 이념인 야마기시즘에 따라 무소유 일체의 정신으로 모든 생활과 경영을 일체(一體)생활 · 일체(一體)경영 · 일체(一體)사회의 원칙 하에 운영하고 있다. 무소유란 공동소유와는 전혀 다르다. 공동소유도 일종의 소유이나 무소유는 소유 그 자체의 부정이다. 그리하여 마을에서는 분배가 전혀 이루어지지 않는다. "필요한 사람이 필요한 만큼"이라는 원칙에 의해 생활한다. 그리고 '일체'라는 것은 획일적, 집단적인 의미가 아니라 그 속에 개개인의 자율성과 다양성이 포함된 것을 말한다. 산안마을의 조직은 크게 산업부와 생활부로 나누어지며, 산업부는 다시 양계부, 채소부, 공급부 등 3개 부서로, 생활부는 식생활부, 의생활부, 학육(學育)부 등 3개 부서로 세분된다. 양계부와 채소부는 생산, 공급부는 생산품의 판매 및 유통을 담당하고 있으며, 식생활부와 의생활부는 각각 식사와 의류를 맡고 있으며, 학육부는 아동 학육을 담당하는 부서다. 마을 사람들은 각기 하나 이상의 부서에 소속되어 있다(야마기시즘 실현지, www.yamagishism.co.kr).

실현지는 임대한 토지를 포함하여 5만 5천여 평을 소유하고 있다. 그 중 2만여 평에 유기농업으로 30여 품목의 채소를 재배하고 있고, 계사 18동, 계사 부속건물 5동, 주거생활 및 사무실 8동의 건물이 있다.

생산조직으로 산업부에서 생산하는 주 품목은 유정란을 생산하는 양계이며 이것이 주 소득원이다. 그 외에 유기농업 방식으로 주로 엽채류, 과채류, 근채류, 두류 등과 이를 이용하여 장류, 음료류, 두부, 각종 식용기름, 기타 가공식품을 생산하고 있다. 과일류, 버섯류, 나물류, 돈육, 재활용 비누 등도 생산하지만 이런 것들은 자급을 위한 것이다. 주요 식품 중 산안마을이 자체 생산하지 않는 품목은 쌀과 우유 정도에 불과하다. 유정란은 친환경 직불제 시범농장으로 인가를 받았으며, 직거래 방식을 통해 전국의 소비자들에게 공급한다. 야채는 유기재배를 하고 있지만 인증은 받지 않고 회원들에게 공급하고 있다. 노동시간은 별다른 규정 없이 역할에 따라 다양하지만 대개 하루에 7～8시간 정도 일을 한다. 사업에서의 수익은 마을 수익으로 관리하여 재투자나 저축한다. 어른들이 5만원 정도의 용돈을 받는 것 외에 개별 분배는 없고, 자기가 필요한 만큼은 공동체의 동의를 얻어 가져다 쓸 수 있다.

공동의 사회·문화생활로 의류의 공급 및 세탁은 의생활부에서 일괄 취급하며, 식사는 하루 두 끼를 먹는데, '애화관'이라는 식당을 이용한다. 주생활 역시 생활관이라는 숙사(宿舍)를 함께 이용한다. 그리고 미래 세대의 육성을 위해 교육이라는 말 대신에 '학육'이라는 용어를 쓰고 있다. 이 말은 아동들은 "스스로 배우고 자란다"는 의미로 아동이 스스로 배울 수 있는 능력을 최대한 발현할 수 있는 환경을 조성하여, 아동들이 부모, 사회, 또래 집단, 우주 및 자연 등으로부터 각종 지혜나 지식 등을 능동적으로 흡수하게끔 하려는 목적을 가진다. 아직까지 규모가 작아서 공식교육기관은 아니지만 '태양의 집'이라는 교육시설을 운영하고 있고, 학령 아동들은 인근의 일반 학교에 다닌다.

다양한 교육 프로그램을 운영하고 있는데, 대표적인 프로그램으로는 일반 성인을 대상으로 1주일 간 개최되는 '야마기시즘 특별강습연찬회'가 있다. 일명 '특강'이라고 하는데, 이 과정을 거친 사람들에게만 야마기시회 회원이 될 수 있는 자격이 주어지며 일년에 4차례 정도 열린다. 그 외 주요 프로그램으로는 회원을 대상으로 14박 15일간 비정기적으로 개설되는 '연찬학교'가 있다. 마을 구성원이 되고자 하는 사람은 우선 '특강'을 수료하고 회원이 된 다음 '연찬학교'와 예비참획(정식 구성원으로 참여) 기간의 활동 등을 통해 당사자와 기존 구성원 전원의 합의에 의해 신규 구성원이 될 수 있다. '행복연찬'은 회원을 대상으로 매월 한번씩 정해진 시간에 정해진 장소에서 특정한 주제를 가지고 2시간 혹은 1박 2일 동안 개최된다. '낙원촌'은 산안마을과 일반회원 및 비회원 가족의 어린이 및 중고교생을 대상으로 계절별로 열리는 일종의 캠프 프로그램이다. 계절별로는 여름방학과 겨울방학 기간에 정기적으로 7박 8일간 개최되는 '여름낙원촌'과 '겨울낙원촌'이 있고, 봄방학 기간에 2박 3일간 개최되는 '징검다리 낙원촌'이 있다. 대상별로는 초등학생 이하를 대상으로 하는 '어린이낙원촌'이 있고, 중고등생을 대상으로 하는 '청소년낙원촌'이 있다. 1987년부터 해마다 5월초에 '거저의 축제'를 열어 지역사회와 나눔의 장을 마련해 왔으나 규모가 커져서 2000년부터는 지역시민단체와 함께 하는 지역행사로 화성의 초록산 산림욕장에서 초록축제를 열어 무소유와 나눔의 즐거움을 함께 하고 있다.

산안마을의 의사결정은 만장일치에 의한 연찬(硏鑽) 방식인데, 이는 한 사안에 대해 이런저런 의견을 조정하고 대립을 타협하는 것이 아니라, 의문을 함께 풀어 가는 열린 소통의 과정이다. 모든 사항에 대하여 모두의 뜻을 모아 검토하고, 언제나 최고, 최선, 최종적인 것을 찾아내어 그것을 실천하고자 한다. 마을의 운영조직으로는 우선, 세 사람이 역할을 맡고 있는 '조정소'가 있다. 이것은 전체를 위한 마을 사무나 연찬회의 진척을 돕고, 전체적인 조정의 역할을 한다.

산안마을은 생활공동체라고 할 수 있다. 모든 일이 공동의 사항으로 개인적인 차원이 아닌, 공동체적 일로 자리하고 있다. 그럼에도 자연 순환경제와 생활세계의 보완을 위해 개선되어야 할 부분들을 정리해 보자면,

첫째, 비눗물이나 낡은 의복 같은 자원의 재활용도 행해진다. 그러나 한국의 다른 마을에서도 비슷한 경우지만 재생가능 에너지 개발이나 자연정화설비를 갖추지는 못하고 있다.

둘째, 마을 구성원 수의 변화가 다소 유동적이나 구성원이 급격히 증가하지 않고 정체된 면도 있다. 긍정적으로 보자면 철저한 공동체적 삶의 추구와 생활규칙이지만 일반인으로서는 쉽게 다가가지 못하는 측면도 있다.

셋째, 다른 마을에서도 유사하겠지만 자녀가 일반 학교와 대학에 진학하여 생태적인 교육이나 의식을 향유하기에는 많은 한계가 있는 제도적 교육을 받아야 한다. 이에 대한 대안이 있어야 할 것이다.

넷째, 마을 일을 공동으로 해결하는 데에 연찬과 만장일치제가 있으나, 민주적인 의사결정과 최종 결정기구의 공정한 인적구성이 문제이다.

공동체적 생활양식은 자원, 금전, 공간 등만이 아니라 노력과 시간의 절약도 가져온다. 육아, 세탁, 조리, 청소, 비품관리와 같은 각종 가사분업을 통해 협동적 방식으로 처리하면 인력과 시간을 크게 줄일 수 있다. 그러나 모든 생태마을이 공동체적 생활을 하는 것이 아니라, 특정 영역-예를 들어 농업생산이나 하수 처리-에서만 공동으로 작업하는 경우가 더 많다. 산안 마을의 경우는 상당한 의식과 강한 공동체적 합의가 없으면 실현 불가능한 면도 있다.

5. 공동체성의 강도에 따른 마을 비교

세 마을의 조직과 공동체성을 비교해 보면, 아래 도표처럼 구분해 볼 수 있다.

<표 1> 세 곳의 생태마을의 공동체성 비교

구분	풀무마을	한마음공동체	산안마을
공동체 유형	경제, 교육 공동체	경제 공동체	생활 공동체
생산과 경영방식	생산자 영농법인 개별생산, 협동경영	생산자 영농법인 개별생산, 부분협동경영	공동생산 공동경영
협동의 원리	사민주의적	자본주의적	사회주의적
공동노동	부분 작목반 일	없음	일체 공동노동
대표적 사회관계망	풀무학교	한마음자연학교	산업부와 생활부
의사결정구조와 방법	조합총회 : 과반수 참석과 과반수 찬성 마을 회의	조합총회 : 과반수 참석과 과반수 찬성 분업화된 조직결정	연찬에 의한 만장일치제
공동체성의 강도	중	약	강

풀무마을의 생산자협동조합은 자본주의의 개별생산에 의한 협동경영으로 운영되나, 생산시설과 사회·문화적 시설이 마을 공동 자산이거나 공동경영으로 이루어지기 때문에 사민주의적 협동의 원리를 가지고 있다고 볼 수 있다. 이에 반해 한마음공동체는 시장이윤 추구에 가까운 개별생산과 부분경영의 자본주의적 협동의 성격을 띠고 있고, 산안마을의 경우는 공동생산, 공동경영, 공동분배의 사회주의적 협동의 원리를 따르고 있다고 볼 수 있다. 공동노동의 유무도 이와 같은 협동의 성격에 따라 나타난다. 생태적 관점과 함께 대표적 사회조직으로는 풀무마을의 풀무학교, 한마음공동체의 한마음자연학교, 산안 마을의 산업부와 생활부에 의해 구성원 간의 사회적 관계망이 형성되고 있었다.

의사결정과 방법에 있어, 풀무마을과 한마음공동체에서는 생산조합을 통한 총회에서 주로 의사결정이 이루어지고, 마을의 공동 현안은 풀무마을이 생산조합과 크게 구분되지 않지만 마을 총회에서, 한마음공동체는 분화된 조직들, 즉 마을 생산, 유통, 생태문화 조직 간의 유기적 연계 없이 조직 내에서 결정된다. 그에 반해 산안마을은 연찬에 의한 만장일치제를 따른다. 그리하여 이들 세 마을의 공동체성의 강도는 위의 표와 같이 중・약・강으로 구분해 볼 수 있다.

세 마을에 공동체성 강화를 위해 향후 공통으로 보완해야 할 부분(다른 마을들도 동일하겠지만)으로는 농촌에 노인인구가 많고, 점점 고령화되어 가는 관계로 노인을 위한 의료와 간병을 지원하며 돌볼 수 있는 조직인 의협이나 간병 센터를 자체 내에 또는 다른 마을과도 연대하여 설치할 필요가 있고, 그리고 마을 내에서도 생계유지가 어려운 가정에 공동체적인 차원에서 지원할 수 있는 복지시스템이 필요하다. 또한 세 마을 공통으로 한국 사회의 고질병인 연고주의와 혈연주의로 인해 구성원 간의 상호 의사소통이나 의사결정이 어려움을 겪고 있다. 기존 지역구성원의 배타성과 연고주의, 마을 지도자의 친인척에 의한 조직기관의 운영 등으로 반목이 은연중에 뿌리 깊게 자리하고 있다. 이의 극복을 위해서는 합리적으로 문제를 풀 수 있는 의사소통방식의 개발이나, 공동체 의식과 규범을 강화시킬 수 있는 공동의 학습이 필요하다. 특히 풀무마을과 한마음공동체의 경우에는 마을 전체의 공동노동(노작), 협동노동과 공동학습을 강화시킬 필요가 있다.

공동체성의 강화는 첫째, 공동체 성원들이 그 공동체가 지니고 있는 물리적인 환경이나 역사적인 전통 등 지역적인 특성들과 조화를 이루면서, 그들이 지닌 잠재력과 독특한 개성을 발휘해 나가는 것, 둘째, 공동체의 구성원들 간의 의사소통이 활성화되고, 협력관계가 증진되는 것, 셋째, 공동체 구성원들이 자신이 속한 공동체에 대한 애착이나 귀속감정이 증가되어 가는 것이라고 규정할 수 있을 것이다. 생계노동과 사회적 필요에 의한 사회적, 문화적, 교육적인 일과 지역사회의 현안에 직접 참가하는 것과 함께 개인의 전체적인 생활세계 속에서 노동의 궁극적인 목표를 추구하는 것은 공동체 조직 내에서 결국 주민자치의 참여민주주의를 실현하려는 것이다. 직접 민주주의의 기초적인 명제는 각 개인이 '자치할 수 있는 시민들'인 다른 개인들을 신뢰하고, 이들의 의식적인 선택을 통해서 자신들의 공동체를 세울 수 있다는 희망을 공유하는 데 있다.

6. 결론

토지의 자연자원을 기반으로 한 생산관계, 인간의 사회적 필요로써 사회관계와 인간 공동의 신뢰가 지역 생태공동체를 구성하는 요소이다. 유기농업 생산조직의 형태 유형은 생태적 가치를 지향하는 조직으로 개인들의 공동체로 결합되거나 협업적 생산을 지향하는 영농법인의 형태, 특정 품목을 중심으로 한 개별 생산농가들의 인적결합을 통한 조직 등 다양한 양태를 띨 수 있다. 유기농업 생산조직은 생계적 대안을 뛰어넘어, 생태적 가치를 지향하는 대안적 농업방식으로 가치지향적 생산방식이다. 대안사회는 생산이 아니라, 생활이 목적이다. 생산뿐만이 아닌 사회적 관계망의 구성, 일상 생활세계의 삶의 방식의 재 조직화가 필요하다.

비록 노동이라는 주제로 생태공동체에 접근해 보았지만, 개념적인 노동은 생활세계 전체로서 삶의 행위 속에서 그 목적이 구현되어야 한다. 지역에 대한 이해는 완료형이 아닌 현재진행형으로 동태적인 관점이 필요하다. 생태마을에 살고 있지 않은, 즉 마을 내부구성원이 아닌 외부 관찰자로서, 생활 그 자체인 살아있는 유기체로서의 동태적 삶의 모습을 기술한다는 것은 사실 피상적일 수밖에 없다. 생태공동체를 실현한다는 것은 경제적 가치, 생태환경적 가치, 문화적 가치를 지역차원으로 조직화 하면서 전체적인 생활세계를 재구성하는 것을 말한다. 이를 위해 생활정치를 어떻게 펼쳐 나갈 것인가에 대한 전략은 결국 공동체 구성원의 합의와 공동체 의식의 정도에 의해 다양하게 전개될 수 있을 것이다.

참고 문헌

김성균, 2003a, 생태마을의 이론과 실천, 한국지역사회발전학회, 지역사회개발연구, 제28집 1호, 107~121쪽.

_____, 2003b, 기획: 21세기를 준비하는 생태공동체를 찾아서, 월간 말, 1월호, 188~193쪽.

김조년, 1998, 지역이 학교요, 학교가 지역이다, 내일을 여는 책.

김종숙, 1998, 자생적 지역공동체와 발전 과제, 현대 사회과학연구 9(98.12), 전남대학교 사회과학연구소, 263~290쪽.

문순홍, 2006, 생태학의 담론, 도서출판 아르케.

심문보, 송두범, 2002, 지방정부의 친환경적 생태마을 조성 방안 연구, 한국비교정부학회, 101~128쪽.

심진범, 조혜경, 2003: 인천광역시 마을 단위 관광사업 육성방안 연구, 인천발전연구원, 74~78쪽.

송명규, 김병량, 2001, 생태공동체 운동의 이념적 기초, 한국지역개발학회지 13,1, 185~199쪽.

오미란, 2004, 유기농업 생산조직의 형성과 변화-장성 '한마음공동체'를 중심으로-, 전남대학교 석사학위논문.

야마기시즘 실현지, www.yamagishism.co.kr

제이슨 무어 외, 2006, 역사적 자본주의 분석과 생태론, 과천연구실 세미나 25.

짐 아이프 저, 류혜정 역, 2005, 지역사회개발, 인간과 복지.

풀무생활협동조합, www.pulmu.or.kr

한마음공동체, www.yuginong.co.kr

프란츠 알트 지음, 박진희 옮김, 2004, 생태적 경제기적, 양문.

Habermas, J. 1981, Theorie des Kommunikativen Handelns, Frankfurt: Suhrkamp.

Peters, Volker and Stengel, Martin, 2004, eurotopia-Verzeichnis: Gemeinschaften und Ökodörfer in Europa, Poppau.

한국 생태공동체 경제

고 명 희 (한신대학교)

1. 들어가면서

현내 사회가 직면하고 있는 문제 중 하나는 지구환경이 성장의 한계를 드러내고 있다는 점이다. 산업사회가 우리에게 가져다 준 물질적 풍요는 구조적으로 지구환경 자본에 대한 수요증대로 이어졌고, 이는 지구생태계의 지속가능한 수준을 넘어서고 있다. 인간이 지구상에서 지속적인 삶을 영위하기 위해서는 지속가능한 생활양식을 배워야만 한다고 지구생태 과학자들은 주장하고 있다. 지속가능한 생활양식을 추구하며 보다 자연에 영향을 덜 주려고 노력하며 살아가는 사람들이 바로 생태공동체 생활을 하는 사람들이다.

생태공동체는 환경변화에 영향을 주지 않는 생활방식으로 도시 또는 농촌에서 지속적인 사회적 환경을 만들기 위해 노력하는 사람들이 모여 형성한 마을이다.[1] 즉 생태공동체의 기본은 자연과 더불어 살아가는 삶이며 인간의 삶이 자연의 일부가 되는 삶을 말한다. 환경에 보다 적은 영향을 주는 생활방식을 가지고 있는 생태공동체는 미래를 성공적으로 지속하게 할 수 있는 지

1) 세계 생태마을 네트워크(The Global Ecovillage Network: GEN) http://gen.ecovillages.org/

속가능한 삶의 모델이며, 우리가 지속가능한 사회를 위해 어떻게 행동해야 하는지를 보여준다.

인간의 먹고 마시고 입는 행위에는 언제나 일종의 환경적, 경제학적 측면이 있기 마련이다. 예를 들면 풍족한 식생활을 보장하기 위해서는 토양, 수질, 공기라는 근원적 자연 자원이 필요하다. 또한 지역의 경제영역, 즉 식품을 위한 자원의 교환과정, 운송과정, 산업적으로 가공된 식품의 교역 등 경제적 행위가 발생한다. 여기서 문제는 지구촌의 의식주가 획일화되고 대량 소비된다는 점이다. 예전에는 북미의 미식가나 먹던 연어가 엄청난 사료를 먹고 자라는 양식으로 키워지면서 일반소비자는 물론 연어가 생산되지 않는 나라의 사람들도 쉽게 구입할 수 있는 식품이 되면서 사람들의 입맛까지도 바뀌게 만들었다. 연어 양식의 예는 지역마다 지역에서 자라는 독특한 식물들이 식품으로서 가치를 잃게 한다. 오늘날에는 과거에 비해 극히 일부만의 식물이 식품으로 사용되는데 예전에는 대략 3,000종의 식물을 식품으로 개발했으나 현재는 겨우 150여 종만이 이용되고 있다(호세 루첸베르거 외, 2000). 인간 의식주의 획일화, 대량 소비는 지역 자원의 생태계 건강과 종의 다양성의 파괴라는 비용을 무시하고 생겨난다.

생태공동체 경제의 핵심은 인간이 먹고사는 문제를 해결하기 위해 지역의 부존자원을 최대한 활용하는 자급자족적 지역중심의 경제를 지향하며, 부족한 부분은 외부와의 교역을 통해 보완하는 것을 기본적 사고로 하고 있다(이기옥 외, 2002). 생태공동체의 삶은 대량생산 대량소비에 길들여져 있는 우리의 의식구조나 생활양식 또는 경제발전 양태에 대한 일대 전환을 요구하는 삶이 될 것이다. 생태공동체 경제는 지역을 단위로 다양성을 인정하는 소품종소량생산을 추구한다.

그럼 과연 지역을 단위로 지역의 자원을 이용한 소품종소량생산이라는 생산방식을 통해 생태공동체내의 사람들은 어떻게 살아갈 수 있을까? 생태공동체 마을 만들기를 추진하는 사람들에게는 실제적이고 장기적이며 확고한 재정적 계획이 뒷받침이 되어야 한다. Gilman(1991)도 생태마을이 해결해야 할 경제적 과제로서 어떻게 동시적으로 비용과 환경적 충격을 줄이기 위한 경제적・생태적 효율성을 달성할 수 있을까? 비즈니스와 결합된 생태마을을 위한 기업조직의 적절한 형태는 무엇인가? 등을 지적하고 있다.[2)]

이 글은 일차적으로 한국의 생태공동체를 소개함으로써 현재 한국의 생태공동체운동의 일면을 엿볼 수 있는 기회를 갖고자 한다. 기존의 생태공동체를 소개하는 내용들이 생태공동체의 전반적인 환경친화적인 삶에 초점을 맞추고 있는 것에 반해 이 글에서는 생태공동체의 지속가능한 사업에 초점을 맞추어 소개하고자 한다. 좀더 자세하게 설명하면 다음과 같다.

첫째, 생태공동체가 실시하고 있는 지속가능한 사업은 어떤 것이 있는가?

둘째, 한국의 공동체들이 주로 농업을 기반으로 한 농촌지역에 있으므로 식료품 생산과정은 경제적・생태적 효율성을 달성하고 있는가?(공동체의 생태적 지역 유지할 수 있는 만큼 먹을거리 생산하고 있는지 또는 유기농으로 식품을 생산 등)

셋째, 생태공동체 생산물에 대한 유통은 지속가능한 사업으로 이루어지고 있는지?

넷째, 생태공동체의 사회적 자본(Social Captal)은 어떻게 관리되고 있는지?

이 글에서는 한국의 생태공동체로 많이 알려진 문당리환경농업마을의 지속가능한 사업을 조사・분석하고자 한다. 이 연구는 문당리환경농업마을을 직접 방문하여 구성원들과 나눈 인터뷰를 바탕으로 이루어졌고, 그 밖에 한국 공동체에 대한 다양한 문헌자료 및 각 공동체의 홈페이지의 자료를 이용하였다.

---

2) 한국불교환경교육원, 「공동체를 찾아서」, 181쪽에서도 생태공동체의 경제체제에 대한 과제로 다음과 같은 것을 제기하고 있다. ① 지속가능한 경제활동이란 무엇인가? ② 공동체에서 행해지는 공통적인 부분은 무엇이며 개인적인 부분은 무엇인가? ③ 땅과 건물에 대한 소유는 구체적으로 어떻게 처리하고 있는가? ④ 경비를 줄이고 환경피해를 동시에 줄일 수 있는 효율적인 방법은 무엇인가? ⑤ 생태마을에서 벌일 수 있는 적절한 사업의 형태는 어떤 것일까? ⑥ 생태마을간의 경제적 교환을 위해 화폐경제를 대신 할 유용한 대안이 있는가?

2. 생태공동체의 특성과 지속가능한 사업

2.1. 생태공동체의 특성

현재 세계 생태공동체 마을은 세계 생태마을 네트워크(The Global Ecovillage Network: GEN)를 중심으로 약 15,000개의 마을이 회원으로 등록되어 있다. 생태공동체에 대한 세계 생태마을 네트워크(The Global Ecovillage Network: GEN)의 정의는 일반적으로 3가지 측면으로 되어 있다.

2.1.1. 생태공동체의 사회적 측면

생태공동체는 주위 환경을 보호하고 환경이 주는 혜택을 느끼는 사람들의 공동체이다. 생태공동체는 사람들이 마을에 속해 있다는 깊은 유대를 제공해야 한다. 마을은 사람들이 안전하다고 느끼고, 구성원들 간에 서로서로 경험을 나누면서 자극을 주어야 하고, 눈에 보이고 말을 들을 수 있을 정도로 작은 단위이어야 한다. 사람들은 공동체의 투명성과 생활에 영향을 미칠 수 있는 의사결정에 참여할 수 있어야 한다.

공동체란 다음과 같다.

- 서로 서로 인정하고 관계하기
- 공동자원을 함께 공유하고 상호간 도움주기
- 전체적이고 예방적인 건강 관행 강조하기
- 모든 구성원에게 의미 있는 노동과 음식물 제공하기
- 원주민과 교류하기
- 무한한 교육 촉진하기
- 다름에 대한 배려를 통해 조화로움 강조하기
- 문화적 발상 장려하기

2.1.2. 생태공동체의 생태적 측면

생태공동체는 사람들에게 지구에 산다는 것은 연결되어 있다는 것을 경험하게 한다. 사람들은 토양, 물, 바람, 식품, 동물들과 함께 매일 상호작용 한다. 사람들은 일상에서 필요한 음식, 의류 등을 얻는다.

생태란 다음과 같다.

- 공동체의 생태적 지역 내 가능한 만큼 식품 기르기
- 유기적 식품 생산 지원하기
- 지역에서 생산되는 재료 이용하여 집짓기
- 마을에 기초한 재생 가능한 에너지 시스템 사용하기
- 생물의 다양성 보호하기
- 생태학적 비즈니스 원칙 장려하기
- 생태학적 관점에서 뿐만 아니라 사회적 영적으로 마을에서 사용되고 있는 모든 제품의 라이프사이클 평가하기
- 적당한 에너지와 쓰레기 관리를 통한 깨끗한 토양, 물, 공기 보존하기
- 자연과 야생지역 보호하기

2.1.3. 생태공동체의 문화적/영적 측면

대부분의 생태 마을들은 특별한 영적측면들을 강조하지 않는다. 단지, 생태마을 자체의 방식으로 존중하고 지지하는 지구와 생명체들의 문화와 예술적 풍요와 표현, 다양성을 강조한다.

문화적/영적 생명성이란 다음과 같다

- 공유된 창조성, 예술적 표현, 문화적 활동성, 의례와 축하
- 공동체 그리고 상호 보완적 의식

- 다양한 영적 방식에 대한 존경과 지지
- 문화적 유산과 각 공동체를 하나로 묶는 것을 표현한 공유된 비전과 합의
- 일어나는 어려움들에 대한 긍정적인 반응과 유연성
- 전체와 관계되는 공동의 장소에서 삶의 모든 요소들이 상호의존하고 상호 연관한다는 것에 대한 이해.
- 평화, 사랑, 지속가능한 세계에 대한 창조

2.2. 지속가능한 사업

인간이 생활하는 데는 일정부분 경제적 측면이 존재한다. 특히, 생태공동체가 지속적이고 장기적인 재정적 계획을 실현하는 데는 더욱 경제적 측면을 고려해야만 한다. 하지만 기존 경제의 자연을 파괴하고 지배하는 논리와는 달리 생태공동체의 경제는 자연과 더불어 인간이 자연의 일부라는 순환성을 지향하는 지속가능한 경제를 추구해야 한다. 폴 호켄(1993)의 「비즈니스 생태학」과 호세 루첸베르거(2000)의 「지구적 사고, 생태학적 식생활」에서는 지속가능한 사업은 지역제품으로 생산하는 것, 생산과정상의 자연에 준 영향에 대해 책임을 지는 것, 자립 경제을 실현하는 것, 인간적으로 만족을 주거나 서비스를 통해 오래 쓸 수 있는 제품 등을 생산하는 것이라 설명하고 있다. 좀더 자세하게 살펴보면 다음과 같다.

첫째, 지속가능한 사업이란 전국적·세계적인 제품을 소규모 지역제품으로 만드는 것이다. 폴 호켄(1993)은 소규모 지역제품을 생산한다는 것은 생산과 소비간의 가장 빠른 길을 찾는 것이라고 설명하였다. 즉 천연세제를 생산 판매하는 기업이 있다고 하면 제품 용기 300원, 분무장치 400원 등 총 930원이 든다. 세제 자체비용은 80원에 불과하지만 거기에 광고, 중간상인, 운송업자, 도매상, 세일즈맨, 세금, 제품 시연회, 접대, 판촉용 견본, 책임보험, 입점비, 리서치, 소비자테스트 폐기물, 변호사 등의 비용이 붙어 2,230원에 소매상에 넘어가 소매가격 3,000원에 팔린다(폴 호켄, 1993). 폴 호켄은 지역에

서 생산한 제품을 지역에서 소비하게 되면 중간 비용 즉 운송비, 광고를 위한 전단지 등 자연에 부담을 주는 해위를 줄일 수 있다고 강조한다. 또한 돼지고기나 돼지고기 가공 식품의 지역적·수공업적 생산품이 고도로 분업화된 작업에 의해 특수화되고 산업화된 생산품의 경우보다 비용 측면에서 더 우수하다. 그 이유는 산업화된 생산의 경우 개별적인 생산과정과 판매과정 사이에 여러 단계의 운송비용과 냉장 보관 및 저장 비용이 소요되는 관계로 비용 상승이 초래될 수밖에 없고 이런 과정은 에너지를 사용하는 자연에 부담을 주게 된다(호세 루첸베르거, 2000).

생태공동체내에서 생산되는 제품은 판로를 개척에 있어서 그 지역에서 판매하는 것을 기본으로 두어야 한다. 운송거리를 짧게 하는 것, 적절한 생산물량으로 냉장보관을 오래하지 않게 하는 것, 판매과정을 줄이는 것 등은 생태공동체의 지속가능한 사업을 위해 기본 방안이 되어야 한다.

둘째, 자연에 미치는 영향에 대한 책임을 갖는 것이다. 즉 생산 및 원료 조달에서 고용, 분배, 마케팅에 이르기까지 총체적인 과정을 검토하여 환경 파괴적인 진로는 없애기 위한 노력을 해야 한다. 생태공동체에서 생산되는 농작물에 대해서는 유기농재배를 통해 자연의 토양과 물, 공기를 오염시키지 않는 방안이 기본이 되어야 하는 것은 물론 가공단계나 마지막 제품 포장단계까지 환경에 적은 영향을 주는 방안을 모색해야 한다. 예를 들면 식품 생산의 마지막 단계인 포장은 제품의 위생과 직접적 관련이 있어 매우 중요하다. 식품의 포장재로 사용되는 비닐이나 플라스틱 등은 가볍고 비용이 저렴하여 포장재로 많이 사용되지만 환경에 미치는 영향은 크다. 또는 비닐하우스를 이용한 유기농제품은 제철에 나는 제품보다 많은 에너지를 사용하였을 뿐 아니라 농사 후 비닐하우스에 사용되었던 비닐의 수거 및 폐기에 많은 환경적 비용을 지불해야 한다. 생태공동체에서 생산되는 여러 제품들은 총체적으로 환경에 끼치는 영향에 대한 고민을 통해 자연에 미치는 영향을 적게 하는 방안을 모색해야 한다.

셋째, 폴 호켄(1993)은 지속가능한 사업이란 외부 자본을 끌어오지 않는 것이라고 언급하고 있다. 오랜 시간에 걸쳐 성장해 나가는 기업, 직원들뿐 아니라 지역사회와도 친밀한 결속력을 가진 기업이 일확천금을 노리는 기업보다 사회와 직원들에게 더 나은 결과를 안겨준다는 것이 그의 설명이다. 생태공동체를 만들기를 실천하기 위해서는 실질적인 재정확보가 필수 조건이지만 처음부터 많은 자금을 외부에 의존하는 것은 불안전한 출발이라 할 수 있다. 생태공동체가 안전정인 경제 환경을 만들려면 자본금은 공동체 구성원들과 사회를 고려해 이루어져야 한다. 현재 한국의 여러 생태공동체에서 사용하고 있는 조합원의 공동출자 또는 정부지원금 이용하는 것 등이 사용되고 있다. 그러므로 생태공동체 초기에는 재정적 확보를 위해 매개체 즉, 의료생협, 유통조합, 지자제 등을 이용하는 것도 고려해 볼 수 있는 방안이다.

넷째, 제품을 생산하거나 공동체 사업을 구상할 시 기본적인 생각은 오랫동안 쓸 수 있고 버려진 뒤에도 미래 세대에게 피해를 남기지 않는 제품을 생산하거나 있는 재료를 조합해 뭔가 더 유용한 것이 무엇일까를 생각하는 것이다. 사람이 할 수 있는 서비스를 바탕으로 하는 사업을 생각해 내는 것이다. 서비스야 말로 지속성과 유사한 의미를 갖는다. 서비스는 문제를 해결해 주거나 사람들이 문제를 해결할 수 있도록 만들어 준다. 도시인들이 생태공동체를 통해 얻고자 하는 것을 주는 것이다. 예를 들면 휴식, 편안함, 안정 등을 원한다면 생태공동체에서 이와 같은 욕구를 충족시켜 줄 수 있는 서비스를 제공하는 것이다. 인간에 대한 서비스야 말로 제일 좋은 지속가능한 사업 중 하나이다.

마지막으로 지속가능한 사업을 둘러싸고 있는 사람들 간의 신뢰는 지속가능한 사업에 중요한 요소이다. 지속가능한 사업과 관련된 누구라도 가격과 비용에 대한 정직한 정보만 알게 되면 현명한 판단을 내릴 거라는 생각을 전제로 한다. 나카무라 히사시(1992)는 생산자와 소비자의 신뢰를 바탕으로 한 우애의 관계를 강조하였다. 생산자와 소비자의 관계가 신뢰를 갖게 되면 시장의 평가를 받지 않고 당사자간에 가격을 함께 결정하고, 결정한 가격을 장기간 일정하게 유지할 수 있도록 해야 한다. 이것은 가격을 결정하는데 품질이나 수량보다는 상대방의 인격을 중시하는 것이다. 예를 들어 일본의 <안전 농산물 공급센터>는 생산자와 소비자가 함께 출자해서 만들었고 농산물을 공급할 때나 생산지 일손 돕기를 하는 논밭에서 생산자와 소비자가 직접 얼굴을 맞대는 인격적인 관계를 화폐나 상품위주의 관계보다 중요시한다. 그렇기 때문에 농산물의 작황에 맞춰 농산물 가격을 변동시키지 않고, 오랜 기간 일정하게 유지하고 있다.

위에서 살펴보았듯이 지속가능한 사업을 실천해 가는 것은 그리 쉬운 것은 아니다. 하지만 우리가 다시 한번 지속가능한 사업에 대해 살펴본 것은 생태공동체의 사업들이 지향해야 할 원칙은 현실에서 나침판과 같은 역할을 하기 때문이다.

3. 한국의 생태공동체

3.1. 한국생태공동체의 역사적 배경

세계적으로 생태적 삶을 추구하는 공동체 운동은 19세기 산업화 도시화로 인한 삶의 부정적 영향을 비판하면서부터 시작되었다. 독일의 생활혁명운동이 그 대표적 사례이다(황선애, 2005). 한국의 공동체운동은 해방이후 전쟁으로 인한 고아와 빈곤을 구제하기 위한 사랑을 실천하는 공간으로 시작되었다. 1948년 사회적 약자들을 위해 조직된 신앙과 사랑의 공동체인 '동광원', 1955년 부천소사에서 시작된 생명 나눔 공동체 '한삶회' 등이 대표적 사례이다.

이와 더불어 1960년대 70년대의 빠른 경제성장으로 인한 한국 사회가 가지고 있던 전통문화와 공동체성이 해체되고 이분법적 서구식문명이 인간사회 및 자연과의 관계를 분절시키게 된다는 점을 지적하면서 생명운동이 전개된다(생태공동체운동센터, 2005). 생명운동은 서로 협조하여 조화로운 삶을 영위하여야 하는 자연적 호혜주의를 주장한다. 1967년 민중이 주인 되는 사회에 대한 실천적 고민을 실험한 '씨알농장'이 만들어진다. 생명운동은 1980년대 들어서면서 상품경제의 익명성으로부터 오는 안전성문제를 극복하기 위해 친생태적 생산품목과 생산방식을 유도하기 위한 운동으로 발전한다. 즉 경제적 약자들을 위한 협동조합의 형태 즉 생산협동, 신용협동, 소비협동조합 등이 구축되며, 유기농산물 생산을 통한 생산자와 소비자를 잇는 생활공동체운동이 전개된다. 1982년 원주에서 시작한 <한살림>을 기점으로 정농생협, 민우회생협 등 생활공동체 운동이 확산되었고 일상적인 생활양식의 변화를 위해 공해, 탁아, 교육, 주택, 의료, 언론 등 생활세계의 전반적인 영역에 걸쳐 제도개선 운동이 확장된다(생태공동체운동센터, 2005).

1990년 이후는 한국 도시의 비대화로 인한 경제적 소외지역인 농촌을 중심으로 지역단위로 유기농업을 실시하고 유기농산물을 도시에 판매하는 공동체들, 또는 치유중심의 의료생협 등 다양한 유형[3])의 공동체들이 생겨났다.

한국 생태공동체는 세계적으로 생태적 삶에 대한 고민이 산업화 도시화로 인한 삶의 부정적 영향을 비판하면서부터 시작된 것과는 달리 사랑의 실천과 같은 박애주의의 실현에서 시작하여 자본주의의 경제적 약자인 농촌지역에서 협동조합의 형태로 발전한 경향이 있다. 세계 생태마을 네트워크(GEN)에서 정의한 생태공동체의 일반적 측면 즉 사회적, 생태적, 영적/문화적 측면을 모두 고려한 생태공동체와는 차이가 있다.

한국의 생태공동체는 역사도 짧고 사회적, 생태적, 영적/문화적 측면을 모두 고려한 공동체와는 차이가 있음에도 불구하고 그 발전가능성에 대해서 매우 긍정적이다. 우리 전통 문화자체가 자연과 조화된 삶, 극단적 개인주의보다는 공동체적 가치를 공유하던 문화로써 생태적, 영적/문화적 측면은 낯설고 새로운 것은 아니다. 생태공동체들에서 행하여지고 있는 문화행사들을 보면

---

3) 황대권은 한국의 생태공동체 유형을 다음과 같이 나누고 있다. ① 유통중심공동체 ② 생산중심공동체 ③ 치유중심공동체 ④ 교육중심공동체 ⑤ 종교・영성공동체 ⑥ 사회복지공동체 ⑦ 생태마을 ⑧ 지역공동체

한국의 전통문화 즉 농경시대부터 내려오던 공동작업을 통해 이어진 놀이들을 이용하는 경향이 있다. 이는 공동체의 구성원들의 공동의식을 형성해 나가는데 많은 도움이 될 것이다.

지금부터 문당리 환경농업마을에 대해 살펴보자. 문당리 환경농업마을은 산업화, 도시화로 인한 상대적 빈곤을 겪고 있는 우리 농촌을 살리기 위한 방안으로 농촌의 수익을 높이기 위한 유기농업을 시작하면서 공동체마을 만들기가 본격화된 사례이다.

3.2. 문당리 환경농업마을

3.2.1. 설립배경과 구성현황

충남 홍성군 홍동면에 위치하고 있는 문당리는 오래전부터 내려오는 한국의 전통마을이다. 90세대, 농가 81세대, 전체인원 270명이 함께 마을을 이루고 있다. 풀무학교를 졸업하고 마을에서 농사를 지으며 살고 있던 주형로씨는 1979년부터 생명을 살리는 유기농업을 실천해왔다. 이는 풀무학교의 교육이념인 사회를 생태 평화적으로 변화시켜야 한다는 배움의 실천이었다. 1993년 주형로씨는 풀무학교 교장 홍순명이 제안한 친환경 농법인 오리농법으로 농사를 지었다. 농약과 비료를 쓰지 않고 청둥오리를 이용해 병충해를 방지하고 제초를 하는 오리농법을 처음 시작한 첫 해에 좋은 성과를 거두었다. 오리농법 성공 후 풀무학교에서 배운 "함께"의 의미를 구현하기 위해 생각하던 중 WTO에서 농작물 개방 압력을 시작했고 위기를 기회로 만들어야겠다고 생각하고 마을 주민들을 설득했다. WTO가 농작물 개방 유해 기간 10년을 주었고 이 기간에 주민들을 설득하기로 했다. 이때 주형로는 주민들에게 "2004년이 되면 눈물을 흘리시겠습니까? 지금부터 저와 함께 오리농법을 실시하면서 농작물 개방을 준비하겠습니까? 라고 설득하여 19농가가 함께 오리농법을 이용한 농사를 짓기 시작하였다. 1994년도에는 19농가가 3만여 평의 단지를 이루었고 1996년에는 30농가가 오리농법 작목반을 결성하였다. 해마다 참여 농가가 늘어 2000년에는 홍성 일대 127농가가 33만평에 농약과 제초제를 사용하지 않는 환경농업을 실시하였고, 2004년에는 인근 지역까지 250만평 규모로 확대되었다.

유기농업은 일반농업보다는 노동력이 더 필요하다보니 자연적으로 유기농업의 확산은 마을사람간의 협력을 필요로 하였고 자연스럽게 함께 노동하면서 인간관계도 밀접하게 되었다. 유기농 쌀의 판매로 농가의 소득도 늘어났고, 농가의 소득이 늘면서 벼를 수매할 때 가마당 얼마씩 마을 환경기금을 떼어 적립하였다.

이 공동기금으로 마을 공동부지 3000평을 구입했고 홍성환경농업교육관을 지었다. 나머지 기금은 당국에 계획안을 제출하여 지원금을 받았고, 흙벽돌과 서까래는 주민들이 직접 나서서 준비하였다. 2000년 6월에 착공하여 12월에 준공하였다.

1999년도에 문당리는 환경농업시범마을 조성 지원을 받았으며, 이해에 영농조합법인을 설립하여 마을 공동체의 기틀을 마련하였다.

우리나라 마을단위에서는 처음으로 계획·작성한 "문당리 발전 백년계획서"을 만들었다. '마을 백년 계획'은 농촌마을에서 희망을 찾고 농촌과 도시의 공생 방안을 마련하기 위한 것이다. 자립적이고 상호부조하는 두레공동체의 모습으로 건강한 자연 속에서 자연의 섭리에 순응하는 마을 공동체적 삶을 살아가는 것을 기본전략으로 삼고 있다. 서너 세대를 내다보며 마을의 건강한 변화를 꾀하는 주민들에게 마을과 후대들, 주변 환경에 대한 관심은 진정한 주체로서 각별할 수밖에 없다.

문당리는 환경농업시범마을, 녹색농촌체험마을 그리고 농촌마을종합개발사업 선정으로 이어졌고, 자연생태 우수마을, 녹색경영대상, 농업기반대상 등 많은 상을 수상하였다.

3.2.2. 공동체 가치와 목표

홍성군에는 풀무농업학교가 있다. 풀무학교에서 이루어진 학습은 철저하게 사회공동체의 기여를 위한 것이며, 학생과 학교 공동체 그리고 사회를 생태평화적으로 변화시키는 것과, 그 지역이 필요로 하는 인재를 배출하는 것이었다. 풀무학교가 1958년에 새워져 한해 졸업생 약 20～25명 배출하였고, 그 중 홍동에 거주하고 있는 졸업생은 120명 정도이다. 이는 문당리 마을주민들이 내가 속한 공동체에 무엇을 기여할 것인가, 또는 생태평화적인 사회건설, 내가 속한 지역에서의 삶의 소중함 즉 농업의 소중함에 대한 공유가치를 만드는 좋은 계기가 되었다. 농사에 대한 같은 철학을 배운 동창생들이 공유된 가치를 갖게 되는 것은 당연한 일이다.

문당리의 구체적 목표는 「생각하는 마을 준비하는 마을 21세기 환경마을 문당리 100년 계획」을 통해 명확하게 제시하고 있다.

100년 프로젝트 기본 목표는 다음과 같다.

- 넉넉한 문당리: 이 때 넉넉함이란 좌와 우, 아랫집과 윗집을 보면서 함께 살아가는 것을 의미
- 오순도순한 문당리: 이웃집과 나눔을 되살리는 마을을 복원시켜 보자는 의미
- 자연이 건강한 문당리: 올챙이 송사리가 살 수 있는 마을로 만들자는 의미
- 자연과 사람이 조화되는 문당리를 의미함. 마을의 수계를 이용한 유기농사

마을 목표는 마을 사람들 간의 관계를 회복하고 자연이 살아있는 마을을 만들자는 것이다. 프로젝트를 외부에 설계해 줄 것을 요청하고 설계를 시작하였다. 설계 도중에 주민들과 다양한 방법으로 커뮤니케이션을 실시하였다. 처음 주민들이 소극적으로 반응하였으나 지속적으로 주민들의 의견을 수렴해 수정하고 다시 수정한 것을 가지고 다시 모여 알리고 하는 과정 속에서 자연스럽게 문당리 100년 계획에 대한 미래 청사진을 알리고, 목표을 만들고 공

유하게 되는 계기가 되었다.

3.2.3. 공동체 사업

오리농법 쌀 작목반을 만들어 함께 오리농법으로 농사를 짓고, 농가 소득이 늘자 일정부분 공동자금을 제공하여 마을 공동체 운영을 위한 초기 자본을 마련하였다. 이를 기반으로 환경농업교육관을 짓게 되었고 그 운영은 문당리 영농조합법인을 만들어 관리하기로 하였다.

<영농조합법인>

1999년에 설립되었으며 조합원 49명으로 이루어졌다. 법인이 운영하는 기관으로는 홍성환경농업교육관과 마을 정미소가 있다. 설립목적은 환경보전농업을 보급, 정착 발전시켜 생태계 및 자연환경과 농촌 환경을 보호하고 농가 소득 증대에 기여하며 환경농업의 중요성을 인식시킬 수 있는 교육을 실시함으로써 자라나는 후손에게 아름다운 자연과 살아 숨쉬는 마을을 물려 줄 수 있도록 하는데 목적이 있다. 구체적인 사업은 다음과 같다.

-환경농업 및 축산업에 관련된 공동생산 시설의 설치 및 이용
-환경농산물 가공 및 판매
-환경농업 연구 및 기술보급
-소비자 단체 직거래 및 지역환경 농산물 센터개설
-지역간 국제간 농민교류
-마을의 백년계획서에 의한 사업전개
-후진양성을 위한 어린이 환경교육 및 교육장 설치 운영
-지역 환경 연구 및 환경 단체 교류
-올바른 먹을거리 보급을 위한 식당 운영
-녹색 농촌체험 및 도시민과의 교류

● 환경농업교육관: 교육관 사용료 1회 70,000원, 숙박 1인1일 6,000원

(어린이 5,000원), 식사 1인1식 6,000원(어린이 4,000원), 교육내용 주형로씨가 주로 담당하며 오리농법을 통한 유기농법을 교육한다.

- 정미소: 마을에서 생산되는 벼가 대상
- 어린이 및 가족단위 생태체험학습: 계절별로 다양한 체험프로그램이 준비

〈표 1〉 문당리 환경농업마을 체험프로그램

	프로그램	비용(원)	체험종류
봄	A: 황토염색, 나물캐기, 쑥개떡만들기 B: 새끼꼬기, 채소심기, 황토염색, (식사1끼, 염색면티제공)	A : 20,000 B : 15,000	나물캐기/쑥버무리 체소심기/표고버섯따기 새끼꼬기/황토염색 우마차타기/별관찰하기
여름	A: 봉숭아물들이기, 동물관찰하기, 황토염색, 감자캐기 B: 대나무물총만들기, 옥수수따기, 황토염색, 새끼꼬기(짚공예) (식사 1끼, 염색면티 제공)	A, B : 15,000	감자캐기/옥수수따기 흙밟기/대나무물총만들기 봉숭아물들이기/오리넣기 야생화관찰/별관찰하기 등
가을	A: 새끼꼬기, 인절미만들기, 황토염색, 황토건강방 체험하기 B: 황토염색, 산책하기, 봉숭아물들이기(식사1끼, 염색면티제공)	A : 20,000 B : 13,000	벼베기/벼타작하기 메뚜기잡기/고구마캐기 감따기/새끼꼬기 인절미만들기/황토건강방체험하기
겨울	A: 연만들기, 고구마구워먹기, 짚공예 B: 눈썰매타기, 고구마구워먹기	A : 15,000 B : 12,000	연날리기/불깡통돌리기 인절미만들기/고구마구워먹기/눈썰매 타기 등

영농조합의 연매출은 2억 정도(2005년 기준)이며 내부 인력으로는 교육관 2명, 정미소 4명으로 모두 6명의 정식직원이 있다. 법인의 사업수익은 연말에 정산하여, 적립을 하거나 분배토록 하는데, 아직까지 분배한 적은 없으며, 운영 유지비용으로 재투자하고 있다. 마을 공동 소유재산으로는 마을의 공동체 기구라 할 영농조합법인이 소유하는 있는 토지 3천평 정도이며, 시설로는

환경농업교육관(80평), 교육관식당(80평), 정미소(100평), 찜질방(53평), 숙소(96평), 체험학습장(20평), 농촌생활유물관(60평)이 있다.

3.2.4. 문당리 환경농업마을의 지속가능한 사업

문당리 환경농업마을에서 실시되고 있는 사업은 주로 오리농법을 이용한 쌀 생산과 환경농업교육관, 정미소, 체험학습프로그램운영이다. 오리농법을 이용한 유기농쌀 생산은 작목반을 만들어 운영되고 있었고 쌀을 재배하는 토지가 개인의 소유이므로 분배는 개인소유의 토지의 비율에 따라 이루어진다. 여기서 중요한 것은 유기농 쌀 생산을 늘려가는 계기를 마련하였다는 점이다. 문당리는 기존의 농촌마을에서 생겨난 공동체운동으로 오리를 이용한 유기농업은 마을 소득을 늘리는 방안을 마련하게 되었고 마을 사람들과 함께 소통하는 문당리를 만들어 주었다.

이를 바탕으로 마을 공동기금을 작지만 천천히 마련해 나가게 된다. 마을사업을 위한 기금을 마련하는데 정부의 보조금도 사용하였다. 이는 지속가능한 사업을 위해서는 외부의 자금을 끌어들이지 않고 내부의 공동자금과 정부의 보조금을 적절히 사용한 좋은 예이다.

체험학습프로그램을 운영하여 도시 소비자들에게 농촌을 이해하는 계기로 삼고 마을공동체 수입도 늘리는 경우는 바람직한 방법이라 생각된다. 단 다른 농촌지역의 체험프로그램과 차별성이 없다는 것이 아쉽다. 예를 들면 체험프로그램 중 황토염색이 있는데 황토염색이 그 지역 주민들의 삶과 어떤 상관관계가 있는 것인지 의문이 든다. 이것은 이벤트 같은 행사일 뿐 농촌을 이해하는 것과는 거리가 먼 듯하다. 체험학습프로그램으로는 도시인들이 농촌에서 무엇을 얻고 싶은지를 고민해야 한다. 그들이 체험학습을 원한다면 문당리를 이해할 수 있는, 농촌에서 하는 것을 그대로 체험하고 가는 것이어야 한다. 현재 농촌의 문화가 많이 사라져 함께 공유할 문화적/영적 측면이 부족하다면 마을공동체 구성원들이 먼저 문화적/영적 측면의 다양한 놀이를 회복해 나가야 할 것이다. 마을공동체 주민이 자주 또는 명절을 이용하여 즐기는 행위에 손님이 찾아오면 함께 참여하는 자연스러운 체험학습이 되어야 한다.

유기농법을 이용해서 쌀은 생산하지만 다른 먹을거리에 대해서는 특히, 축사에 대한 오염을 줄이기 노력은 부족한 듯하다. 물론 계획은 가지고 있었다. 1킬로그램의 가금류 고기를 얻으려면 2킬로그램의 곡식이 사료로 쓰이고, 1킬로그램의 돼지고기를 얻기 위해서는 4킬로그램의 곡식이, 1킬로그램의 쇠고기를 얻기 위해서는 7킬로그램의 곡식이 필요하다. 그리고 고기 생산에 중요한 물 소비 및 배설물에서 발생하는 오염 등을 고려할 때 생태마을에서 반드시 가축을 기르는 것에 대한 생태적 고려는 있어야 한다.

유통부분은 생산자 협동조합을 결성하여 공동판매 하고 있었다. 물론 제품은 유기농산물을 다루고 있고, 소비자들과 직접 거래를 통해 유통단계를 낮춘 것은 매우 고무적인 환경친화적인 방법이기는 하지만 유통거리에 따른 또는 회원의 이용 빈도나 속성 등은 고려되지 못하고 있었다. 즉 유기농 생산물에 대한 판매에서 시장경제원리를 그대로 따르고 있어 자본력이 큰 사업체에 대한 경쟁력이 없었다. 이는 소비자와 농산물가격까지도 함께 고민하고 결정할 수 있을 정도의 신뢰관계를 형성하는 것이 무엇보다 중요하다.

4. 나오면서

한국 생태공동체의 대표적 마을인 문당리 환경농업마을을 통해 현재 한국의 생태공동체의 경제적 측면을 알아보았다. 생태공동체의 사업은 생태적, 사회적, 영적측면을 고려한 지속가능한 사업이어야 한다. 문당리 환경농업마을은 재정의 확보를 위해 오리농법을 위한 개별농가의 소득확보를 통해 공동기금을 마련하고 이를 바탕으로 환경농업교육관, 정미소, 체험학습프로그램을 운영하고 있었다. 아직 수익에 대한 배당을 할 정도의 사업은 아니지만 문당리 환경농업마을은 100년 계획을 세워 천천히 생태마을 만들기를 진행하고 있었다.

아직 생태공동체 경제란 측면에서 볼 때 자연지형을 고려한 생태학적 유기농 농작물 생산이나 축사, 또는 소비자와의 밀접한 신뢰 형성하기 등 미흡한 점들이 있었다. 하지만 문당리 사례에서 중요한 것은 진행형이라는 것이다.

물론 생태공동체를 만들기에 유일한 최상의 방법은 존재하지 않는다. 생태공동체의 기존원칙과 공동체 구성원의 합의수준에서 출발하고 문당리와 같은 장기적인 계획을 세워 단계별로 실천하는 것이 요구된다. 사실 현 시점에서 한국 생태공동체의 사업에 대해 분석이 가능할까? 라는 의문이 들기도 한다. 왜냐하면 아직 한국의 생태공동체가 다양한 형태로 만들어지기 시작한 역사가 서양의 생태공동체에 비해 길지 않기 때문이다. 지금은 어떤 형태로든 한국에서 만들어지는 공동체들에 대하여 호의적인 시선으로 용기를 주고 지켜봐 주는 것이 더 바람직한 시기라 생각한다. 그러므로 한국의 생태 또는 생명지향 공동체들의 발전을 위해 문당리 환경농업마을의 지속가능한 사업이 본보기가 될 수 있도록 미흡한 점을 함께 고민하고 지켜나가야 할 것이다.

참고 문헌

나카무라 히사시, 1992. 공생의 사회 생명의 경제, 윤형근 옮김, 도서출판 한살림 1995.

한국불교환경교육원, 「공동체를 찾아서」, 한국불교환경교육원, 1997.

이가옥 · 고철기, 「공동체 경제를 위하여」, 녹색평론사, 2002.

생태공동체운동센터, 「한국 공동체 총람」, 교보생명교육문화재단 <환경교육 교재 및 프로그램 개발 사업> 보고서, 2005.

홍성환경농업마을, 생각하는 마을 준비하는 마을 21세기 환경마을 문당리 100년 계획. 홍성환경농업마을, 2000.

황선애, 「새로운 눈으로 보는 독일 생태공동체」, "독일 생태공동체의 가족과 젠더", 도서출판 월인, 2005, 81~104쪽.

호세 루첸베르거 · 프란츠 테오 고트발트, 「지구적 사고 생태학적 식생활」, 생각의 나무, 1999.

J.T. Ross Jackson, 2003, There Is an Alternative, Paper Presented at the conference "New wave-vision of the youth in Dubrovnik, Croatia, August 2003.

Paul Hawken, 비즈니스 생태학, 정준형 옮김, 에코, 2004, 1993.

Robert Gilman, The Eco-village challange, http//www.context.org/ICLIB/IC29/Gilman.htm 02-02-27, 1991.

<홈페이지>

http://mundang.invil.org

http://gen.ecovillages.org

생태공동체의 에너지 활용 및 제로 웨이스트

유상균 (녹색대학교)

1. 서론

21세기로 접어들면서 어머니 지구 '가이아(Gaia)'[1]의 건강을 우려하는 소리가 더욱 커져가고 있다. 약 45억년 동안 비교적 양호한 건강을 유지해 온 지구가, 길게는 인류가 자연을 공포와 경외의 대상이 아닌 수단의 대상으로 인식하여 본격적으로 변형을 가하기 시작한 문명 시대 이후로, 그리고 짧게는 자본주의적 논리와 과학 기술을 도구로 극도로 무분별한 자연 파괴를 저질러 온 지난 1세기 이후, 나아가 좀더 짧게 세계화의 물결과 중국, 인도의 개방 및 산업화의 물결이 온 국토를 공사장으로 만들어 버린 지난 20여 년 동안, 그것도 인간이라는 단 하나의 종에 의해 지구의 건강이 심히 우려되는 상황에 이르게 된 것은 가히 전례가 없는 일이다.[2] 인류는 자연으로부터 얻은

---

1) 그리스 신화에 나오는 대지의 여신, 일반적으로 어머니 대지의 상징. 영국의 과학자 J.E.러브록(lovelock)은 그의 저서 가이아(Gaia 1979)[1]에서 대기나 바닷물의 성분치 분석을 바탕으로, 지구의 생명권은 그 화학적, 물리적 환경을 생명현상에 적합한 상태로 유지하는 자기제어기능을 갖추고 있으며, 지구 전체가 가이아라고 할 수 있는 하나의 생명체라는 견해(가이아 가설)를 펼쳤다. 이 견해는 생태, 환경 운동의 세계관에도 커다란 영향을 주었다. (환경교육연구지원센터 환경용어사전)

모든 자원은 이미 주어진 신의 선물이라 여기고 과도한 생산과 채굴, 남용함으로써 이제 자연이 가졌던 부담이 인류에게 부메랑이 되어 되돌아오고 있다. 결국 자연 속에서 함께 더불어 살아야 할 인류가 제 살 깎아먹기식-그것도 산업화된 국가들에 의해 저질러진 문제들 때문에 미개발 국가들이 고스란히 그 피해를 입고 있다-행태를 통해 스스로 생존의 위협을 초래하는 결과를 낳게 될 것이다. 이런 문제들이 구체적인 현실로 드러나고 있는 것이 바로 지구 온난화일 것이다.[3-5] 지구 온난화에 따른 여러 구체적인 변화들은 2절에서 제시할 것이다. 어쨌든 지구의 온난화와 그것에 의한 심각한 재앙은 일부 낙천주의자, 에너지 재벌, 혹은 기술 만능주의자들에 의해 심각하게 받아들여지지 않는 경향도 있지만 대체로 과학자들을 포함한 대다수가 동의하고 있는 것으로 보여진다. 이런 상황에서 인류는 에너지 문제를 미래 지향적이고 생태적으로 고민하지 않을 수 없는 시점에 있다. 비교적 오래전부터 기본의 화석연료를 대체할 수 있는 에너지를 개발하고 모색하는 작업을 강대국을 중심으로 해 온 것은 사실이지만 그 결과는 아직 미미한 수준에 있다. 대체 에너지 이용과 관련된 세부적 내용 역시 2절에서 제시될 것이다.

그런데 국가의 차원에서 에너지 위기를 준비하고 대처하는 일은 여러 가지 측면에서 한계를 가질 수밖에 없다. 국익을 우선시하는 에너지 정책을 가져갈 수밖에 없는 국가로부터 현재 안고 있는 근본적인 문제들을 극복할 수 있는 대안적 에너지 활용 방안을 끌어내기란 여간 어려운 일이 아닐 것이다. 결국 시민들 각각의 의식 개혁과 노력을 통한 에너지 자립의 노력이 필요하며, 이는 생태적 공동체가 갖추어야 할 필수적인 조건으로 삼아야 한다. 에너지 자립은 지금과 같이 대규모 에너지 생산 자본이 중앙 집중방식으로 에너지를 독점하여 분배하고 일반 시민은 단지 소극적 소비자로 남아 있는 구조가 아니라, 실제로 시민 스스로 에너지 생산자가 되어 자신이 사용할 에너지를 자급하고 잉여 에너지는 판매도 할 수 있는 상황을 의미한다. 에너지 자립을 통해 그 주권을 차지하는 일의 중요성은 참고문헌 [6,7]에서 상세히 기술되어 있다. 그리고 그것을 달성할 수 있는 길은 재생에너지를 통해서만 가능하다.

그 효율성에 관해 Hermann Scheer는 다음과 같이 말하고 있다. 첫째, ‘최종 에너지소비’는 인간들이 직접 일하고 있는 생활 장소에서 분산적으로 이루어진다. 따라서 분산적 에너지 생산체제가 중앙집중식 체제보다 효율성에서 당연히 우수하다. 둘째, 기술적인 가공과정과 에너지 전환과정이 짧을수록 효율은 더 높아진다. 1차 에너지 투입량을 비교해보면 대형 화력발전소에서 화석 에너지와 핵에너지를 이용하여 전기를 생산, 공급하는 것이 그 어떤 방법보다도 비효율적이다. 반면 바람이나 흐르는 물 등을 단 한 번의 전환과정을 거쳐 전기로 변화시키는 것은 가장 효율적인 방식이다. 셋째, 냉난방 에너지의 경우 태양열을 직접 이용하고, 교통수단의 경우 바이오 연료를 이용하는 것이 큰 장점을 지닌다. 넷째, 태양전지나 집열판을 지붕 또는 건물 외벽에 2중으로 활용하거나, 바이오연료를 생산하고 남은 찌꺼기를 다른 용도로 2, 3중 활용하는 방법 등이 있다. 다섯째 기후, 환경, 인체 손상을 방지할 수 있으며 수입에 의존하지 않기 때문에 외화절약도 할 수 있다. 거기에다가 지속적인 고용창출이 가능하다.[7] 독일 등 에너지 선진국에서는 에너지 자립을 달성한 여러 사례들이 있지만 국내에서는 활발히 진행되고 있지 않은 상황이며, 결국 생태적 삶을 계획하고 시작하는 작은 규모의 공동체에서 우선적으로 접근하지 않으면 안 된다. 국외에서의 대표적 성공 사례로 불모의 황무지를 인간이 살 수 있는 땅으로 바꾸어낸 콜롬비아 가이오따쓰(Gaviotas) 공동체를 꼽을 수 있다.[8]

현재 우리나라 대다수의 공동체는 경영적 측면에서의 운영 방식이나 소통의 문제들에 관해 다양한 방식으로 연구하고 고민하고 있지만 에너지의 자립과 대안적 에너지를 개발하고 활용하려는 노력은 극소수에 그치고 있다. 이런 현실의 배경에는 현대의 과학과 기술을 주도하는 과학자 그룹이 수행하는 대다수의 연구 사업이 분산적이고 다양한, 그리고 당장 뚜렷한 응용이 없지만 장기적인 가치를 지닌 사업들이라기보다 집중적이고 응용성 있는 방향으로 흐르고 있으며, 여기에는 몰아주기식 연구비 지원과 같은 자본의 논리가 자리하고 있다. 생명 과학이나 거대한 실험 장치들을 요하는 과학 연구 사업들에

엄청난 거금이 투자되고 이는 거대 자본 그룹들에게 가치로 재생산되어 막대한 부를 불러오게 되고, 그것이 다시 연구 개발에 재투자되는 구조에 과학기술자들은 종속되어 있다. 결국 이들의 연구는 지속가능한 문명을 창조하기 위한 생태적, 대안적 기술 개발에 있기보다는 기존의 자원을 극도로 활용하여 인류에게 편리성을 제공함으로써 상품적 가치를 높이는 기술 연구에 집중될 수밖에 없다. 이는 현대의 과학적 연구가 갖는 심각한 문제이며, 과학자들의 성찰과 반성이 요구된다. 물론 과학의 목적은 자연의 작동 원리를 밝히고 나아가 자연의 여러 근본적 문제들을 객관적으로 이해하고 설명할 수 있는 진정한 앎의 과정이기 때문에 수많은 과학자들이 그런 취지로 연구 활동에 종사한다. 20세기 이후 양자역학과 같은 현대 물리학의 성립과 눈부신 기술적 성장에 힘입어 인류가 자연을 이해하는 정도는 대단히 깊어졌으며, 그 이해의 배경에는 엄청난 실험 장치에 대한 투자(예: 소립자 가속기)가 있었다. 그러나 근본적인 순수 과학의 연구가 후에 많은 응용 기술들로 이어졌고 그 결과는 심각한 자연 환경의 파괴를 가져오게 되었다. 이제 인류는 20세기의 훌륭한 과학적 성과들을 인간의 편리와 부의 축적에 필요한 기술을 위해 이용할 것이 아니라, 지속가능한 인류 문명을 창조하고 자연과 더불어 살아갈 수 있게 하는 적정 기술(appropriate technology)에 적용되어야 할 것이다.

예를 들어, 인간이 병이 들었을 때 돈이 없으면 치료를 받기 어렵고 결국에 가서는 생명을 잃을 수밖에 없다. 현재 도시건 농촌이건 거대 자본을 앞세운 회사들이 먹거리 시장을 점령한 까닭에 질병에 가능성에 항상 노출되어 있으며, 질병을 얻은 이후에도 그 치료 과정은 매우 종속적이다. 진정 생태공동체라 함은 스스로 병을 예방하고 설령 병에 걸렸다 하더라도 큰 비용을 들이지 않고 고칠 수 있는 시스템을 구축하는 것이 중요하다. 이것은 의료의 자립을 의미하며, 소위 민중 의학으로 불리는 침뜸이나 다양한 민간요법들을 체계화할 필요가 있다. 우리의 건강을 유지하고 병을 고치기 위해 필요한 식품이나 재료를 주변에서 간편하게 얻는 것이다. 이런 취지로 함양에 개교한 대안대학인 녹색대학교는 생태적 삶을 이루는 중요한 조건이 의료적 자립이라는 이념 아래 대학원의 자연의학과와 학부의 자연건강학과를 두어 기존 제도권 대학의 한의학과 차별되는 교육 과정을 운영하고 있다. 본 연구에서는 민중 의료 체계를 위한 노력을 소개하고 한국의 생태 공동체에서의 의료 체계는 어떠해야 하는지 검토해 보고자 한다.

그리고 생태적 에너지 활용의 또 다른 중요한 점은 에너지 흐름을 잘 고려한 건축이다. 실제로 많은 새롭게 조성되는 공동체가 집을 짓는 일부터 시작하게 되는데, 건축의 재료, 구조 및 난방 시스템 구성 등 많은 점들이 조화롭게 결합되어야 에너지 소비를 줄일 수 있다. 본 연구에서는 녹색대학교에서 시도한 2층의 전통 한옥 건축물의 난방 방식과 산청 민들레 공동체 내의 대안기술센터가 건축한 볏짚 주택(Straw Bale House), 그리고 바이오디젤에 관한 연구를 소개하고자 한다.

에너지 활용에 있어서 쓰레기를 만들지 않는 것은 대단히 중요하다. 현재 대부분의 지역에서 쓰레기는 무분별하게 버려짐으로써 대기 및 수질 오염을 초래하고 있을 뿐 아니라 농촌 지역의 경우 종류에 관계없이 소각함으로써 인체에 치명적인 성분들을 배출하여 암 발생률을 높이고 있다. 쓰레기를 없애기 위한 전 단계로서 중요한 것은 철저한 분리수거의 실천이 우선되어야 한다. 먼저 어떤 것은 소각되거나 분해되어 자연으로 돌아가며, 또 어떤 것은 다시 생활 속에서 활용될 수 있는가를 판단하여 분리 배출함으로써 자원의 재활용도를 높이고 난 후, 좀더 세밀한 분리 기준을 마련하고 실천하여 결국에 가서는 전혀 쓰레기를 만들지 않고 재활용될 수 있도록 해야 한다. 현실적으로 쓰레기 문제는 대단한 실천력을 요구하고 있으며 영성을 기초로 하는 종교 공동체 등에서 운동 차원으로 지켜지고 있다. 정토회의 ‘빈 그릇 운동’과 타 단체로의 확산이 좋은 예이다. 그러나 단지 영성에 의존한 운동으로 국한되어서는 안 될 것이며, 결국 비교적 쉬운 일부터 실천해 갈 필요가 있다. 공동체가 생태적인가 아닌가를 결정하는 매우 중요한 척도가 그 안에서 물질과 에너지의 순환이 얼마나 잘 이루어지는가이다.

이 논문의 구성은 다음과 같다. 먼저 2절에서는 지구 온난화에 따른 최근 기후 변화의 증거들을 제시하고 온난화의 큰 원인이 되는 화석 에너지를 대체할 수 있는 재생 에너지의 종류와 현황을 서술한다. 3절에서는 체르노빌 사고의 교훈을 통해 에너지의 자립을 시도하여 성공을 거둔 독일 셰나우 마을과 어려운 정치적, 이념적 여건 속에서도 황량한 오지를 인간이 살 만한 곳으로 창조해낸 콜롬비아 가비오따쓰 공동체를 잠시 소개하고, 4절에서는 본 연구원이 속한 녹색대학교에서 생태적 에너지 활용을 위한 난방 시스템의 특성과 성과를 정리하고, 산청 민들레 공동체 내의 대안 기술센터에서 이루어지는 생태적 건축과 재생 에너지 활용을 위한 노력을 서술한다. 5절에서는 에너지 절약을 전제로 인간이 필요로 하는 전기 및 난방 에너지를 설정해보고 그것을 자체적으로 충당하기 위한 조건들을 생각해 본다. 결국 에너지 자립을 달성하기 위해서는 기존의 에너지원을 재생에너지로 대치하는 것을 넘어 철저하고 체계적인 절약정신으로 에너지 자체를 많이 만들지 않고도 높은 질의 삶을 누릴 수 있어야 함을 강조한다. 같은 맥락으로 현재 병이 들었을 때 고비용을 들일 수밖에 없는 구조를 넘어 대안적 민중 의술의 보급과 연구를 통해 자연 속에서 건강하게 살고 병도 고칠 수 있다는 가능성도 제시한다. 에너지 자립을 위해 제로 웨이스트는 필수적이며 그것을 위해 공동체에서 해야 할 실천적 단계들을 설정함으로써 점차적으로 쓰레기 없는 공동체, 나아가 쓰레기 없는 사회로 가게 하는 방향을 제시한다. 그리고 마지막 6절에서 결론을 맺는다.

2. 지구 온난화와 대체에너지의 현황

지구 온난화의 직접적 증가들이라 볼 수 있는 자료들은 세계의 평균 기온의 변화나 대기중 이산화탄소 변화, 해수면 온도 변화 등을 들 수 있다. 지구의 평균 기온은 지난 1세기동안 0.6℃ 증가했으며, 대부분 지난 20년간에 이루어진 것으로 나타나고 있다. 그리고 대기 중의 이산화탄소 농도를 살펴보면 매우 충격적이다. 20세기 초에 대기 중 농도가 280ppm 였던 이산화탄소는 현재 약 360ppm으로 약 30%가량 증가했는데, 최근 들어 연간 1.5ppm씩 늘고 있다.[3] 이는 인류가 배출하는 이산화탄소의 증가 때문이라는 분명한 증거이다. 실제로 화석 연료의 소비 등으로 세계 각국으로부터 대기 중으로 쏟아 내는 온실 가스의 양이 급증하면서 대기 중 이산화탄소 농도가 급격히 변하기 시작한 것이 분명하다. 2002년 기준으로 세계 최대의 이산화탄소 배출 국가는 세계 총 배출량의 23.3%를 차지하는 미국이며, 중국(14%), 러시아(6.2%), 일본(4.8%)이 뒤를 따르고 있고, 우리나라도 캐나다에 이어 1.9%로 9위를 차지하고 있다.(<표 1>) 세계 인구의 약 5%에 불과한 미국이 1/4 가까운 양의 배출량을 기록하고 있고, 개방의 물결과 함께 전 국토가 공장으로 변하고 있는 중국도 1/7에 가까운 배출량을 보이고 있다. 이 추세로 간다면 차후 100여 년 내로 산업혁명 당시의 농도의 2배가 될 것으로 보이며, 그에 따른 엄청난 재앙은 인류의 생존마저도 위협할 것으로 예측된다. 또 하나의 중요한 온실 가스 중 하나인 메탄도 지난 16만년 동안 0.3~0.7ppm을 유지해 온 반면, 1987년에 1.5ppm을 기록했고 매년 1%의 빠른 속도로 증가하고 있다. 그밖에 산업화 이전에 존재하지 않았던, 이산화탄소에 비해 열흡수력이 엄청나게 큰 프레온 가스 등도 계속 대기 중으로 배출되고 또 축적되고 있다.

<표 1> 세계 각국의 이산화탄소 배출량

세계	24,528 (천TC[2])	
미국	5,705	23.3 %
중국	3,432	14.0 %
러시아	1,515	6.2 %
일본	1,178	4.8 %
인도	1,054	4.3 %
독일	848	3.5 %
영국	532	2.2 %
캐나다	507	2.1 %
한국	472	1.9 %
이탈리아	430	1.8 %

출처: 국제에너지기구 (2003년)

이렇듯 큰 기후 재앙을 불러올 온실 가스의 증가는 주로 세계 각국의 화석 연료의 무분별한 소비에 있는 것으로 보인다. 화석 연료란 과거에 존재했던 동물이나 식물의 화석을 기원으로 하는 석탄, 석유, 천연가스, 오일 셸 등 지하에 매장된 에너지 자원을 말한다. 이미 오래전부터 세계적으로 묻혀 있는 가채 매장량에 대해 많은 논란이 있어 온 것이 사실이지만 2006년에 이른 현재 그 매장량과 특히 석유 산유량에 관한 예측은 매우 부정적이다. 중요한 화석 연료인 석유의 경우 2003년 기준으로 41년 정도 사용할 수 있을 것으로 보이며, 천연 가스는 67년, 석탄은 227년 사용 가능할 것으로 예상된다.(<표 2> 참조) 특히 석유 산유량의 경우 2010년경을 고비로 그 양이 감소할 것으로 보인다. 화석 연료의 고갈로 인해 미국 등 강대국은 석유 확보를 위해 전쟁도 불사하고 있으며, 과거 석유 파동 당시에 버금가는 심각한 상황이 예상된다. 2006년에도 국제 유가는 상승세를 보이며 배럴당 100달러 수준으로 치솟을 것을 우려하고 있는데, 이는 2차 오일 쇼크 당시 배럴당 92.17달러

2) TC: 어떤 물질의 양을 탄소를 기준으로 환산한 단위. 1톤의 이산화탄소는 1×12/44= 0.28 TC가 된다. 이때 12는 탄소, 44는 이산화탄소의 질량수를 의미한다.

(2006년 미국 물가 시세로 환산한 액수이며, 실제 가격은 42.2달러였음)를 넘는 수치이다. 유가 상승의 원인도 외부적인 요소가 아닌 원료 고갈의 측면이 큰 것은 더욱 심각한 일이 아닐 수 없다.

이제 대체 에너지의 문제를 논의해 보자.[3] 서론에서 언급한 대로 대체 에너지 문제를 미래 지향적이고 생태적으로 고민하지 않으면 안 되는 시점임에도 불구하고 그 효과는 아직 미미한 수준에 있다. 2003년도 현재 각국의 신재생에너지의 보급률이 <표 3>에 나와 있다. 뉴질랜드, 스위스, 캐나다, 덴마크 같은 지형적으로 유리한 조건을 갖춘 국가들은 10%를 훨씬 상회하는 보급률을 보여주고 있지만, 우리나라는 2.1%에 불과해 미국(4.5%), 독일(3.8%), 일본(3.7%)에 훨씬 못 미친다. 신재생 에너지 중에서도 폐기물과 수력이 차지하는 비율이 95% 이상에 달하고 있어서 태양열이나 풍력 의존도는 매우 낮다. <표 4>에는 2002년과 2005년의 우리나라의 에너지원별 소비량과 신재생 에너지의 보급 비중이 나와 있다. 실제로 우리의 에너지 해외의존도는 96.7% (2004년 기준)에 이르고 있다. (<표 5>의 2004년 각종 에너지 지표 참조.)

<표 2> 화석 연료 가채 매장량 (2002년)

지역	원유(10억 배럴)	가스(조 m3)	석탄 (10억톤)
중동	685.6	56.06	1.7
중남미	98.6	7.08	21.8
유럽	97.5	61.04	355.4
아프리카	77.4	11.84	57.1
북미	49.9	7.15	257.8
아시아	38.7	12.61	292.5
전체	1,047.7	155.78	984.4

출처: BP Statistical Review of World Energy 2004

3) 대체 에너지의 종류와 특성, 그리고 현황에 대한 구체적인 내용은 참고 문헌의 [9, 10]에서 찾아볼 수 있다.

<표 3> 각국의 신재생 에너지 보급률

아이슬랜드	72.6 %	프랑스	6.4 %
노르웨이	45.5 %	미국	4.5 %
뉴질랜드	27.9 %	독일	3.8 %
핀란드	21.7 %	일본	3.7 %
덴마크	13.0 %	한국	2.1 %

출처: 신재생에너지센터 2003년

<표 4> 에너지원별 소비량

에너지원	2002년 (백만 TOE[4])	2005년 (백만 TOE)
석유	102.4	101.55
유연탄	45.1	54.8
원자력	29.8	36.7
LNG	23.1	29.9
무연탄	4.0	-
수력	1.3	1.3
기타	2.9	5

출처: 에너지경제연구원

<표 5> 각종 에너지 지표(2004년)

1차 에너지 소비량	220,238 (천 TOE)
최종 에너지 소비량	166,009 (천 TOE)
1인당 소비량	4.58 (TOE/인)
일일 석유소비량	2,061 (천 배럴/일)
에너지 해외의존도	96.7 (%)
석유 의존도	45.7 (%)
에너지 수입	49,600 (백만불)
석유 수입	38,274 (백만불)

출처: 산업자원부

또한 에너지원별 발전량에 있어서 (<표 6> 참조) 재생 에너지는 거의 미

4) TOE(Ton of Oil Equivalent) : 석유환산톤은 석유, 가스, 전기 등 각각 다른 종류의 에너지원들을 원유 1ton의 발열량을 기준으로 표준화한 단위. 1 TOE = 29.3 GJ = 10 Gcal.

미한 상태임을 알 수 있다.

〈표 6〉 에너지원별 발전량

원자력	119,103 (Mwh)
석탄	118,022
가스	38,943
석유	25,095
수력	5,311

3. 에너지 자립의 사례 : 독일 셰나우 마을과 콜롬비아 가비오따쓰 공동체

3.1. 독일 셰나우 마을의 "셰나우 에너지 이니셔티브"[7]

1986년 소련 체르노빌 사고 이후 원자력을 포기하고 대안 에너지로의 전환 운동을 가장 성공적으로 수행한 에너지 전환의 상징으로 여겨지는 단체가 바로 '셰나우 에너지 이니셔티브'이다.

수년간 전기 절약 운동을 벌이던 이 단체는 마을의 전기를 독점하고 있던 전기회사 KWR이 전기를 절약하면 할수록 가격을 더 많이 매기는 요금 체계를 사용함을 알고 나서 전기 에너지 독립을 위한 일을 시작하게 되었다. 그 방법으로 소형 열병합 발전기 보급 운동을 시작하여 효과를 거두었다. 그러나 전기 사업권을 대형 회사가 독점하고 있는 상황에서 잉여 전기의 판매가 오직 KWR에만 가능했기 때문에 에너지 독립에 큰 어려움이 존재할 수밖에 없었다. 결국 주민들은 재생 에너지를 기초로 한 전기회사를 설립한 것이 1990년의 '셰나우 에너지 이니셔티'이다. 이들은 '셰나우 전기회사(EWS)'로 이름 붙여진 전기공급회사 설립을 통해 새롭게 계약 체결을 제의했지만 시의회 의원들에 의해 기존 전기회사와의 연장 계획으로 결정되었다. 이에 불복한 주민들의 일치된 노력으로 각고의 어려움 끝에 1991년 10월 주민들의 투표를 통해 거대 전기회사에 대항하여 승리를 얻어냈다.

EWS 회사 정관에 명시된 목표는 “에너지 시스템을 생태적인 것으로 전환하여 기후 변화 저지와 원자력 발전 중단에 기여하는 것”이다. 생태적 마을 셰나우는 이때부터 EWS가 태양광, 열병합, 소수력 발전기로부터 생산한 전기와, 마찬가지로 재생에너지를 통해 생산된 타 업자들로부터 사들인 전기를 사용하고 있다.

3.2. 콜롬비아 “가비오따쓰” 공동체[8]

반세기가 넘도록 내전 속에서 살고 있는 콜롬비아에서 좌, 우 어느 쪽으로부터도 침탈당하지 아니하고 30년 넘게 번창해온 곳이 바로 가비오따쓰 생태공동체이다. 일군의 이상주의 지식인들과 과학자들이 오지에서 자연과 원주민과 이주민들이 생태적으로 공존하는 새로운 문명을 건설한 것이다. 이 공동체의 설립자인 파울로 루가리는 공동체를 운영하는데 있어서 대안기술개발에 집중적인 관심을 갖고 시작한다. 앨런 와이즈먼(Alan Weisman)의 저서 가비오따쓰에서 소개되었듯이 풍력발전기, 태양열 샤워, 어린이 놀이 기구인 시소에 연결된 수동 펌프, 흙 시멘트 벽돌을 제작하는 압착기, 황소를 이용한 땅 고르는 기계, 태양열 온수 패널, 사탕수수 압축기, 태양열 냉장고 및 정수기, 패달 동력 분쇄기 등 일상생활과 연계된 기술 개발을 통해 생태적 순환 구조를 만들어 냈다. 이는 ‘산학협동’이 대안사회의 건설에 성공적으로 적용된 대표적인 사례라 볼 수 있다. 극심한 좌우의 대립으로 오랫동안 혼란이 지속되어 온 콜롬비아에서 미래를 멀리 내다본 이들은 결국 이 세상을 모두 생태적으로 지속가능한 세계로 만드는 것을 목적으로 그들의 공동체를 지켜 왔다.

이 공동체는 처음부터 기본적 에너지원의 자체 조달을 무엇보다도 중요시 했다. 설립자 파울로 루가리는 저명한 기계공학자와 그 제자들, 화학자, 생물학자, 건축가, 기술자 등을 찾아다니며 공동체에 참여해줄 것을 호소했고 결국 과학자들을 통해 세계적으로 유명한 가비오따쓰의 '명품'들을 만들어 냈다.

4. 한국의 공동체 에너지 활용의 현황: 녹색대학교와 민들레 공동체

실제로 한국에서도 여러 다양한 형태의 공동체들이 주로 농촌이나 산촌을 배경으로 만들어지고 있다. 그 공동체들은 각자 나름대로의 목적과 정체성을 갖고 운영되고 있다. 어느 공동체나 마을이든 우리가 생태적이라 함은 최대한으로 더불어 살아가는 환경에 큰 변형을 가하지 않으면서도 자급자족을 목표로 내부적으로 물질과 에너지의 순환을 추구하는 것이 생태적 삶이라 할 수 있을 것이다. 이러한 목표를 달성하기 위해서는 근본적으로 자체의 에너지를 자신들의 힘으로 생산하고 그 생산과정에서도 주위 환경에 어떤 부정적 영향을 끼치지 말아야 한다. 이것은 공동체 자체가 생태적으로 운영되고 있는 모습임과 동시에 서론에서도 강조했던 에너지 자립을 달성한 것이다. 아직 아쉽게도 국내에서는 에너지 자립을 위한 활용에 적극적이면서, 집중적 연구와 개발을 통해 어느 정도 그것을 달성한 가비오따쓰식 공동체는 필자가 조사해본 바 아직은 없는 것으로 안다.

계획공동체를 만든다거나 기존 마을을 기초로 원주민들과 함께 공동체를 조직하는 경우 모두에 있어서 생태적 목적을 달성하기 위해서는 설립 초기의 단계부터 에너지 활용에 관한 구체적인 계획과 집중력 있는 연구가 필수적이다. 그러한 생각을 가지고 공동체 설립에 임하느냐 그렇지 않느냐가 그들의 삶이 생태적일 수 있느냐 아니냐를 결정하는 매우 중요한 요소임이 분명하기 때문이다. 우리나라는 지형적으로 산과 물이 많은 곳이므로 어디서든 지리적 요건에 맞는 청정 에너지원을 개발할 수 있다. 그러나 아직은 현대의 인류 문명의 모순을 깨닫고 새로운 대안적 문명의 창조를 꿈꾸면서도 과학적, 기술적으로 에너지를 개발할 수 있는 능력을 가진 전문가들이 많이 나오기 어려운 구조이다. 공동체의 내부 구성원들 가운데 그런 인적 자원이 없을지라도 외부의 기술인과 연계하는 등의 노력 역시 매우 미미한 상황이다. 연구기간 중 방문했던 공동체들도 현재의 중앙 집중형 에너지 소비구조를 탈피해 자립에 이른 곳은 없으며, 일부 소수의 곳에서 초보적인 노력을 시작하고 있는 실정이다. 핵처리장 반대 시위로 어려움을 겪은 부안군 위도와 같이 에너지 자립을 절실히 실감한 지역에서 시민 햇빛 발전소를 설치 운영하고 있기는 하다.

어느 곳에서나 에너지는 존재한다. 그리고 그것을 다양한 방식으로 인간이 사용할 수 있는 형태의 에너지원으로 탈바꿈할 수 있다. 전력을 생산할 수도 있고, 열을 얻어 난방을 하고 온수를 사용할 수도 있다. 그리고 건축물의 재료와 적절한 건축방식을 택함으로써 추가적인 에너지를 많이 필요로하지 않도록 할 수도 있다. 이 다양한 방식들이 잘 조화를 이룰 때 공동체의 에너지 활용은 생태적이라 볼 수 있으며, 나아가 에너지의 자립적 구조를 달성할 수 있다. 재생 에너지 방식을 통해 에너지를 얻어 활용할 수 있는 것도 거대 규모가 아닌 소형 시스템을 위한 기술적 개발이 필요하다. 예를 들어 소수력 발전기의 경우 우리나라는 대체로 저낙차 발전기가 상용화되지 못하고 있는 반면 독일에서는 대당 100kW 미만의 소형 발전기들이 이용되어 전기를 공급하고 있다. 그밖에 풍력을 이용하는 데 있어서도 소규모 프로펠러로 전기를 효율적으로 생산할 수 있는 기술적 노력을 기울임으로써 대규모 풍력단지가 들어섬으로써 발생하는 문제들을 차단해야 한다. 이를 위해서는 먼저 마을 단위, 혹은 공동체 단위의 에너지 자립을 위한 의식 개혁이 앞서지 않으면 안 된다. 본 연구에서는 녹색대학교에서 진행되는 전통 흙건축 기숙사의 독특한 난방방식과 산청 민들레 공동체 내의 대안기술센터가 주도하는 볏짚 주택건축 및 바이오디젤 연구 등을 통해 생태공동체의 에너지 활용의 가능성을 고찰해 보고자 한다.

4.1. 전통적 구들 방식과 물 순환 방식이 결합된 난방 시스템-녹색 대학교 기숙사

<그림 1> 2006년 부분 완공된 녹색대학교의 여학생 기숙사

<그림 2> 2층으로 올라가는 물순환 파이프

먼저 <그림 1>에서는 오랜 기간 동안 주로 내부적 인력 참여를 통해 완공된 녹색대학교의 기숙사 전경을 나타낸 것이다. 2층의 전통 한옥 구조로 지어졌는데, 여러 가지의 효율적 에너지 활용을 고려한 건축이라 할 수 있다. 현재 부분 완공된 상황이지만 남쪽 방향에 온실을 통해 태양열을 최대한 활용하고 벽도 주변에서 쉽게 얻을 수 있는 황토와 짚, 그리고 대나무를 이용하여 단열에 필요한 최소한의 두께를 유지했다. 그러나 무엇보다도 실험적이고 생태지향적인 방식은 1층의 전통 구들 난방방식과 2층의 물 순환 난방방식을 결합시켜 효율성을 극대화하고자 했다는 점일 것이다. 전통적 구들 방식은 외부에 크게 에너지 공급을 의존하지 않는 에너지 자립의 한 형태일 수 있다. 나무를 태우는 것 역시 화석 연료 사용 못지않게 이산화탄소를 배출하지만, 화석 연료의 경우 오랜 기간 동안 저장되어 있던 것이 새롭게 배출되는 반면, 땔감에 의한 것은 나무가 성장하면서 흡수한 양이 배출되므로 순환의 개념으로 이해할 수 있다. 그렇지만 이산화탄소의 양을 최소화하기 위해 에너지 효율을 극대화하여 난방을 하는 것이 바람직하다. 구들 방식에서 아궁이가 밖에 노출되는 경우 에너지 손실이 증가할 수밖에 없고, 그 손실을 막기 위해 전통

적으로 큰 솥을 걸어 음식 요리에 사용하거나 혹은 아궁이 자체를 완전히 폐쇄형으로 만든 함실아궁이 구조를 만들어 왔다.[11] 이는 구들이 설치된 하나의 방을 효율적으로 덥히기 위한 방식이라 볼 수 있다. 녹색대학교 기숙사는 하나의 아궁이를 가지고 1층의 두 개의 방을 구들 방식을 통해 난방을 하고, 같은 열원으로 물을 데워 순환시킴으로써 2층의 두 개의 방을 데우는 방식을 선택하여 사용하고 있다. <그림 2>에 아궁이로부터 2층으로 물을 순환시키기 위한 파이프가 나와 있다. 건축에 있어서 난방의 효율성을 결정하는 요소들은 매우 복합적이기 때문에 당초에 의도했던 뛰어난 효율성을 아직은 얻어내지 못하고 있다. 그러나 지금까지의 결과만으로도 4개의 방을 동시에 데우는데 필요한 목재의 양이 한 개의 방을 데우는데 드는 양의 약 2.5배 정도로 추산되고 있다. 따라서 어느 정도 가능성을 보여주는 사례라 할 수 있다. 효율을 감소시키는 다른 건축적 요인들을 정밀히 조사하여 개선하는 것이 필요하다. 보다 구체적이고 정량적인 분석은 몇 해에 걸쳐 투입된 에너지와 실 거주자들의 만족도 등의 여러 요인들을 분석하여 이루어질 수 있을 것이다.

4.2. 산청 민들레 공동체의 대안 기술 센터

1991년에 시작한 민들레공동체는 경상남도 산청군에 위치한 기독교 공동체이다. 민들레 공동체에서 하는 일은 농촌 교회 지원과 농촌지역사회 개발을 돕는 일, 예술 공방 운영을 통한 농촌문화운동, 대안기술센터를 통한 대안기술 보급, 제3세계 선교와 지역사회개발 프로젝트, 대안학교인 민들레학교 운영 등이 있는데, 우리나라의 여러 공동체 가운데 대안 기술 센터를 운영하고 있는 특별한 경우이다. 대안 기술 센터에서 벌이는 사업은 폐식용유를 이용한 바이오디젤을 제작하고 있으며, 볏짚을 이용한 건축(straw-bale housing)을 하고 있다. 그리고 태양열을 이용한 간단한 발전과 난방, 온수 및 조리를 하고 있으며, 주변의 수류를 이용한 저낙차 소수력 발전도 계획하고 있다. 아직 초창기이지만 외국에서 선진 기술을 배워온 전문가가 이 공동체에서 센터를 운영하면서 여러 가지 시도와 실험을 통해 생태적 에너지 자립을 위해 노력하고 있다.

적정기술(appropriate technology)이란 "선진국의 하이테크놀로지와 아세아 농촌지역의 열악한 기술 (토착기술, 농촌기술, 전통기술)을 상호보완하는 기술로서 가난한 사람을 살리는 기술 환경과 공동체를 파괴하지 않고, 자본의 종이 되지 않고 삶을 유지할 수 있는 지속가능한 기술의 한 유형"이라고 민들레 공동체는 이야기하고 있다.[12] 이 공동체는 현재 바이오디젤의 이론과 실습 워크샵을 매달 1회 개최하고 있다. <그림 3>은 민들레 공동체에서 신축중인 볏짚 주택의 내부 응접실의 벽면을 보여 주고 있다. 장식으로 벽의 내부 재료인 압축 볏짚이 밖으로 드러나 보이고 있는 것이 이채롭다. 실제로 30cm 가량의 압축 볏짚으로 벽을 쌓고 밖에 약 5cm 정도의 황토를 붙이면 단열성이 뛰어난 벽체가 된다. 그리고 물에 약한 황토의 단점도 보완하고 수분이 많아도 내부가 부식되지 않고 견고하게 유지됨을 확인하였다. 민들레 공동체에서 건축한 볏짚 주택이 다른 방식에 비해 어느 정도 단열효과의 개선을 통해 에너지 절감을 가져왔는지 효과가 기대된다. 시간이 지나면 태양열에너지의 이용을 위해 지붕 각도를 30도로 했으며 내부 시설도 사람이 이용하기에 편리한 동선으로 각 방들을 배치했고, 나무계단을 통해 오르는 다락방을 만들어 아이들을 위한 고려도 잊지 않았다.

<그림 3> 압축 볏짚을 사용한 주택의 내부(민들레 공동체)

<그림 4> 바이오디젤 제조과정을 담은 사진(민들레 공동체 대안기술센터)

<그림 4>는 이 공동체에서 비교적 일찍 시작하여 현재는 매달 정기 세미나를 개최할 정도로 앞서가고 있는 바이오디젤을 제작하는 과정을 담은 사진이다. 19세기말 디젤이 최초로 디젤 엔진을 개발했을 때 처음 원료가 땅콩이었다가 원유 대비 가격 경쟁력이 떨어지면서 퇴색했던 기술이 에너지 위기의 시대를 맞아 다시 부상하고 있다는 사실이 흥미롭다. 바이오디젤은 폐식용유 등 다양한 원료가 알코올과 에스테르 반응을 통해 얻어지는 경유이다.

<표 7> 바이오디젤 생산원가 (2004년 10월 기준)

항목	대두유 (원)	폐식용유 (원)	일반 경유 (원)
원료비	630.7	504.6	
부원료비(메탄올)	47.9	47.9	
부원료비(촉매)	8.2	8.2	
유틸리티 등	27.6	55.2	
생산비 계	714.4(131%)	615.9(113%)	545.2(100%)

출처: 한국석유협회

현재 화석연료의 고갈 시대를 대비하고 원유가가 급등하는 시점에서 바이오디젤의 가격 경쟁력은 대단히 상승하고 있기 때문에 미래 청정 에너지원으로 손색이 없다. 세계적으로는 EU를 중심으로 유채 기름이나 해바라기 기름이 많이 사용되고 있지만, 우리나라의 경우 곡물량이 모자라 폐식용유를 많이 이용하고 있다. 그리고 <표 7>에는 대두유 및 폐식용유를 사용했을 때의 생산 원가와 원유를 이용한 일반 경유와 비교해 놓은 것이다.

적정 기술의 보급을 내걸고 다른 어느 공동체보다 먼저 대안기술센터를 운영하고 있는 민들레 공동체가 생태적 에너지 자립의 모범적 사례가 될 수 있을 것이다.[5)]

5) 최근 강화도 일대의 마을에서 생태건축과 재생에너지시설들을 설치하고자 노력하고 있는 동경대 건축학과의 양성욱 박사도 주목할 필요가 있다.

5. 토의

우리는 위에서 에너지 자립과 생태적 에너지 활용에 성공한 외국의 사례를 간단히 언급했고, 아직 시작에 불과한 국내의 생태적 에너지 활용을 위한 실험을 녹색대학교와 민들레 공동체의 예를 통해 살펴보았다. 이밖에 녹색대학교의 생태뒷간, 실상사 등 유명 사찰들의 해우소[13], 정토회의 쓰레기 제로 및 빈 그릇 운동, 핵 폐기장 반대투쟁의 고난을 겪었던 부안군의 위도 등도 우리의 전통적 생태학이나 에너지 권력에 대한 저항의 모습을 보여준 예라 할 수 있다. 그러나 아직 이러한 노력이 좀더 체계적이고 정량적으로 전개되고 있는 것 같지는 않다.

5.1. 생태공동체에서 에너지 자립의 가능성

우리가 정상적인 삶을 유지하는데 필요한 최소 전력량을 설정해 놓고 그 양만큼의 전기를 스스로 생산하기 위해 어떤 형태의 에너지가 어떤 방식으로 투입되어야 하는가의 문제를 구체적으로 고민할 필요가 있다. 보통 도시의 정상적 가정에서는 연 약 3,000kWh의 전력을 필요로 하며, 지역에 따라 다르겠지만 10,000kWh의 난방용 에너지가 소모된다.[6] 이 양은 매우 소비적인 도시에서의 예이며, 절약을 통해 최소에 가깝게 잡는다면 연간 1,000kWh의 전기와 5,000kWh 미만의 난방에너지면 가능할 것이다. 물론 건축물이 철저히 에너지 소비를 줄일 수 있도록 설계되었고, 삶의 방식이 에너지를 많이 소비하지 않는 실천적 방식일 경우 이보다 더 낮은 에너지로도 살아갈 수 있을 것이다. 어쨌든 이 값은 독일 바이에른 지방의 한 축산 농가에서 나오는 분뇨를 발효기를 통과시켜서 나오는 소 한 마리당 전기 및 난방 에너지가 각각 연간 1,500kWh와 2,800kWh임을 감안하면[7] 웬만한 축산 농가는 스스로 에너지

6) 경기도 지역 25.8평 아파트를 평균 온도 20도C로 유지한다고 가정(산업자원부 2001).

를 자립하고도 남음을 알 수 있다. 한 마을에 축산 농가와 일반 농가, 그리고 정부나 지자체의 적절한 보조가 있다면 에너지를 충당할 수 있을 것이며, 잉여 전기는 판매함으로써 소득에 기여할 수 있을 것이다. 그리고 작은 풍력발전기나 저낙차 소수력발전 등을 통해 작은 단위의 전력을 쉽게 공급할 것으로 기대된다. 문제는 인식의 전환이다. 공동체를 계획하면서 에너지 자립에 대한 확고한 신념과 의지만 존재한다면 달성할 수 있으며, 정부와 지자체들도 농촌에서 시작하는 공동체들에 에너지 자립을 위한 지원을 아끼지 말아야 한다.

5.2. 의료 체계 자립의 의미와 가능성[7)]

에너지 자립에 있어서 또한 중요한 요소는 인간이 건강한 삶을 유지하고, 병이 들었을 때에도 자연으로부터 얻은 약과 값싼 민중 의료 기술을 통해 병을 고치는 것이라 할 수 있다. 실제로 병원에는 환자들로 넘쳐나고 있다. 최첨단 과학을 동원한 의료 장비가 나날이 개발되고 있고 의료비 부담은 늘어만 가는 상황인데도 치료율은 그리 향상되지 않고 있다. 환자들도 병원 시스템에 절대적으로 의존할 수밖에 없으며 병원에 들어서면 의사의 말에 노예처럼 순종할 수밖에 없다.

병의 원인은 몸의 균형이 무너진 데서 찾을 수 있다. 그 원인으로는 외인성과 내인성이 있고 과식이나 외상 등 불내외인으로 나눈다. 이것을 치료하는데 서양의 의학은 기계에 의존하는 검사에 따라 결과적 상태를 중시하고 대증적 치료에 중점을 두고 있어 치료의 한계를 드러내고 있다. 이런 치료법은 외상이나 급성 질환 환자에 유리하지만 전체를 살펴야 하는 내인성 질환의 병들은 완치시키기가 힘들다. 이와는 달리 자연의학이나 전통의학에서는 병증을 살피되 그 원인을 자연의 변화와 환자의 심적 과정 등을 살피기 때문에 만성 질환을 치료하는데 적합하다고 하겠다. 이런 현실적 상황인데도 영리를 목적으로

7) 이 글은 녹색대학교 학부 4년 송성주 연구보조원에 의해 작성되었다.

하는 인가라는 법적 권위까지 굳건히 하고 있는 현대 의료시스템이 스스로 한계를 인식하고 대안을 찾기란 힘들어 보인다. 전통의학이 그 책임을 다하기 위해 법을 무시하기도 어렵기 때문에 생태공동체를 통해 그 이념의 골이 닮아 있는 자연의학이 실현된다면 대안적 의료 시스템으로서 제시될 수 있다.

생태공동체에서의 생활은 자연 변화에 순응하며 살아가는 삶이다. 또한 공동의 가치를 위해 함께 한다는 마음으로 충만하며 구성원들의 다양한 면면이 차별 없이 존중되어 잘함과 못함이 없이 그 역할을 다할 수 있어 서로를 풍요롭게 한다. 그러한 몸과 마음의 조화로운 일상에서 건강은 유지될 수 있다. 생활이 아무리 바르다고 하여도 우리의 몸과 마음은 끊임없이 변화하고 있기 때문에 병은 언제나 찾아올 수 있다. 공동체 내에서도 허브 치료와 동종요법 등 각종 자연 치유요법들로 병을 다스릴 수 있다. 또한 조상 대대로 임상을 통해 전해져 내려오는 민간요법들이 있다. 신토불이는 불변의 자연 이치이다. 우리가 살고 있는 주변의 산야초들이 우리 병에 제일 잘 듣는 약초들인 것이다.[14] 전통의학 중에서 침뜸술은 그 치료효과가 뛰어나고 또한 뜸술은 누구나 익힐 수 있어서 건강 예방에도 탁월하다.[15] 우리 몸의 기의 통로인 경혈 자리를 자극하여 생명의 본성인 자연치유 기능을 극대화시키는 치료법들이다. 현대인들에게 병과 병원은 일상과 삶에서 분리되어 있는데 자연의학이나 생태주의적 관점에서 본다면 병은 우리의 일상 속에 건강과 함께 있는 것이고 건강과 병은 하나의 율동 속에 서로 관계하는 생명현상인 것이다. 따라서 치료 행위는 자격증을 갖는 의사가 꼭 해야 하는 것이 아니라 식구나 환자의 절친한 지인, 또는 지식을 가진 사람은 누구나 할 수 있어야 한다. 가족이나 공동체 내에서 치유 행위는 일상화되어야 하고 또 아주 친숙해져야 한다. 병원은 영리를 목적으로 한 인가 기관이다. 최첨단 과학을 동원한 끊임없는 의료기기 개발과 신약 개발에 투입되는 비용으로 인해 의료비 부담은 늘어날 수밖에 없다. 서민들은 돈으로 생명을 저울질해야 한다. 한방 의원 역시 갈수록 기계 의존도가 높아지면서 약 처방 역시 영리의 목적에 자유롭지 못하다. 과도한 수술과 남용되는 약물, 그로 인해 환자들은 신음하고 있다.

병은 의사가 고치는 것이 아니라 환자 스스로 극복한다고 한다. 의사는 환자를 정성으로 보살피고 간호하여 희망을 주고 용기를 주어 병을 극복하게끔 돕는 것이다. 악순환을 거듭하고 있는 지금의 의료시스템을 벗어나 대안을 찾는 길은 우리 스스로 의자가 되는 길이며 스스로를 치료하는 것이다. 우리에게 현대의학을 극복할 대안의학이 없어서가 아니라 서양의학에 대한 맹신 때문에 신음하고 있는 자신의 소리를 듣지 못할 뿐이다. 생태공동체로 살아간다는 것은 스스로 치유적 삶을 살고 있는 것이며, 대체의료행위를 하고 있다고 볼 수 있다. 또한 자연의학이나 전통의학에 기반을 둔 치료행위는 생태공동체 내에서 자연스러워 보인다.

5.3. 제로 웨이스트

공동체의 에너지 자립을 위해 또 하나의 필수적 요소는 쓰레기를 외부로 방출하지 않고 자체적으로 다시 에너지원으로 사용하는 것이다. 이러한 기본적 사고만 유지할 수 있다면 제로 웨이스트의 문제는 저절로 해결될 수 있을 것이다. 현재 우리나라에서는 영적으로 대단히 결속력이 강한 불교 정토회나 환경 관련 종교 단체에서 쓰레기 제로 및 빈 그릇 운동을 전개하면서 놀라운 실천력을 보여주고 있다. 그러나 비교적 자율적인 공동체 구조 속에서는 제로 웨이스트의 실천이 어려운 문제일 수밖에 없으며, 따라서 단계적인 실천 운동을 통해 점진적으로 달성해 가야 한다. 그 첫 번째 단계로 철저한 쓰레기 분리 배출을 통해 재활용 가능한 쓰레기와 그렇지 못한 것들을 습득하게 하고, 재활용의 경우 어떤 형태로 재활용될 수 있는가를 인지하는 것이다. 우리가 버리는 쓰레기 가운데 상당 부분은 실제로 분리 배출의 대상이 되는 것들이다. 분리 배출에 대한 기준도 가능한 한 세분화하여 각각에 해당하는 간단한 쓰레기통을 만들고 지정된 날짜에 배출할 수 있도록 노력해야 한다. 대략적인 배출 기준은 우선 실천적 성과를 달성하기 위해 현재 행해지는 분류법(종이류, 필름류, 페트병류, 기타 플라스틱류, 캔류, 유리병류, 고철류, 헌 의류, 스티로폼, 비닐, 폐가구 및 가전류, 음식물 쓰레기 정도)을 따르며 점차 각각의 것들을 세분화하고 자체적으로 재활용 가능한 범위를 늘려나가는 노력이 필요하다. 그래서 결국 손쉽게 버려지는 많은 종류의 쓰레기가 실제로 쓰레기가 아니라 다시 활용되어질 물건이라는 인식뿐 아니라 계속적으로 배출량을 점검 기록함으로써 점차적으로 그 양을 줄여나가려는 노력이 중요하다.

6. 맺음말

'생태적'란 말을 쉽게 정의하는 것이 어렵다고 이야기한다. 실제로 그럴 것이다. 어떤 주어진 영역 내에 살아가는 생명체들과 그들이 겪는 타 생명체나 환경과의 상호작용을 통합적 시각에서 접근하지 않으면 안 되는 개념이기에 쉬운 언어로 뜻을 가려 내기가 난해한 것은 당연한 것이다. 이러한 어려움에도 불구하고 과학자로서 과학적이고 좀더 구체적이고 정량적인 시각으로 생태적이란 말을 고려해 볼 필요는 있다.[16] 그러나 생태학은 과학의 한 분야이지만 전통적인 과학적 방법론이라 할 수 있는 bottom-up 방식으로 접근하기는 어렵다. 생태계에 속한 한 구성원의 미래를 결정짓는 요인들이 같은 중요도를 가지고 동시에 영향을 미치기 때문에 top-down 방식으로 접근해야 한다. 이것을 위한 과학적 방법론의 이론적 기초는 Bertalanffy의 *일반 시스템 이론*[17]이 제공해 준다. 생태계란 끊임없이 생물과 무생물, 유기물과 무기물들의 물질적 순환되는 일어나는 곳이며, 여기에 경제학에서 화폐와 마찬가지의 역할을 하는 것이 에너지이다. 경제학에서 경제적이란 의미는 최소의 돈을 들여 최대의 효과를 얻어내는 일이듯이, 생태학에서 생태적이라 함은 최소의 에너지를 들여 최대의 효과를 얻어내는 것으로 대응시키면 어떨까 한다.[18] 최소의 비용으로 최대의 효과를 얻기 위해서는 첨단 기술 개발을 통해 원가를 낮추고 대규모 생산 시스템을 갖춤으로써 부를 창출하는 것이기 때문에 무분별한 자연 파괴로 이어질 수밖에 없다. 반면 최소의 에너지로 최대의 효과를 얻기 위해서는 자연에 큰 변형이나 부담을 주지 않고도 에너지 효과를 극대화할 수 있는 기술을 개발해야 한다. 에너지가 가치 기준이 되는 상황에서 자연은 우리에게 언제나 변함없이 에너지를 제공해 줄 수 없다.

이런 배경에서 볼 때 현재의 중앙 집중형 에너지 공급과 소비 체계는 생태적이라고 전혀 볼 수 없다. 에너지를 생산하기 위한 대규모의 시설과 거대 자본이 자연으로부터 무차별적으로 자원을 얻음으로써 전국에 퍼져있는 소비자들은 에너지적 종속 상태에서 더 많은 소비를 강요당하도록 되어 있기 때문이다. 이를 벗어나 진정 생태적 삶을 누리기 위해서는 스스로 에너지를 생산하는 자립 구조를 갖추지 않으면 안 된다. 그 예는 독일 셰나우를 통해 잘 알 수 있다. 자립의 구조를 달성하기 위해서 무엇보다 선행되어야 할 것은 공동체 구성원들의 강한 의지일 것이다. 생태공동체의 설립 요건에서 스스로 에너지를 생산할 수 있는 기반을 갖추는데 무엇보다 먼저 노력해야 한다. 그리고 이러한 에너지 자립이 공동체 전체의 경제에도 기여할 수밖에 없다. 오늘날 거대 자본에 종속되어버린 과학 기술의 연구는 이제 소규모의 공동체가 에너지 자립을 이룩할 수 있는 대안적 기술을 개발하는데 노력을 기울여야 한다.

인류는 화석 연료의 고갈과 지구 온난화 등과 같은 생존에 위협 속에서 또 다른 대체 에너지를 찾아 나서고 있다. 그러나 인류는 이미 어떤 에너지원으로도 지구 생명 가이아에 부담을 줄 수밖에 없는 숫자의 인구를 가지고 있다. 위에서 기술한 내용은 단기적인 관점에서 현재의 위기를 극복하기 위해 생태적 공동체가 추구할 수 있는 모습이지만, 결국 근본적인 문제는 우리 각자 개인의 삶에 있어서 최소의 에너지를 들여 최고의 삶의 질을 찾을 수 있도록 해야 할 것이다. 무엇이 편리하고 이득이 되는가의 문제가 아니라 무엇이 우리와 그 자손들이 생존의 위협을 느끼지 않고 안락한 삶을 누릴 수 있는가를 고민해야 할 것이다. 이런 궁극적인 목적을 위한 단계로서 재생에너지를 연구하고 에너지 자립을 실현하는 과정이 있는 것이지 그 자체가 궁극적인 목적이 되어서는 안 될 것이다.

참고 문헌

Gaia: A New Look at Life on Earth, James Lovelock, Oxford University Press (1979).

Science and Technology in World History, James McClellan III, Harold Dorn, Johns Hopkins Univ. Press (1999); 과학과 기술로 본 세계사 강의, 전대호 옮김, 모니브북 (2006).

The Weather Makers, Tim Flannery (2005); *기후 창조자,* 이한중 옮김, 황금나침반(2006).

The End of Nature, Bill McKibben, William McKibben (1999); *자연의 종말,* 진우기 옮김, 양문 (2005).

Hitzerekorde und Jahrhundertflut, Mojib Latif, Heyne Verlag (2004); *기후의 역습,* 이혜경 옮김, 현암사 (2005).

Energieautonomie, Hermann Scheer, Verlag Antje Kunstmann GmbH, Munchen (2005); *에너지 주권,* 배진아 옮김, 고즈윈 (2006).

에너지 전환의 현장을 찾아서, 이필렬. 궁리출판사 (2001).

Gaviotas, Alan Weisman, Chelsea Green Publishing Co. (1998); *가비오따쓰* 황대권 옮김, 월간 말 (2002).

한국 신재생 에너지 협회 제공. 홈페이지 www.knrea.or.kr

대체에너지별 기술자료, 에너지관리공단 대체에너지 개발보급센터 보고서 (2004).

온돌 그 찬란한 구들문화, 김준봉, 리신호, 청홍 (2006).

민들레 공동체 홈페이지 www.dandelion.or.kr

한국의 전통 생태학, 이도원 엮음, 서울대학교 출판사 (2004).

약이 되는 우리 풀, 꽃, 나무 1,2, 최진규, 한문화 (2001).

나는 침과 뜸으로 승부한다, 김남수, 정통침뜸연구원 (2003).

General System Theory, L. von Bertalanffy, George Braziller Inc. (1968).

Fundamentals of Ecology, 5th edition, E. P. Odum and G. W. Barrett, Thomson Brook/scole (2005).

2과제: 생태공동체의 교육 문화 모델

윤도현

한광용

전선자

한국 생태공동체 체험학습의 실태와 발전방안

장성 '한마음공동체'와 단양 '한드미마을'을 중심으로

윤 도 현 (꽃동네 현도사회복지대학교)

1. 머리말

현대 사회의 생태적 위기에 대한 대안으로서의 생태공동체 운동은 국내외적으로 점점 많은 사람들의 주목을 받고 있다. 그런데 이러한 생태공동체운동을 확산시키고 발전시키는데 있어서 공동체의 체험학습은 매우 커다란 중요성을 가지고 있다. 우선 생태위기 극복을 위한 노력은 결국 전면적인 패러다임의 전환, 즉 가치관 및 세계관 그리고 그에 기반한 사회경제체제, 생활양식의 전환을 필요로 하고 있다.[1] 이러한 맥락에서 독일을 비롯한 환경선진국들에서는 환경교육 또는 생태교육을 '단절의 교육'이라고 한다. 즉 지난 몇백년간 지배적으로 내려 온 가치관과는 완전히 다른 새로운 가치관에 대한 교육이 중요하다는 것이다.[2]

이러한 관점에서 볼 때 생태교육은 기존 가치관과의 단절을 시작하는 첫걸

1) 김성균, 「생태공동체 운동의 오늘과 내일」, 『도시와 빈곤』 통권 51호, 2001, 18쪽.
2) 김태경, 「공동체 학습 프로그램의 환경교육적 실현-야마기시, 핀드혼 공동체와 동사섭 프로그램을 중심으로-」, 『환경교육』 제9권, 1996, 74쪽.

음이라 할 수 있다. 그런데 왜 하필이면 단순한 교육이 아닌 체험학습이 그것도 공동체에서의 체험학습이 중요한 것일까? 첫째 이유는 현재 비록 많은 환경교육이 이루어지고 있긴 하지만, 대부분의 경우, 교육의 방향이 기술적, 단편적이라는 것이다. 즉 주로 강의, 실험, 답사 그리고 관찰 정도에 그치고 있다. 그러나 이러한 교육방식은 생태위기의 심각성, 위기의 원인에 대한 인식에 있어서 피상적 수준에서 그칠 가능성이 크다. 따라서 생태공동체내에서의 체험학습은 이러한 교육들의 미비점을 보완해 줄 수 있다. 둘째 이유는 기존의 지배적 가치관에 근거한 대규모 제도교육 현장에서의 교육과는 다른 새로운 장소에서의 교육이 필요하다. 바로 이점에서 소규모 생태공동체라는 공간은 생태교육의 장으로 활용되어야 하고, 그곳에서 생태교육 프로그램이 개발되어야 할 필요성이 있다.[3)]

그러나 생태공동체에서의 체험학습은 단순히 교육적 측면에서만 중요한 것은 아니다. 이것은 생태공동체운동의 입장에서 볼 때도 매우 중요한 의의를 가지고 있다. 일반적으로 그 의의는 크게 다음 세 가지로 요약해 볼 수 있다. 첫째, 체험학습은 생태공동체운동을 확산시키는데 있어서 중요한 수단이 된다. 즉 생태공동체 외부의 사람들이 생태공동체를 방문하면서 생태 친화적 생활과 공동체를 직접 경험하고 느끼게 함으로써 생태공동체적 가치와 대안적 생활양식을 널리 알리고 확산시키는데 기여할 수 있다.

둘째, 체험학습은 생태공동체와 공동체의 외부세계와의 네트웍을 강화하는데 이바지할 수 있다. 즉 생태공동체의 구성원이 아닌 다른 사람들이 자신들이 방문한 생태공동체에 대한 관심을 가지고 생태공동체와 유기적 협력 또는 공동체에 대한 홍보를 할 수도 있으며, 나아가 생태공동체에 대한 지원 또는 봉사로도 이루어질 수 있다. 이것은 생태공동체 측에서 본다면 외부의 자원

3) 김태경, 앞의 논문, 74쪽, 87쪽.

네트웍을 효과적으로 이용할 수도 있다는 점에서 생태공동체의 유지, 발전에 매우 중요하다고 판단된다.

셋째, 체험학습은 생태공동체운동의 확산의 수단일 뿐만 아니라, 실질적으로 생태공동체의 운용과 재생산에도 일정한 경제적 보완수단으로 기능할 수 있다. 실제로 일부 공동체에서는 체험학습 프로그램을 실시하여 얻는 경제적 이득이 해당 공동체의 중요한 수입원이 되기도 한다. 따라서 생태공동체의 체험학습은 생태이념의 확산이라는 측면과 공동체의 물질적 재생산 또는 확대재생산이라는 측면에서도 적극 평가할 필요가 있다. 이렇게 보았을 때 체험학습은 생태공동체의 유지와 발전에 있어서 결코 간과할 수 없는 중요한 영역이다.

본 연구는 위에서 언급한 문제의식 하에서 한국의 생태공동체 체험학습의 실태와 발전방안을 검토하고자 한다. 그러나 우리나라의 경우 서구에 비해서 생태공동체와 체험학습이 효과적으로 결합된 경우는 찾아보기 힘들다. 즉 다시 말해서 생태공동체적 가치지향과 생활양식을 강하게 가진 공동체라고 범주화시킬 수 있는 곳[4]은 아직 본격적인 그리고 체계화된 일정규모 이상의 체험학습 프로그램을 운영하고 있지 못한 반면, 그 대신 체험학습 프로그램이 비교적 잘 개발된 공동체들은 엄밀한 의미에서 생태공동체라고 하기에는 다소 무리가 있는 실정이다. 또 현재 전국의 여러 곳에서 이루어지는 체험학습은 종류도 다양하고, 또 내용도 상이할 뿐만 아니라, 이에 대한 객관적인 조사 및 통계적 분석 또한 거의 이루어지지 않은 상태이다. 따라서 본 연구에서는 엄격한 의미에서의 생태공동체 범주에 포함시키기는 힘들지만, 비교적 체험학습이 활발하고 또 효과적으로 이루어지고 있다고 일반적으로 평가되는 두 곳(장성 한마음 공동체의 '한마음 자연학교'와 단양 한드미마을의 '산촌체

4) 예를 들어 안산의 산안마을, 산청의 민들레공동체 등이 이에 해당된다.

험')의 체험학습 실태를 중심으로 한국 생태공동체의 체험학습의 현 단계를 진단하고, 나아가 이의 개선 및 발전 방안을 모색하고자 한다.

본 연구의 구성은 다음과 같다. 우선 2장에서는 두 지역 체험학습의 전반적인 현황 및 내용 그리고 특징을 중심으로 살펴보고, 두 지역을 비교 분석한다. 3장에서는 두 지역에 대한 사례조사를 참고로 하여 현재 생태적 체험학습과 관련한 프로그램의 내용 및 운용상의 문제점을 지적하고 개선방안 등에 대해 논의한다. 4장은 맺음말로서 본 연구의 주요내용을 요약하고 연구의 한계를 지적할 것이다.

2. 사례를 통해 본 생태 체험학습의 실태

우리는 앞에서 생태공동체 체험학습의 중요성과 의의에 대해 살펴보았다. 그런데 일반적으로 체험학습이라고 할 때는 자매결연을 통한 도농간 교류 체험학습, 가족과 함께 여행이나 가정행사를 통한 체험학습 등 여러 가지 유형이 있고[5] 그 학습기간도 각기 상이하다. 따라서 체험학습의 범위를 엄밀히 규정하기란 쉽지가 않다. 다만 여기서 대상으로 하는 체험학습은 공동체 현장에서 이루어지는 프로그램들, 즉 체험학습 및 몇 가지 체험을 포함한 공동체 견학프로그램 등을 모두 포함하기로 한다. 현재 한국에서 체험학습, 농촌견학, 농촌관광 등은 비록 초보적 형태이지만, 급속도로 확산되는 추세에 있으며, 체험학습의 경우 전국적으로 약 50여 곳에서 정기적으로 이루어지고 있다고 추산된다.

체험학습의 실태 및 성과를 사례를 통해 분석하려는 이유는 앞에서 이미

5) 이상엽, 「생태공동체의 대중적 확산방안」, 국중광 · 박설호 엮음, 『새로운 눈으로 보는 독일 생태공동체』, 월인, 2005, 366쪽.

밝힌 바 있지만, 왜 두 지역(장성 한마음공동체의 '한마음 자연학교'와 단양 한드미마을의 '산촌체험')을 사례분석의 대상으로 선정했는가에 대해서는 다음의 몇 가지 이유가 있다. 우선 첫째로 두 곳은 앞에서 지적했듯이 엄밀한 의미에서의 생태공동체로 분류될 수는 없지만, 지난 몇 년간 체험학습을 성공적으로 운영하고 있는 사례로 생태운동관련 활동가들 및 언론의 주목을 받고 있다. 둘째, 두 곳은 다른 공동체에 비해 상대적으로 체험학습에 유달리 역점을 두고 있다. 장성의 한마음공동체의 경우 한마음자연학교와 유치원을 별도로 설립 운영하고 있으며, 단양 한드미마을의 경우도 마을의 거의 모든 구성원들이 체험학습 프로그램에 적극적이거나, 협조적이다. 셋째, 두 곳은 다른 공동체의 체험학습프로그램에 비해 매우 다양하고 풍부한 체험학습 프로그램을 운영하고 있다. 따라서 프로그램의 다양성은 물론 체험학습 참가자의 수도 압도적으로 많은 편이라고 할 수 있기에 향후 공동체 체험학습을 확산시키는 데 있어 중요한 함의를 줄 수 있다.[6] 두 곳의 사례조사는 문헌조사와 현지조사 및 면접조사를 주로 하면서 이루어졌으며, 그 과정에서 외부 전문가들의 자문 또한 적지 않은 도움이 되었다.

6) 여기서 다룰 두 곳과 비교할 때, 체험학습 참여인원이 상대적으로 적긴 하지만, 우리가 추후 주목해야 할 공동체는 몇 군데 더 있다. 특히 산안마을과 두레마을을 주목할 필요가 있는데, 이 마을들은 앞의 두 마을이 생태공동체적 가치를 지향하긴 하지만, 상대적으로 도농교류의 모델 개발에 주력하는데 반해서, 주로 정주형태를 띤 본격적 생태공동체운동을 하면서도, 외부 네트워크 프로그램의 일환으로 체험학습을 운영하고 있다. 우선 산안마을은 '연찬학교'(14박15일), '행복연찬회'(1박2일) 그리고 초중고교생을 대상으로 한 '낙원촌'(2박3일에서 7박8일) 등의 프로그램을 운영하고 있으며, '초록산 축제'라는 이색 체험프로그램도 열고 있다(초록산 축제의 자세한 내용에 대해서는 이근행, 「지역민주화를 위한 공동체운동의 모색」, 『밝은사회연구』 통권 제25집, 2004, 13~14쪽 참조). 또 두레마을은 '두레자연캠프'라는 초중고생의 방학캠프 프로그램을(4박5일, 5박6일) 운영하고 있다. 이 두 마을은 다양한 교육프로그램을 통해 일반인들에게 자신들의 활동을 알리고 자신들의 운동을 전파하고 있으며, 이 점에서 두 마을의 체험학습 프로그램은 성공적이라 할 수 있다(김용수, 「성공적인 생태마을 육성을 위한 비교연구」, 단국대 행정학과 석사학위논문, 2001, 78쪽).

2.1. 사례 1: 장성 '한마음공동체'의 '한마음자연학교'

장성의 '한마음공동체'는 남상도 목사를 중심으로 지난 90년 3월 전남 장성군 남면 평산리에 설립되어 호남지역 최초로 유기농법 농사를 지으면서 공동체운동을 하고 있는 곳이다. 일반적으로 유기농산물 중심의 생태공동체운동은 경제적 공동체의 성격이 강하므로 생태적 자각과 이상을 현실사회에 적용하는 것은 또 다른 과제로 남아 있다는 지적7)이 있지만, '한마음공동체'는 지난 2000년에 '한마음자연학교'와 '자연생태유치원'을 개설할 정도로 체험학습에 있어서는 남다른 관심을 가져왔다.

이곳은 전국 최초로 본격적인 체험학습을 실시하면서 현재는 다양한 체험학습 프로그램을 운영하고 있다. 자연학교에서는 농사체험, 천연염색, 도예, 전통문화체험 그리고 황토흙집짓기, 사계절생태학교 프로그램 등 다양한 체험학습을 실시하고 있으며, 생태유치원은 도시의 유치원과는 다른 새로운 유치원교육 패러다임을 제시하기 위해 노력하고 있다. 이 유치원은 문을 열자마자 60명의 어린이가 등록을 하였고, 그 수가 꾸준히 늘어나 현재 약 160명의 원생이 이곳을 다니고 있다. 원생의 거주지 역시 대부분이 주로 인근 도시로서 부모들은 유치원이 비교적 먼거리에 소재하고 있음에도 불구하고 아이들을 이곳에 보내고 있다.8)

한마음 자연학교의 프로그램은 매우 다양하다. 우선 전체시설관람(예를 들어 곤충나비전시관 등등)은 물론이고 앞에서 언급한 천연염색 같은 프로그램 외에도 도자기공예, 목공예, 토끼몰이, 미꾸라지 잡기 등의 프로그램들이 있

7) 김성균, 앞의 논문, 20쪽 참조.

8) 2002년 현재 유치원 총원아 105명 중 장성지역의 원아는 18명인데 반해, 광주지역의 원아는 87명이나 되었다(오미란, 「유기농업 생산조직의 형성과 변화」, 전남대 사회학과 석사학위논문, 2004, 69쪽).

다. 그러나 한마음자연학교의 체험학습 프로그램 중 가장 인상적인 것은 이른바 '반딧불 생태학교' 프로그램이다(<표 1> 참조). 이 프로그램은 4월에 입학하여 4월부터 11월까지 매월 2박3일간 입교하여 다양한 생태체험을 하는 과정이다. 따라서 생태교육 전반에 대한 교육을 시작으로 월별로 다양한 생태체험을 보다 체계적으로 할 수 있다. 이 과정에서 천연염색과 도예체험은 프로그램 중에 포함되어 있으며, 각각 총 5회에 걸쳐 실시된다.

<표 1> '반딧불 생태학교'의 월별 주요 생태체험 교육일정

월별 (매월 셋째주 금요일 18시부터 일요일 11시까지)	프로그램명	프로그램의 주요내용
4월	생태수업의 시작	생태교육 전반에 걸친 교육 및 친교
5월	지리산 등반	지리산에서 자연생태체험 및 심신단련
6월	흙집짓기	황토집 구조학습 및 황토조형물 만들기
7월	민물생태체험	민물고기 및 진흙 속에 사는 생물관찰 및 체험
8월	갯벌생태체험	바다속, 갯벌 생태체험 및 수영
9월	농사, 곤충체험	농사수확 및 가을곤충체험
10월	수확 및 단풍체험	감따기, 벼베기체험 및 주변단풍체험
11월	전통문화체험 및 정리	농촌문화체험, 논이삭 줍기, 텃밭정리 등

한편 한마음자연학교의 연도별 이용자 수를 살펴보면 아래의 <표 2>와 같다. 2000년 개교 첫해에 7,000명을 시작으로 해서 3년 전부터는 12,000~13,000명 수준을 유지하고 있다. 물론 이 숫자에는 체험학습교육 참가자 외에도 농민교육, 소비자교육, 생태휴가 형태로 한마음자연학교를 방문하여 이용한 경우도 있으나, 이들의 비중은 연도별로 차이는 있으나 대체적으로 총인원의 약 30% 정도라고 한다. 따라서 나머지 약 70% 정도가 본격적인 체험학습 참여자라고 볼 수 있다. 한마음자연학교의 체험학습 프로그램의 총괄은 당연히 내부 상근자가 맡고 있으며, 각종 체험 프로그램의 지도교사들은 적게

는 3~4명에서 많게는 7명까지 신축적으로 운영되고 있다. 그런데 이들 지도 교사들은 대부분 상근이 아닌, 일종의 임시 단기 계약의 형태로 필요시 동원되며, 그들의 급여는 개별 프로그램의 성과에 따른 급여의 형태로 지급되고 있었다. 따라서 생태적 철학과 가치관을 교사들이 충분히 공유하지 못한 상태에서 각자 교사의 특성에 따라 체험학습이 독자적으로 이루어지기 때문에 보다 유기적인 생태체험학습과는 아직 거리가 있다고 보여진다.

<표 2> 한마음 자연학교의 연도별 이용자 현황(2000년~2006년)

연도	이용자 수(단위 명)
2000	7,000
2001	11,000
2002	12,000
2003	13,800
2004	13,000
2005	12,000

한마음자연학교는 한마음공동체에서 생겨난 것이긴 하지만, 별도로 독립적으로 운영, 관리되고 있다. 하지만 학교는 경제적으로는 공동체에 별로 도움이 되지 못한다. 매각 대상 폐교를 구입하는 과정에서 5억여 원의 부채를 안고 시작했는데, 학교에서 다양한 체험학습 프로그램으로 벌어들이는 수입은 학교의 운영, 관리비로 거의 다 지출되고, 따라서 빌린 돈의 원금과 이자를 갚아나가기에는 턱없이 부족하다고 한다. 그럼에도 불구하고 학교가 유지될 수 있는 것은 한마음공동체의 조직목표인 생명운동, 생태의식, 도농간 교류의 확산에 있어서 한마음 자연학교가 여전히 매우 중요하다는 공동체 내의 공감대라고 볼 수 있다.

2.2. 사례 2: 단양 '한드미마을'의 '체험학습'

충북 단양의 소백산 자락에 자리한 한드미마을은 지난 6년간 마을 가꾸기를 통해 생태 산촌마을로 성공한 대표적 사례이다. 이 마을은 지금까지 ▲생태산촌종합개발(1998~2001년, 산림청) ▲녹색농촌체험마을(2003년, 농림부) ▲정보화마을(2004년, 행자부) ▲농촌마을종합개발사업(2005년, 농림부) ▲팜스테이마을(농협) 등 100억 가까운 사업들을 따내면서 마을의 기틀을 닦았으며, 게다가 지난 2005년 5월 노무현 대통령이 직접 방문한 이후 전국적으로 더 유명해지게 되었다. 이 마을의 정문찬 이장을 중심으로 마을 사람들은 2004년부터 농촌체험관광, 도농교류 체험학습 프로그램의 개발, 운영에 집중적인 관심과 열정을 기울였다. 그 결과 현재는 전국에서 수많은 사람들이 체험학습 또는 견학을 위해 한드미마을을 찾아오고 있는 실정이다.

한드미마을의 체험학습 프로그램을 보면 우선 종류가 매우 다양하고 또 풍부하다는 것을 알 수 있다. <표 3>에서 나타나듯이 한드미마을은 다양한 체험 프로그램을 개발해 놓고 있으며, 이것을 계절과 학습기간에 맞추어 적절하게 조합하여 운영하고 있다. 이곳의 체험학습 프로그램의 운영은 주로 5월에서 10월까지 대부분 이루어지는데, 특히 7, 8월에 많은 체험학습 참가자가 몰린다고 한다. 체험학습의 기간은 보통 2박3일이 주를 이루지만,[9] 3박4일, 1박2일 그리고 일일체험 등 다양한 기간의 프로그램도 운영하고 있다.

그런데 한드미마을이 이렇게 다양한 체험 프로그램을 제공할 수 있었던 것은 자기 마을의 고유한 자연적 특성, 장점을 살려서 체험학습 프로그램을 개발했기 때문이다. 한드미마을의 경우에는 산촌으로서 계곡이 많고, 인근에 환경오염원이 없어 물도 맑을 뿐만 아니라 수량도 풍부하다. 또 산촌이라서 농

9) 한드미마을은 마을 사무실 전화번호의 뒷자리조차 2831(이박삼일)로 정할 정도로 2박3일 프로그램에 집중, 관리하고 있다.

토가 별로 없으며 따라서 농사일이 타 지역에 비해 상대적으로 많지 않다. 게다가 생산되는 작물도 다품종 소량생산물이라는 특성을 가지고 있어서 다양한 체험학습 프로그램을 운영하는 마을로서는 아주 적합한 자연적 조건을 가지고 있다. 바로 이러한 마을의 천연적 조건을 이장과 마을주민들은 체험학습 프로그램으로 연결, 개발해 내었고, 그 결과는 대 성공이었다.

<표 3> 한드미마을의 체험학습 프로그램

주요 프로그램명	프로그램의 주요 내용
산촌문화체험	고로쇠수액 채취 및 시음 / 산나물채취 / 소백산철쭉제 / 소백산 오르기 / 계곡물놀이 / 고기잡기 / 단풍축제/ 개암 · 다래 · 으름따기 / 도토리줍기 / 눈꽃축제 / 설피만들어 눈길걷기 / 눈썰매타기 / 땔감하기 / 산촌민박/ 전통놀이하기 / 목공예품 만들기
농촌 · 농사체험	모내기 및 씨앗뿌리기 / 오리농군 일터보내기 / 경운기타기 / 고추 · 옥수수 · 수박따기 / 감자 · 고구마캐기 / 밤 · 감따기 / 메뚜기잡기 / 콩도리깨질하기 / 콩대쌓기 / 고구마 · 감자 구워먹기 / 논바닥 썰매타기/ 연날리기
생태체험	개구리소리 듣기 및 생태관찰 / 향토어류종 방류하기 / 반딧불이체험 및 별관찰 / 산림욕하기/ 농촌생태계 배우기 / 동굴탐사 / 야생화관찰 / 산림생태계 알기 / 내 나무 갖기 / 조류관찰
전통음식체험	삼굿구이 / 두부만들기 / 전통장 담그기 / 진달래화전 부치기 / 맷돌옥수수전 만들기 / 재래메주 만들기 / 감장아찌 만들기 / 곶감 · 감식초 만들기 / 화로솥뚜껑 감자부침개 만들기 / 율무차 만들기 / 찹쌀부꾸미 부치기 / 맷돌빈대떡 부치기 / 떡메치기 / 아궁이 오곡밥 해먹기
공예체험	잡곡액자 / 나무목걸이 / 나무곤충만들기 / 초롱만들기 / 꽃누르미 / 짚공예 / 천연염색

이러한 성공은 무엇보다 한드미마을을 방문한 사람들의 숫자가 급속도로 늘어난 데서 알 수 있다. <표 4>를 보면 2004년 첫 해 약 7,000명이었던 방문자가 2006년 11월말 현재 약 21,000명으로 불과 2년 만에 약 3배 이상 증가하였다. 마을에서는 2007년의 방문 인원을 약 25,000명으로 예상하고 있다. 그러나 한드미 마을은 체험학습을 위해 찾아오는 사람 못지않게 최근 마을을 견학하려는 사람들이 상대적으로 늘어나고 있다. 이들은 주로 다른 농

촌관광마을 또는 체험마을, 지자체 관련 종사자 등으로서 한드미마을의 경험과 사례를 자신들의 마을 또는 지자체의 도농교류 사업에 참고하기 위해 방문하고 있다. 2005년과 2006년의 경우 견학목적의 방문자와 체험학습 목적의 방문자간의 비율은 약 4 : 6이었으나, 한드미마을 측에서는 견학의 비율이 향후 조금씩 늘어날 것으로 전망하고 있다. 따라서 체험학습 프로그램을 계속 운용하되 중장기적으로는 체험을 곁들인 견학마을로 보다 특성화, 발전시키는 방안도 검토 중에 있다.

<표 4> 한드미마을의 연도별 체험학습, 견학 등 방문자 수

연도	이용자수(단위: 명)
2004	7,000
2005	18,000
2006(11월 말 현재)	21,000
2007(예상 인원수)	25,000

2.3. 두 사례의 비교 분석

우리는 앞에서 한마음자연학교와 한드미마을의 체험학습의 현황에 대해 살펴보았다. 이제는 두 사례를 비교 분석할 차례이다. 물론 두 곳의 체험학습을 단순 비교하기에는 양 공동체의 성격이 여러 면에서 상이하기 때문에 무리가 있지만, 적어도 체험학습의 운용과 관련한 비교분석은 일정한 함의를 얻을 수 있다고 생각된다.

우선 조직의 성격 면에서 볼 때, 한마음자연학교는 공동체와는 별도로 운영, 관리되는 본격적인 생태학교인데 반해, 한드미마을의 체험학습은 마을구성원들이 체험학습을 주요사업으로 관리하는 형태를 취하고 있다. 체험학습의 주목적을 보면, 양자가 공히 생태적 가치의 확산이라는 점에서는 공통적이지만, 각자 우선적으로 지향하는 것은 다르다. 즉 한마음자연학교는 한마음공동체의 홍보. 도농간의 유기적 교류에 보다 역점을 두고 있다면, 한드미마을의 체험학습은 도농교류를 통한 마을 수입 증대에 주목적이 있다고 판단된다.

한편 체험학습 프로그램이 진행되는 공간의 특성에 있어서는 두 곳이 크게 대비된다. 우선 장성 한마음자연학교의 경우, 폐교를 리모델링하여 체험학습장으로 사용하고 있다. 그런데 이는 체험학습을 위한 별도의 공간이 확보되어 있기 때문에 보다 전문화된 체험학습을 실시할 수 있다는 장점도 있지만, 공동체 마을과의 연계성이 떨어진다는 단점이 있다. 이에 반해서 단양의 한드미마을은 마을 자체가 체험학습의 공간으로 활용되고 있다. 따라서 체험교육의 전문성이 다소 떨어지긴 하지만, 체험학습과 마을 공동체와의 유기적 연계성이 보장된다는 점에서는 매우 긍정적으로 평가할 수 있다.

체험학습 프로그램의 내용은 대체로 두 군데 모두 풍부하나, 프로그램의 다양성 측면에서는 한드미마을이 좀더 다양한 체험프로그램을 개발하여 제공하고 있다. 이는 앞에서도 보았듯이 한드미마을의 자연적 특성 그리고 마을주민들의 프로그램 개발 노력이 결합된 결과이다. 그러나 기간별 프로그램의 종류에 있어서는 장성의 한마음자연학교가 더 나은 프로그램들을 운영하고 있다. 왜냐하면 한드미마을이 주로 2박3일 또는 그 이하의 단기 프로그램만을 운영하고 있는데 반해서, 한마음자연학교는 이러한 프로그램들 외에도 일주일 프로그램(흙집짓기), 그리고 '반딧불생태학교' 같은 정기적 연속 체험프로그램 과정을 가지고 있기 때문이다.

<표 5> 장성 '한마음자연학교'와 단양 '한드미마을' 체험학습의 특성

	장성 한마음자연학교	단양 한드미마을
조직의 성격	'한마음공동체'와는 별도로 관리되는 생태학교	마을 구성원들이 직접 체험학습 관리, 운영
지리적 위치 또는 특성	광주에 인접해 있으며, 평지에 자리 잡고 있음	대도시로부터 멀리 떨어져 있고, 소백산 기슭에 위치
체험학습의 주목적	'한마음공동체'의 홍보, 도농간의 유기적 교류, 생태적 의식의 확산	기본적으로 도농교류 체험학습, 농촌생태관광 중심. 마을 수입증대의 중요한 수단
체험학습 프로그램 진행 공간의 특성	폐교를 리모델링하여 사용, 즉 학습을 위한 별도의 공간 마련	마을 전체의 공간을 그대로 이용
주요 체험학습 프로그램의 내용	농사체험, 생태체험, 흙집짓기, 천연염색, 도예 등등	농사체험,생태체험, 산촌문화체험, 전통음식 체험 등등
프로그램의 주요 실시기간	4월부터 11월까지	5월부터 10월까지
프로그램의 기간별 종류	1박2일, 2박3일, 일주일(흙집짓기) 등	일일, 1박2일, 2박3일
체험학습 참여자가 가장 많은 시기(월별)	5월과 10월	7월과 8월
방문자 비율(유치원, 초중고생/성인)	70% 대 30%	50% 대 50%
체험학습 지도교사	임시 단기 계약직, 프로그램별로 외부에서 충원	마을 내부 구성원이 전담. 그리고 부족인원은 외부에서 일정기간 동안 견습, 아르바이트 등으로 충원
체험학습을 통한 수입의 수익성 여부	관리운영비에 충당, 현재 수익성 없음	높은 수익성
홍보방식	인터넷, 언론매체, 주변의 추천 등	인터넷, 언론매체, 주변의 추천 등

체험학습이 주로 이루어지는 기간은 한마음자연학교가 4월에서 11월, 한드미마을이 5월에서 10월까지로 대동소이하지만, 체험학습자들이 주로 몰리는 기간은 서로 다르다. 한마음자연학교는 5월과 10월 그리고 한드미마을은 7, 8월에 집중적으로 몰리고 있다. 이는 한마음자연학교가 주로 초·중·고 학교의 학기 중에 봄, 가을로 많은 체험학습자가 방문하는데 반해서, 한드미마

을은 여름방학 기간을 중심으로 많은 체험학습자들이 선호하기 때문인 것으로 여겨진다. 두 곳의 방문자의 비율 역시 서로 다르다. 유아, 초중고생 대 성인의 비율을 보면 한마음자연학교가 70% 대 30% 정도인데 반해, 한드미마을은 성인이 50%나 차지하고 있다. 이는 한드미마을의 경우, 마을의 경험과 사례를 배우려는 타 지역의 성인들의 견학이 많기 때문인 것으로 판단된다.

한편 체험학습 지도교사의 충원 및 관리에 있어서는 두 곳 공히 일정한 문제점을 가지고 있다. 우선 한마음자연학교는 각 프로그램별로 지도교사의 전문성은 충분히 확보가 되긴 하지만,-앞에서도 지적하였듯이-지도교사는 대부분 임시 단기 계약직으로서 공동체적 가치관 및 헌신성이 부족하고 또 개별적 성향이 강하다는 단점을 가지고 있다. 이에 반해 한드미마을은 지도교사를 이장을 비롯한 몇몇의 마을 구성원들이 전담하고, 부족한 인력은 견습, 아르바이트 형태로 충원하는 방식을 택하고 있다. 이 경우에는 공동체적 가치관 및 헌신성 그리고 체험교육에의 열의는 크게 문제가 없으나, 무엇보다 지도교사 인력의 전문성 측면에서 다소 떨어진다는 단점이 있다.

체험학습을 통해 얻는 수입과 관련해서는, 한마음자연학교의 경우 거의 대부분이 학교의 관리운영비에 충당하고 이익을 내지 못하는 상황이다. 이는 한마음자연학교가 무엇보다 수익성을 우선적 목표로 하지 않는다는 사실, 그리고-한마음 유기농공동체와 독립적으로 운영된다고는 하지만-한마음공동체의 홍보 및 도농교류에 일차적 의의를 두고 있다는 점에서 그 원인을 찾을 수 있다고 생각한다. 이에 비해 한드미마을은 체험학습으로 높은 수익을 올리고 있으며, 그 결과 마을 주민들은 체험학습 프로그램 운영에 열성적으로 참여하고 또 적극적 협력을 하고 있는 실정이다.

3. 생태 체험학습의 주요 문제점 및 개선방안

우리는 앞에서 한국 생태 체험학습의 실태를 두 지역의 사례를 통하여 살펴보았다. 두 지역의 사례를 통해서 한국의 생태 체험학습의 실태를 일반화할 수는 없지만, 그럼에도 불구하고 우리는 한국 생태 체험학습의 일부 주요한 문제점들을 확인할 수는 있었다. 따라서 이하에서는 주요 문제점들을 진단하고 이에 대한 개선방안을 제시하고자 한다.

먼저 대부분의 생태 체험학습의 기간이 2박3일 이내로서 보다 심도 있는 생태적 대안학습을 하기에는 기간이 너무나 짧다. 특히 한마음자연학교의 경우에서 보듯이 학교의 학사일정에 체험학습을 끼어 맞추다 보니 5월, 10월에 지나치게 집중되는 현상이 생기기도 한다. 따라서 이럴 경우 생태 체험학습은 형식적인 학습으로 전락할 가능성도 배제할 수 없다. 더구나 과거 한 달에 한 번 씩 실시했던 초중고의 전일제 교육마저 2006년부터 폐지됨에 따라 오히려 일일 체험학습 기회조차도 줄어들 가능성이 있기 때문에, 별도의 대체 프로그램이 필요한 상황이다.

따라서 중장기적으로는 2주, 4주, 3~4개월 또는 6개월 등의 장기 프로그램을 개발하여야 하겠지만, 일단은 1주일 기간의 체험학습 프로그램의 개발에 주력할 필요가 있다. 예를 들어 스코틀랜드 핀드혼 공동체의 교육 프로그램은 크게 여름(4~10월)과 겨울(10~4월)로 나누어지는데, 하루 탐방부터 1주일, 2~3주일 그리고 6개월~1년 프로그램까지 다양하게 있다.[10) 그러나 여기서도 가장 중요한 기본 프로그램은 1주일 체험학습 프로그램이다. 그리고 1주일 이상을 넘어서는 장기간 프로그램의 실시는 현 조건하에서는 여러 여건을 감안할 때 거의 불가능해 보인다. 현재로서는 일부 대학생 또는 대학

10) 김태경, 앞의 논문, 82쪽.

원생의 장기 생태체험실습의 학점인정제 도입, 그리고 최근 시안을 검토 중인 이른바 '산촌유학제도'[11]의 도입을 통해 장기 체험실습을 유도, 확산시키는 한편, 보통 일반인·일반학생의 경우 단기 프로그램 중심으로 이원화 운영하는 것도 고려해 볼 만하다.

한편 우리의 현실에서 장기프로그램이 어렵다면 네덜란드의 생태교육모델을 적극 참고할 필요가 있다. 네덜란드의 경우, 학교 정규교과에 생태 체험학습이 정식과목으로 편입되어 있는데, 이는 2박3일 또는 4박5일 등의 프로그램으로 별도 운영되고 있다. 그리고 체험학교는 정식 학교로서 주로 전직 교사들이 배치되어 직접 체험학습 지도교사로 활동하고, 이들의 급여는 정부가 지급하고 있다. 따라서 지속적인 생태교육이 정규 교과목 속에서 가능하고, 또 지나치게 상업화될 우려가 없으며, 지도교사들의 전문성도 확보된다는 장점이 있다.

두 번째 문제는 체험학습 지도교사의 충원, 전문성과 관련된 것이다. 앞의 사례들에서도 보았듯이 지도교사가 너무 자주 바뀌거나, 전문성이 부족한 것은 현재 우리 체험학습의 큰 문제 중의 하나이다. 이러한 문제를 극복하기 위해서는 공동체의 철학과 가치관을 공유하는 공동체 내부 구성원들이 체험학습 지도교사를 맡는 것이 가장 바람직하고 장기적으로 전문가를 양성하는 것이 필요하다.[12] 그러나 내부 구성원 중에 적임자가 없다면, 중기적으로 정부의 지원으로 인턴쉽 교사제도를 운영하거나, 네덜란드와 유사하게 예비교사 또는 전직교사를 활용하는 방안도 검토해 볼 수 있다.

---

11) 현재 사단법인 '생태산촌만들기모임'에서 시도하는 사업의 일환이다. 도시의 학생들을 예를 들어 1학기에 2주 또는 1달간 농촌, 산촌의 학교에서 다니게 하면서, 생태적 생활 및 생태체험의 기회를 주는 제도로서 현재 시범사업지를 검토 중에 있다. 이 제도가 실시되고 정착할지는 아직 미지수이지만, 기존의 단기 체험학습의 단점을 보완할 수 있다는 큰 장점을 가지고 있는 것만은 틀림없다.

12) 이상엽, 앞의 논문, 395쪽.

셋째, 체험학습 프로그램의 개발에 있어서 보다 해당 지역의 자연적, 사회적 조건들을 고려할 필요가 있다. 한드미마을의 성공사례에서 보듯이 지역의 자연적 조건들을 십분 활용하거나, 또는 지역사회의 주민과 함께 할 수 있는 프로그램, 지역의 경제적 이득에도 기여할 수 있는 프로그램을 개발하는 것이 중요하다. 예를 들어 농사를 주로 하는 지역의 경우, 농사수확체험이 중심이 될 수 있고, 또는 주변에 문화재가 많은 경우 체험학습을 지역문화자산체험과 연계하여 운영할 수도 있을 것이다.

넷째, 현재 대부분의 체험학습은 아직 생태적 가치의 확산보다는 해당 공동체, 마을의 수익성, 재생산문제와 더 밀접한 관련이 있다. 물론 양자는 서로 상호보완적인 것이기 때문에, 어느 한편으로 치우쳐서는 안 될 것이다. 그러나 일부 농촌마을 또는 공동체에서 나타나는, 체험학습을 통한 지나친 이윤추구는 크게 경계해야 할 것이다.[13] 즉 다시 말해 생태적 가치, 공동체적 세계관의 함양을 무시하고 단순히 생태 체험학습을 '비지니스화'하는 것은 결국 생태 체험학습의 발전은 고사하고, 해당 공동체나 생태마을의 미래에도 결코 도움이 되지 않을 것이다.

4. 맺음말

최근 농촌의 총체적인 어려움을 극복하기 위한 대안의 하나로 도농교류를 통한 농촌지역의 활성화가 추진되고 있고, 그 일환으로 도농교류 생태 체험학습이 강조되고 있다.[14] 그러나 주지하다시피 생태 체험학습은 단순히 '농촌

13) 한마음자연학교와 한드미마을 두 곳의 면접조사에서 관리자들에 의해 공히 거론된 사실은 가히 충격적이다. 그들에 따르면 일부 교사들의 체험학습 알선료 강요 사례가 적지 않다고 한다. 물론 두 곳은 이를 단호히 거절하곤 하지만, 전국의 적지 않은 체험학습장에서는 이를 관행으로 간주하는 경향이 있다는 것이다. 여행사, 교사, 일부 체험마을 간의 부패적 연결고리가 건전한 생태적 체험학습의 정착을 저해하고 있는 것이다.

살리기'의 의미만을 가지는 것은 아니다. 생태 체험학습이 "패러다임의 변환"이라는 측면에서 매우 중요한 수단이라는 것을 인식한다면, 우리는 이것의 현실적 유용성 못지않게 이상적 목표를 동시에 고민해야 할 것이다. 이점에서 우리가 사례를 통해 검토한 한국의 생태 체험학습은 많은 가능성과 동시에 문제를 지니고 있다. 특히 우리사회에서 생태적 체험학습에 대한 욕구가 급증하고 있다는 사실, 그리고 단기간이긴 하지만 다양한 체험학습 프로그램들이 개발되고 제공되고 있다는 점 등이 긍정적 가능성이라면, 일부에서 나타나는 상업화의 위험성 등은 우리의 부정적 측면이라고 볼 수 있다.

우리가 본 연구에서 살펴 본 한마음자연학교와 한드미마을은 현재 생태적 체험학습의 주요한 관심모델로 떠오르고 있는 곳이다. 매년 수많은 사람들이 방문하고, 체험을 함으로써 그로 인해 얻어지는 긍정적 효과를 아직 속단하기는 이르지만, 새로운 대안교육으로서 생태교육의 중요성을 우리 사회에 확산시키고 있다는 점만은 분명하다. 따라서 현재 이루어지고 있는 두 지역에서의 실험은 귀중한 교훈으로 남을 것이다. 물론 두 곳은 기본적으로 도농교류, 농촌생태관광의 차원에서 체험학습을 운영하고 있는 곳이다. 그리고 바로 이 점에서 두 곳의 체험학습은 아직 이상적 생태 체험학습과는 일정한 거리가 있다. 이러한 단점은 보다 엄밀한 의미에서의 생태공동체라고 범주화시킬 수 있는 공동체들이 보다 안정화되면서 동시에 훌륭한 체험학습 프로그램들을 개발, 운영해 나갈 때 서서히 보완되어질 수 있을 것이다. 하지만 이러한 과제의 실현은 공동체 자체만의 노력으로는 거의 불가능하고, 우리 한국사회 전체, 즉 우리 시민사회와 중앙정부 그리고 지자체의 적극적인 생태적 인식전환과 노력 그리고 보다 체계적이고 지속적인 지원이 있을 경우에만 가능하다는 점을 명심해야 할 것이다.

---

14) 이상엽, 앞의 논문, 373쪽.

끝으로 본 연구의 중요한 한계를 지적하자면 다음과 같다. 우선 본 연구는 사례분석을 통해 현행 생태 체험학습의 실태와 개선방안을 제시하려 했지만, 이 과정에서 왜 생태공동체적 지향이 강한 공동체들이 체험학습 프로그램을 본격적으로 실시, 운영하지 못하는가에 대한 설명을 하지 못했다. 이것은 생태공동체적 이상과 생태적 체험학습의 확산이라는 현실이 한국사회라는 조건에서 어떻게 접목될 수 있을 것인가 하는 중요한 문제로서 향후 보다 철저히 규명되어야 할 과제이다. 두 번째 한계는 체험학습의 결과에 대한 분석이 결여되어 있다는 점이다. 체험학습 참가자들이 체험학습 이후 얼마나 생태적 가치관, 생활양식을 내면화하였는가 또는 기존의 체험학습 프로그램에 대해서는 어떻게 평가하는지, 그리고 학습 참가자들의 욕구에 부응할 수 있는 프로그램의 개발 방향은 어떻게 이루어져야 하는지 등에 대한 조사와 분석이 전혀 이루어지지 못했다. 추후의 다른 훌륭한 연구들에서 이러한 문제점들이 보완되기를 기대한다.

참고 문헌

김성균, 「생태공동체 운동의 오늘과 내일」, 『도시와 빈곤』 통권 51호, 2001, 18쪽.

김태경, 「공동체 학습 프로그램의 환경교육적 실현-야마기시, 핀드혼 공동체와 동사섭 프로그램을 중심으로-」, 『환경교육』 제9권, 1996, 74쪽.

이근행, 「지역민주화를 위한 공동체운동의 모색」, 『밝은사회연구』 통권 제25집, 2004, 1쪽, 18쪽.

김용수, 「성공적인 생태마을 육성을 위한 비교연구」, 단국대 행정학과 석사학위논문, 2001.

오미란, 「유기농업 생산조직의 형성과 변화-장성 '한마음공동체'를 중심으로-」, 전남대 사회학과 석사학위논문, 2004.

이상엽, 「생태공동체의 대중적 확산방안-도농교류 체험학습을 중심으로-」, 국중광·박설호 엮음, 『새로운 눈으로 보는 독일 생태공동체』, 월인, 2005, 373~404쪽.

장성 한마음공동체 홈페이지(http://www.yuginong.co.kr)

장성 한마음자연학교 홈페이지(http://www.ecoshool.co.kr)

단양 한드미마을 홈페이지(http://handemy.org)

정보화마을 '단양 소백산 산촌마을' 홈페이지(http://sanchon.invil.org)

생태공동체운동센터 홈페이지(http://www.commune.or.kr)

생태공동체의 생활교육

한 광 용 (지리산 생명연대)

1. 들어가는 말

생태적 삶에 대한 정의가 다양하고 주관적이어서 그 삶의 내용이 추상적으로 비춰질 수 있다. 그 결과, 생태적 삶을 살아내는 구체적 실천이 어렵게 느껴지기까지 한다. 여기서는 큰 틀을 통해 바라 본 생태적 삶을 논하고자 한다.

생태적 삶을 산다는 것은 근본적으로 기존 삶의 의미, 목표, 방법 등을 바꾸는 것이다. 바꿔야 되는 까닭은 가시적으로 1972년 로마클럽이 발표한 성장의 한계(The Limits to Growth)라는 연구보고서 결과로부터 시작된 듯하다. 그 여파는 최근 불고 있는 well-being, LOHAS,[1] downshift[2] 등 새로운 삶의 방식으로 전환하는 '패러다임 변화 필요성'을 인식한 시도들로 나타나고 있다. 이런 일련의 인식변화는 우리에게 불안(한계)과 희망(가능)을 동시에 보여 주고 있다. 혹자는 인간의 능력이 70년대 성장 한계를 지속가능

1) Lifestyles Of Health And Sustainability.
2) 명예, 권력, 재물보다는 여유로운 삶을 추구하는 생활 방식.

한 발전 개념으로 전환시켜 그 한계를 극복했다고 한다. 그런가하면, 새로운 삶의 방식인 well-being, LOHAS, downshift 등으로 삶을 전환하면 인구, 식량, 에너지, 환경오염 문제가 해결될 것으로 예측하기도 한다. 그러나 생태적 삶의 진정한 목표는 이러한 가능성을 희망하며 불안한 한계를 극복하자는 것이다. 따라서 생태적 삶은 개인적인 노력뿐만 아니라 사회적 변화를 추동하는 적극적이며 현실적인 삶의 변환을 의미한다. 즉, 위에서 언급한 새롭게 살아가는 삶의 방식 개념들이 내포하고 있는 시간적/공간적 조건들을 제거한 '진정한' 생태적 삶을 살아 내자는 것이다. 그래서 각각 독립적인 사항으로 오인되고 있는 인구, 식량, 에너지, 환경오염 문제를 통합적으로 해결하자는 것이다.

전체 연구의 궁극적 목적은 진정한 생태적 삶을 살아 낼 수 있고, 꾸준히 이어져 내려오는 삶의 방식을 담아 낼 수 있는, 우리나라에 적합한 '한국형 생태공동체' 모델을 제시하는 것이다. 본 부분연구에서는 그런 '한국형 생태공동체' 내에서 필요한 생활교육을 모색해 보려 한다.

이와 같은 생태공동체에 대한 관점은 본 연구의 방향을 현실적이고 실제적인 대안제시로 이끌 것이다. 그렇지만 '교육'이라는 학문적 접근에 대한 아쉬움이 남을 수 있겠다.

2. 생태공동체 내에서 생활교육의 의미

2.1. 생활교육의 내용

"생태"라는 새로운 삶의 가치를 근간으로 하는 생태공동체에서의 생활방식은 새로운 삶의 내용을 배우고 익히는 과정이 필요하다. 이와 같은 과정에 포함되는 모든 내용과 다양한 방식을 '생활교육'이라는 틀로 묶어 표현하고자 한다.

교육에서는 무엇을 배우고 가르칠 것인가와 함께, 어떻게 가르치고, 어떻게 배울 것인가가 중요한 과제이다. 생활교육이 모든 삶의 영역과 연관되어 있어 구분짓기 쉽지 않다. 그러나 교육에서 기본적으로 갖추어야 할 교육내용은 정의되어야 할 것이다.

생활교육의 내용과 실행 방법 등은 각각의 생태공동체 형성 이념과도 부합하여 생태공동체가 구성되어 지속되는데 이념적, 현실적 근간이 된다. 그런 까닭에 생태공동체에서 행해지고 있는 생활교육의 내용과 방법을 분석해 보면 그 공동체의 설립 목표 및 추구하고자 하는 이념을 어느 정도 이해할 수 있다. 반대로 생태공동체가 목표하는 삶의 방식과 살아 내고자 하는 삶의 이념을 생활교육에 온건히 담아 내는 일은 공동체의 확고한 지속을 담보해 내는 중요한 과제이기도 하다.

대부분의 생태공동체가 지향하는 일차적 목표는 생태적 조화를 회복하면서 그 안에서 인간다운 삶을 살아갈 수 있는 방법을 익혀 나가는 것이다. 그런가하면 생태공동체들의 근본적 이념 지향점은 자연으로의 회귀이다. 이러한 비현실적이고 막연한, 추상적 이상으로까지 보여지는 삶의 목표나 이념은, 삶이라는 개념이 철저하게 현실적이라는 점에서 맥을 달리하는 듯 보이기도 한다. 하지만 생태공동체의 실제 생활을 경험해 보면 일상적인 의식주 형태가 삶의 목표나 이념과 동떨어져 있지 않음을 인지할 수 있다. 이는 생활교육의 내용이 생태공동체 삶의 목표와 이념을 현실적으로 살아내는 삶의 모습을 담아 내야 한다. 그리고 생활교육의 방법은 현실적 삶의 모습과 동일해야 함을 의미한다. 예를 들면, 대한민국 국가공동체 교육법 제1조는 아래와 같다.

> "교육은 홍익인간의 이념 아래 모든 국민으로 하여금 인격을 완성하고 자주적 생활능력과 공민으로서의 자질을 구유하게 하여 민주국가 발전에 봉사하며 인류 공영(共榮)의 이상 실현에 기여함을 목적으로 한다."

이런 완벽한 교육이념이 최근 교육상황 하에서는 공허하게 느껴지는 까닭은, 국민들에게 제공되는 교육내용과 교육방법이 현실적 삶과 유리되었기 때문일 것이다.

결론적으로 생활교육의 내용은 공동체가 살아 내고자 하는 현실적 삶의 방식을 가르치고 배우는 것이어야 한다.

끝으로 생태공동체내에서 구성원들이 살아가는 '생태적 삶'에 대한 부언이 필요하다. 생태적 삶이란 기존의 의식주를 기반으로 하는 삶의 목표를 생태적 이념으로 치환한 삶의 모습이라 하겠다. 기존 의식주의 목표가 보편적 가치 추구인 많은 물질(富), 드높은 명예, 강력한 권위 등이라면, 생태적 삶의 목표는 지족(知足)할 수 있는 물질, 베풀 수 있는 명예, 책임지는 권위 등으로 대적된다. 그래서 생태적 삶을 추구하려 할 때 의식주 해결 방안으로 제시되는 기본적 삶의 형태가 자급자족인 것이다. 물론, 개인적인(단독적인) 자급자족을 의미하는 것이 아니라, 생태공동체 전체의 자급자족을 의미한다. 그 범위는 의식주를 기본으로 하여 포괄적인 개념의 에너지를 포함할 때 더욱 분명해질 수 있다. 경험적으로 삶의 형태가 자급자족이여야 한다고 제시되었음에도 불구하고 구체적인 삶의 방식은 그리 쉽게 그려지지 않는다. 그 동안 살아왔던 관성적 삶의 방식에서 비롯된 사유는 아직도 자급자족을 위한 구체적인 사항들-예를 들면 필요한 시간투자, 자족을 위한 양(糧) 등-을 항상 먼저 떠올린다. 그러나 진정한 자급자족을 바탕으로 하는 삶의 방식이 가능해지려면, 자족을 위해 필요한 양과 함께 구체적 사항을 먼저 결정하고 난 후, 그 사항들을 자급해 낼 수 있는 삶의 방식을 모색해야 한다. 생활교육도 바로 이 지점의 삶의 방식을 내용으로 담아 낼 수 있어야 한다. 이런 실천 가능한 삶의 방식을 모두 현실화해 낼 수는 없다. 삶 속에서 발견되는 시행착오는 곧바로 생활교육과정의 발전을 의미하며 연속되는 발전은 생활교육의 깊이를 더해주게 된다.

기존 생태공동체에서의 생활교육내용은 구성원들의 새로운 생활방식을 배우고 익히는 과정을 포함하여 공동체 외부인들을 위한 교육프로그램 등 교육대상에 따라 여러 가지 생활교육을 제공하고 있다. 그러나 내용의 공통성은 분명하기 때문에 쉽게 이해할 수 있다. 내용을 대략 두 가지로 구분할 수 있는데, 하나는 공동체 생활과 생태적 삶의 가치와 필요성 등을 일깨워 주는 '의식변화교육'이다. 그리고 다른 하나는 '고유기술교육'이라고 이름 붙인 교육내용으로서, 진정한 가치와 필요성이 부여된 공동체 생활과 생태적 삶을 구체적으로 어떻게 살아내야 하는가를 터득케 하는 교육이다.

이 두 교육내용에 대해서는 3장과 4장에 자세히 기술하였다.

2.2. 생태공동체 생활교육의 형식

자연 발생적[3]인 공동체(가족, 동네 마을 등)의 생활교육에서 무엇보다도 두드러지는 것은 교육형식이다. 삶의 방식이 생태공동체적인가를 논의할 필요 없이 경험적으로 우리는 이러한 공동체에서 이루어지는 모든 교육은 '교육'이라는 체계화된 형식 없이 생활 속에서 자연스럽게 진행되어 왔음을 알고 있다. 이러한 교육은 공동체 내에서 생활해 가기 위한 기초적인 단순 기술에서부터 공동체 구성원간의 관계를 원활하게 유지하기 위한 교육과 대외적 활동을 위한 지식교육 등 다양한 내용으로 이루어져 있다. 그런가하면 규정된 교육의 주체가 존재하지 않아 경험자와 비경험자가 서로 가르치고 배우기도 한다. 말 그대로 해아지언 의납이문(孩兒之言 宜納耳門)이다. 우리 옛말에도 여든 난 노

3) 여기서 '자연 발생적'이라는 표현은 삶의 시간적 공간적 상황을 선택할 여지가 있느냐에 따라 구분하였음.

인이 등에 업힌 세 살배기에게 배운다는 말이 있듯이. 이런 교육 형식은 교육내용이 교육과정으로 구체화되려할 때 갖추고 있어야 할(듯 한) 시간적/공간적인 기본적 차별(교육의 체계화된 형식)이 존재하지 않는 것처럼 보인다. 그러니 자연발생적 공동체 구성원들조차도 교육이 없다고 여기게 된다.

그럼에도 불구하고 공동체 구성원간의 관계 속에서 서로 함께 사는 법을 깨우치고, 자연의 변화로부터 인간과 자연의 관계를 터득하며, 그러다가 자신의 내면의 소리를 들으며 그 교육은 성숙해 간다. 한기철의 교육학개론[4]에 소개된 독일 교육학자 Martin Buber는 만남의 교육학[5]을 중시하였다. 그는 모든 교육이 발생하기 위한 인간적 기본 단위를 '사람들과 함께 있는 인간(der Mensch mit dem Menschen)'으로 규정하고 대화적 인간관 즉, 만남, 관계, 대화[6] 그리고 '나와 너', '나와 그것' 마지막으로 '나와 너'를 무한히 연장할 때 나는 네가 된다는 '영원한 너'와의 관계를 강조했다. 3장 '의식변화교육을 바탕으로 한 생태공동체의 생활 교육'에서 자세히 다루겠지만, 교육의 형식을 구성하는 교육의 기본 주체인 가르치는 자와 배우는 자에 대한 정의가 '모든 세계 즉, 자연이라든가 사회를 모두 포함하는 환경 전체가 인간을 교육한다.'라는 Buber의 선언적 글과 상통한다. 결국, 시간적, 공간적 구분없이 행해지는 이런 공동체 생활교육은 지금 이 순간 모든 곳에서 계속되고 있다. 즉, 공동체 구성원 각자가 자신의 삶을 살아가는 그 자체가 새로운 구성원에 대한 교육프로그램이 되는 것이다.

---

4) 한기철, 교육학 개론, 박영사, 1984.
5) Verbundenheit를 만남으로 표현하였는데 본 글에서 나타나는 관계, 관계 맺기와 동일한 의미일 것이다.
6) 그는 '사이'(Zwischen)의 영역을 중요시 함.

3. 의식변화교육을 바탕으로 한 생태공동체의 생활 교육

의식변화 교육을 바탕으로 한 생태공동체의 생활교육은 주로 해당 공동체의 설립 이념, 목표, 삶의 철학과 가치 생태적 삶의 기준, 현 문명에 대한 비판 의식 등 기존의 가치와 의식에 대한 판단 그리고 새로운 삶의 철학과 가치에 대한 인식을 다룬다. 의식변화 교육이 지향하는 목적은 여러 가지 단어로 표현되나 궁극적으로 '다양성 인정, 다양성 존중'으로 정리될 수 있다. 이론적으로 의식변화 교육은 생태교육(ecological education), 홀리스틱교육(holistic education), 발도르프교육(Waldorfpädagogik) 등에서 강조되듯이 영성, 육체, 감성과 이성 등이 조화롭게 하나가 되는 실천적 원리와 방법을 지향하고 있다. 즉, '관계회복'이라는 구체적 실천을 목표로 내적 자신과의 관계, 나와 너의(인간과 인간) 관계, 우리와 환경(인간과 환경)과의 관계 등을 "본연의 상태"로 회복시키려는 교육의 원리와 방법 등을 포함하고 있다(생태교육, 홀리스틱교육, 발도르프교육 등에서는 내적 자신과의 관계를 인간과 인간과의 관계, 인간과 생태계와의 관계와 분리 강조하는 경향이 있으나, 한 개인이 외적 대상과의 원활한(=하나가 되는) 관계 유지를 위해서는 자신의 진정성을 찾는 것이 우선이여서 첨가하였음.) 이렇듯, 교육의 場에 행동(생활)이 함께 중요시되는 교육방법들의 이론적 바탕은 꾸준히 체계화되어 왔다. 그리고 공동체성을 최우선으로 하는 생태공동체에서는 생활교육의 이론적 바탕으로 이러한 교육이론들을 도입하여 구체적이고 현실적인 삶으로 살아 내려는 시도들이 계속되고 있다.

그 좋은 예가, 현재 생태공동체에서 이론적 의식변화 교육을 실시하고 있는 영국 Schumacher College 교육내용이다. 교육 프로그램을 참조하여 실제로 이루어지고 있는 교육의 내용을 살펴본다. 아래 도표는 교육 프로그램의 일부(2006.9 ~2007.7)이다. (상세 내용은 첨부하였음. 별첨1)

각 교육 프로그램들의 내용을 요약해 보면 다음과 같다.

<표 1> 영국 Schumacher College의 일부 교육 프로그램

기간	프로그램 제목
Sep. 10~22	ART IN PLACE: LINKING ART TO ECOLOGY
Oct. 15~20	IMAGINATION AND INTUITION: SHAMANIC INFLUENCES IN WESTERN CULTURE
Oct. 22~Nov. 3	ACTIVISM IN LATER LIFE: SHARING THE WISDOM, SERVING THE EARTH
Nov.5~10	THE ROLE OF EDUCATION IN THE 21ST CENTURY
Nov. 12~24	LIFE AFTER OIL: BREAKING THE HABIT
Jan. 7~26	SCIENCE AND SPIRITUALITY: CREATING A NEW BALANCE
Feb. 4~23	CLIMATE CHANGE: SEEING THE WHOLE PICTURE
Feb. 25~Mar. 2	EDUCATION AS A SPRINGBOARD FOR TRANSFORMATION
Mar. 4~23	INDIGENOUS PEOPLES AND THE NATURAL WORLD: IS ANCIENT WISDOM RELEVANT TO THE MODERN WORLD?
Mar. 25~30	ILLNESS TO WELLNESS: INTEGRATIVE HEALTHCARE IN THE COMMUNITY
Apr. 15~20	CREATIVE PARTNERSHIPS: UNLEASHING COLLABORATIVE POWER IN THE WORKPLACE
May 6~25	DESIGNING WITH NATURE: FORMS OF WHOLENESS
Jun. 3~22, 2007	THE NEW ECONOMICS: FROM GROWTH TO WELLBEING
Jul. 1~20, 2007	EARTH AND THE SACRED: THE PERSONAL AND THE PLANETARY

"ART IN PLACE: LINKING ART TO ECOLOGY"

미학적 감수성과 생태적 감수성은 동전의 양면과 같아서 예술이 인간과 생태계의 관계를 탐구하는 매개체로 활용하는 것이다. 즉, 예술과 생태의 접목에 대한 내용이다.

"IMAGINATION AND INTUITION: SHAMANIC INFLUENCES IN WESTERN CULTURE"
이성주의와 물질주의에 의해 否定되버린 유럽 전통의 샤머니즘에 대한 교육 내용으로, 샤머니즘이 단순한 비과학적 미신이라는 평가 외에 자연을 이해하고 자연의 일부로 자연의 변화에 순응하며 살아가는 유럽인의 전통적인 정신문화라는 관점으로 접근하고 있다.

"ACTIVISM IN LATER LIFE: SHARING THE WISDOM, SERVING THE EARTH"
중년 이후의 삶에 새로운 조명을 집중하는 이유는, 연장자의 경험과 지혜가 지속가능한 미래를 위해 활용될 수 있다는 내용이다.

"THE ROLE OF EDUCATION IN THE 21ST CENTURY"
21세기 새로운 교육 패러다임을 배우고 가르치는 교육방법에 대해 탐구하는 내용을 담고 있다.

"LIFE AFTER OIL: BREAKING THE HABIT"
원유고갈이 目前인 현 시점에서 '석유'에 중독된 삶에서 미래를 대비하기 위한 새로운 삶의 형태로 전환하기 위해 대체에너지를 비롯하여 어떻게 再디자인하여야 하는가에 대한 과정이다.

이외에도 환경변화에 의한 현상들을 통합적인 본질
"SCIENCE AND SPIRITUALITY: CREATING A NEW BALANCE"
상대적인 개념으로 인식되는 과학과 영성의 균형적인 관점이 필요하여 두 개념이 서로 보완적인 새로운 접점을 찾아보는 과정이다.

"CLIMATE CHANGE: SEEING THE WHOLE PICTURE"

지구 각 처에서 발생하는 이상 기후의 원인과 결과를 단순한 지역적 현상이 아니라 지구전체의 통합적인 문제로 접근해야 한다는 내용이다.

"EDUCATION AS A SPRINGBOARD FOR TRANSFORMATION"

현재 이루어지고 있는 교육과정이 미래를 책임질 수 있는 올바른 가치관과 지식을 전달할 수 있는 이상적인 교육인가라는 질문에 대한 답변으로 새로운 교육모델을 구성해보는 과정이다.

"INDIGENOUS PEOPLES AND THE NATURAL WORLD:
IS ANCIENT WISDOM RELEVANT TO THE MODERN WORLD?"

전 세계 지역 토착민들의 오래된 삶의 지혜와 자연환경이 현대 사회가 갖고 있는 문제들과의 관계성을 토론을 통해 이해하는 과정으로 세계화의 영향을 알아본다.

"ILLNESS TO WELLNESS:
INTEGRATIVE HEALTHCARE IN THE COMMUNITY"

의료기술이 발달됐다고 하나 서방국가 인구의 70%가 만성병에 시달리고 있다. 이 과정은 천여 년 동안 전해 내려오는 조상들에 의해 발전된 의학을 접목시켜 현재의 의료기술을 발전시킬 수 있는가를 토론하기 위한 것이다.

"CREATIVE PARTNERSHIPS:
UNLEASHING COLLABORATIVE POWER IN THE WORKPLACE"

단체나 조직들은 그들이 속해 있는 사회가 지속될 수 있는 기본적인 운영체계를 개발하기 위해 성격이 다른 모든 단체나 조직들이 협동적이어야 한다는 내용이다.

"DESIGNING WITH NATURE: FORMS OF WHOLENESS"

디자인은 모든 분야에 적용되며 인간 삶의 통체적인 모습이기고 따라서 디자인은 복잡다단한 문제들의 근본적인 원인인 동시에 그런 복잡한 문제를 해결할 수 있는 좋은 방법이라는 관점에서 토론을 통해 함께 생각을 공유해 보는 내용의 과정이다.

"THE NEW ECONOMICS: FROM GROWTH TO WELLBEING"

경제성장은 자원고갈과 지역붕괴를 초래하여 근본적인 삶의 질을 저하하였다. 경제개발과 삶의 질을 함께 누릴 수 있는 방안에 대해 모색해 보는 내용이다.

"EARTII AND THE SACRED: THE PERSONAL AND THE PLANETARY"

현재 환경을 바라보는 관점은 대기오염도, 토양오염현황, 수질기준 등 인간중심적인 환경과학의 분석적 방법이다. 이 과정에서는 종교적이고 영성적인 관점 즉, 지구환경 관점에서 환경을 바라보고 보전 가능성을 모색해 보자는 내용이다.

위에서 보듯이 모든(!) 프로그램 내용이 새로운 삶을 위한 의식변화에 초점을 맞추고 있음을 알 수 있다. 이렇듯 교육내용이 기존 일반적인 가치개념과 차이를 보이는 이유는 생태공동체의 생활이 새로운 삶의 패러다임을 근간으로 삼고 있기 때문이다. 즉, 생태공동체 내에서의 생활교육은 가치기준의 변화를 동반한 의식변화 추구를 기본 목표로 설정해야 함을 의미한다.

흔히 '공동체 생활을 하겠다.'고 결정하고 '생태적 삶을 살겠다.'고 결심을 하여 공동체를 구성하거나 기존 공동체에 '새로운 구성원'으로 참가할 때 자신에게 이런 질문들을 던지곤 한다. 왜 이렇게 살면 안 되는지, 왜 삶의 형태를 바꿔야 하는지, 왜 생태적으로 살아야 하는지, 내가 살아가고 있는 이 삶의 방식이 나와 내 가족의 건강과 안녕을 위한 이기적인 삶은 아닌지, 이 삶의 방식이 대안적이어서 파급효과(운동성)를 품어 낼 수 있는지 등등 끊임없이 이어지는 의문들에 대해 분명한 대답이 필요하다. 의식변화교육 내용이 그러한 의문들에 대한 분명한 대답을 제공해 줄 수 있다.

공동체 운동이 시작된 이후 의식변화교육이 필요성은 여러 번 확인되었다.7) 지금까지 수많은 공동체들이 설립되었다가 해체되었다. 물론, 모든 공동체들이 생태라는 이념을 추구하지는 않았으나 추구하는 이념에 대한 확고한 확신이 없는 공동체는 스스로 해체되었다. 마찬가지로 생태적 삶과 공동체 생활이라는 개념에 대한 확실한 이해와 그들이 갖고 있는 미래 가치에 대한 현실적인 신념이 내포되었을 때 의식변화교육의 내용은 완벽해질 것이다.

의식변화교육에 포함될 또 다른 교육방법으로 '몸 다루기'와 '마음 다루기'를 들 수 있다. 이것은 의식변화를 목적으로 생활교육을 쉽게 구체화할 수 있다는 장점이 있다.

몸을 다룬다는 것은 곧 마음을 다루는 것이며, 마음을 다루는 것은 몸을 다루는 것이다. 대표적인 것으로는 다양한 무예, 여러 가지 요가법, 명상 방법 등이다. 또한 농사, 건축, 예술 등을 위한 노작활동도 이에 포함될 수 있다. 몸 다루기와 마음 다루기는 서양의 생태공동체는 물론이고 우리나라 공동체에서도 매일의 일과처럼 행해지고 있어서 여느 공동체에서도 흔히 접할 수 있는 부분이다. 이러한 방법들은 대부분이 동양에서 오래전부터 전해 내려오는 심신수련방법들을 현대적으로 수정/보완한 것들이 주를 이룬다. 동양전통

7) Flo Morse, Yankee Communes, Harcourt Brace Jovanovich, 1971.

방법에서 찾으려는 시도가 주를 이루는 이유는 몸 다루기가 자연과의 합일, 내재된 자연원시성 회복 등에 적합하기 때문이다. 그리고 몸 다루기를 통해 철학적 몰입과 영성의 깨우침 등 마음을 함께 다룰 수 있어 자연과의 관계, 공동체원 간의 관계 맺기를 원활하게 할 수 있어 공동체 내에서 행해지는 여러 가지 의사결정, 의견수렴 등 공동체 생활의 근간을 이루는 '함께 살기'-공동체의 기본 생활원칙-에 필수적인 요소이다.

4. 고유기술교육을 바탕으로 한 생태공동체의 생활 교육

생태공동체의 생활교육이 다른 한 축을 이루고 있는 부분은 '기술교육'이다. 기술교육은 그 공동체를 지탱하기 위한 필수적인 생활지식을 전달하는 중요한 역할을 담당한다. 공동체가 생존하기 위한 자체 고유기술교육이 미비하면 결국 공동체의 자립적 삶은 불가능하게 되고 할 수 없이 기존의 산업사회 구조에 의탁해 살아가야 하는, 생태공동체로서의 기본 가치를 잃어버리는 결과를 초래하게 된다. 이점이 바로 생활교육 중 고유기술교육의 필요성이 강조되는 이유다. 현실적 삶에 필요한 의식주 관련 교육으로서 공동체의 성격을 결정짓는 중요한 요소이기도 하다. 그래서 고유기술교육은 일차적으로 기본 의식주를 생태적으로 자급자족할 수 있는 부분에서부터 시작된다. '생태적 자급자족'이라는 의미는 필요한 양을 확보하기 위한 무분별한 자급 방법이 아니라, 생태적 조화로움에 초점을 맞춘 친환경적 자급자족 방법을 의미한다.

분업화된 산업사회에 길들여진 생활방식에 의하면 세분화되고 전문화된 기술교육으로 삶을 이끌어 갈 수 있었다. 그러나 파편화된 생활양식을 지양하고자 새로운 생활양식을 선택한 순간부터는 그런 삶의 양식과 정신적 패러다임을 포함하고 있는 통합적인 생활 기술교육을 필요로 한다. '대안기술(alternative technology)'[8]이라고도 불리는 이유는 산업화된 기술교육이 인간들의 삶의 관점에만 입각하여 他생명이나 생태계 시스템과의 조화로움을 등한시하여 계속 발전돼 가는 양상을 보여 왔다는 평가 아래, 모든 사람들과, 모든 것들과의 조화로운-다른-기술이라는 관점을 지적하기 위해서다. 대안기술이라는 의미가 사용되던 초기에는 적용분야가 국한되어 한정되어 있었으나 최근에는 의식주 전반에 걸쳐 퍼져 나가는 '친환경 혁명'으로 그 분야는 다양해지고 있다. 대안기술이 번져 나가는 저변의식은, 기술발달로 인해 인간의 삶이 일률적인 가치추구를 하는 경쟁 판으로 변모했다는 비판이 잠재해 있다. 그 예로, 지금까지 산업기술의 발달을 가능케 한 서양과학의 발전까지도 비판대상으로 삼아, 대안기술을 뒷받침해 주는 과학적 근거를 통합과학(holistic science)[9]이라는 표현까지 사용하여 차별화시키려 하고 있는 것을 볼 수 있다. 기존의 기술이나 대안기술이나 그 기술들의 이론적 바탕을 이루는 과학은 동일한 것임에도 불구하고 애써 다르게 표현하려 한다.

기술교육이 갖고 있는 생태공동체에서의 또 다른 의미는 생태적 삶의 가치로 변환된 생활규모나 생활방식에 적합한 교육내용이다. 위 '의식변화교육'에서 언급했듯이 의식변화의 실제적 모습은 우리의 삶에서 의식주의 현실적 변화로 나타난다. 그 변화를 현실화시킬 수 있는(시켜 주는) 방안이 기술교육이다. 주된 이념적 기본은 자급자족인데 자급의 수준보다 자족의 량을 저감하는 것이 우선되어야 진정한 생태적인 삶에 근접할 수 있을 것이다. 부연 설명하면, 생활경제의 근본개념인 자급, 자립, 자족 등에서 자급할 수 있는 양(量)을 산정하여-즉, 물질의 량을 기준하여-목표로 삼고 생활계획을 세우는 것보다

---

8) 1973년 기존의 의식주관련 기술들을 친환경적인 모습으로 변환시키기 위해 영국에 설립된 '대안기술센터(the Centre for Alternative Technology)'에서 도입한 의미임.

9) Schumacher College 등에서 사용하는 'holistic science'라는 개념은 기존 기술의 발달이 환경을 무시한 인간 위주 일변도였다는 평가를 바탕으로, 환경과 함께 공존할 수 있는 기술이라는 점을 강조하기 위한 것으로 보인다. 흔히 '과학기술의 발달'이라는 표현으로 과학과 기술을 동일시하는 경향도 있으나, '과학'이라는 학문은 가치중립적이어서 굳이 그런 의미로 사용하자면 holistic technology가 적당할 듯하다.

진정으로 필요로 하는 자족의 량-知足하는 삶의 양식-을 깨우치고 그에 필요로 하는 양을 자급할 수 있도록 노력하는 것이 생태공동체 생활에 적합한 기술교육의 이념일 것이다.

대안기술로 분리되는 두드러진 분야는 농사, 건축 등과 대안기술을 실행하가는 노동의 양식 그리고 에너지 부분이다.

농사분야의 대안기술은 '유기농'이라는 큰 틀에서 많은 다양한 기술들이 집약되어 있다. 동서를 막론하고 특히나 농업분야에서 대안기술이 발달된 이유는 화학비료에서 시작되는 제초제, 살충제 등의 사용으로 타 생명에 대한 배려가 없었던 기존농법의 폐해를 줄이려는 시도이다. 산출량이 급감함에도 대안농업기술의 선호도가 증가하는 근본적인 이유이다. 또한, 의식주 각각의 분야가 그렇지만 특히 농업은 단순히 먹을거리뿐만 아니라 삶의 전반에 연결되어 있어 농업기술의 변화는 생활양식의 전체적인 변화를 초래한다. 화학비료를 대체할 수 있는 퇴비의 필요로 수세식 화장실이 순환형 뒷간으로 바뀌고, 다량 단일 품종의 획일적 농업구조에서 소량 다품종의 농업으로의 전환은 다양성을 일깨워 주는 효과도 있으며, 모자란 농산물을 선택할 때 장거리 수송된 유기농산물을 고집할 것인가 아니면 인근 화학농산물을 택할 것인가 하는 다른 차원의 고민들은 대안농업기술에서 파생되는 변화의 양상들이다.

의식주 자급을 위한 생태적 조화로운 방법은 주로 옛 생활에 쌓여있는 고유기술이 대부분이다. 따라서 고유기술교육의 내용은 주로 옛 생활기술을 복구해 내 현대적 상황에 적합한 기술로 개발하는 과정이 필요하다. 의복생활의 예를 들면 자연 소재를 활용한 옷 만들기와 천연염색 교육인데, 옷감의 자연 소재를 재배하고 직물을 짜내며 천연염색 재료를 채취/재배하고 발색 기술을 복구하는 등의 기술들을 일컫는다. 또한 식생활에서도 유기농산물 재배로부터 자연원리에 일치하는 음식섭취까지 공동체 식구가 배우고 익혀야 할 기술이 필요하다. 이 외에도 주거생활에 필요한 생태건축기술은 건축 재료는 물론이고 주거 공간이 주변 생태와 조화로운 삶의 방식이 가능해야 하므로 이런 종합적인 기술은 공동체 내에서 체계적인 생활교육을 통해 이루어지고 있다.

무엇보다도 대안기술이 심층적으로 필요로 하는 분야는 에너지 분야이다. 화석연료의 대체용으로 원자력에너지가 유력하게 대두되고 있다. 그러나 응용기술들이 아직 덜 완성되어 안전성이 확보되지 않아 새로운 에너지원 발굴에 대한 필요성이 강조되고 있다. 그러한 에너지를 찾는 기준 중에 하나가 바로 '재생가능'한 에너지이다. 물론, '재생가능'이라는 사전적 의미에 한정된 시간적 개념이 적용되어 혼란을 일으키기도 한다. 어쨌든 생태계에 덜 유해한 에너지원을 찾아보려는 노력과 함께 기존의 에너지를 어떻게 하면 더 효율적으로 활용할 수 있는가에 대한 시도들이 탐구 중이다. 중요한 것은 태양열/태양광을 이용한 에너지 사용이 친환경적인가라는 의문과 함께 새로운 에너지원을 찾고 더 효율적인 방법을 찾는 노력에 앞서 자족하고 절약하는 생활양식을 준수하며 에너지변환이 문명의 변천과 직결되어 있다는 인식 속에서 대체에너지가 아니라 대안에너지를 모색하는 본질적 접근이 대안기술의 내용을 채우는 기본 요소가 되어야 할 것이다.

결론적으로 고유기술은 이처럼 현재 기술의 문제점인 현상들을 대체하는 기술개발(대체기술)이 아니라 대안을 모색하려는 즉, 본질적 문제를 파헤치려는 내용(대안의식)을 담고 있어야 한다.

5. 생태공동체들의 생활교육 사례 연구

생태공동체는 여러 가지 이념을 바탕으로 설립되어, 그 이념에 접근하는 삶의 형태를 생활의 모습으로 현실화해 가며 살아간다. 그리고 여러 공동체 내에서 진행되는 구체적이고 현실적인 생활교육을 중점적으로 분석/데이터화하여 생태공동체 내의 생활교육을 체계화함으로써 타 생태공동체의 생활교육 모델이 될 수 있는 기초를 마련하고자 한다.

그렇다면 국내외 생태공동체의 생활교육은 어떠한가? 생태적 이념을 표방하고 인위적으로 구성되는 생태공동체에서 이루어지는 교육은, 차별되는 교육 가치관을 기반으로 교육 내용, 방법, 범위, 대상 등 체계적이고 뚜렷한 교육 이념 등이 특징이다. 대부분의 생태공동체들의 설립목적이 탈자본주의, 대안 사회 확산 등인 점들을 감안해 보면 새로운 삶의 가치를 교육하는 것은 공동체 생활을 영위해 가는데 필요한 과정일 것이다. 즉 다른 삶의 패러다임에 적합한 생활방식을 배우는 것이라 하겠다. 생태공동체에서는 구성원들의 의견을 모아 삶의 규칙을 만들고 그 규칙에 입각하여 살아간다. 이러한 인위적 공동체는 위에서 언급한 자연 발생적 공동체와 달리 가입/탈퇴가 가능하다. 물론 신규가입도 가능하여 이들에게 삶의 방식을 교육할 수 있는 포맷화된 교육내용이 마련되어져 있다. 그러나 조금만 자세히 들여다보면 각 생태공동체의 교육은 공동체 설립 이념에 따라 프로그램의 종류가 다양하고 방법적 부분에서도 차이를 보여 기존의 우리가 알고 있는 '교육'과는–국가 주도 하의 기존 제도권 교육체계에서 행해지는 여러 모습의 교육과는–사뭇 다르게 비춰지고 있는 실정이다. 이러한 특징(다른 점)은 생태공동체가 준비되는 과정에서부터 매우 중요하게 다뤄지고 있다. 즉, 생태공동체 내에서 교육이 차지하는 부분은 교육 대상을 막론하고 중요시되어지고 있으며 그 교육 내용과 방법은 제도권 공교육의 단점을 보완할 수 있는 한 가지 대안으로 자리매김해 가고 있다. 또한, 공동체 구성원들을 위한 교육 외에 외부 일반인을 대상으로 하는 교육 프로그램들이 개발되어 제공되고 있는데 이 또한 생태공동체 안에서 이루어지는 생활교육의 한 부분으로 활용되고 있다. 이 외에도, 생태공동체에서 자체적으로 개발되고, 분석, 보완되어지는 교육 내용은 독특한 교육 프로그램으로 발전하여 외부인들에게 공급될 뿐만 아니라 공동체의 재정적 수입의 한 몫을 하기도 한다.

현대 사회의 모순점이 먼저 감지된 독일에는 여러 생태공동체들이 설립되어 '실험적 삶'을 살아 내고 있다. 그 예로 독일의 ZEGG,[10] Lebensgut,[11] Ökodorf Sieben Linden[12] 공동체 등을 들 수 있다. 각각의 공동체 성격과 설립배경, 지향하는 이념, 현실적 상황 등이 서로 다른 생태공동체들을 온건히 이해하기 위해 직접 방문도 하고, 몇몇 공동체에서는 여러 날 동안 공동체 구성원들과 어울려 함께 노동과 토론을 하면서 피부로 느껴보았다. 여기에서 실험적 삶이 갖고 있는 공간적 의미의 다름은 비교적 쉽게 간파할 수 있었으나, 이미 삼사십년이 흘러 그 삶의 연륜이 포개 쌓아진 시간적 의미는 짧은 방문기간으로는 이해하기에 불충분할 정도로 나름대로의 깊이를 내포하고 있었다. 이미 삶이 진행되는 일상의 흐름 속도에서부터 그 차이는 확연하였으며, 생태공동체 내에서 구성원의 출생과 죽음의 순환이 이루어진 상태였기 때문에 시간이라고 하는 단순한 반복성을 넘어 삶의 의미가 묻어 있었다. 또한 독일 생태공동체들이 표방하는 생태 이념과 공동체적 삶의 방식에 대한 이론적 바탕을 대상으로 하는 학술적 연구 또한 학문적 접근 단계를 훨씬 넘어 교육을 통한 현실적 삶의 방식에 실현될 수 있는 구체적 모델 및 방안들이 제시되고 있었다. 그리고 생태적 교육 모델과 방안은 체계화돼 있어서 일상적인 생활에서 구체적으로 실현할 수 있는 단계였다. 즉, 생태공동체내에서 행해지는 교육은 현실적 삶을 위해 필요한 모든 정보를 제공한다. 그리고 생태적 가치관으로 전환된 일상생활의 형태는 생활교육과정으로 포함되어 새로운 구성원과 외부인

10) 대표적으로 베를린에서 약 85km 정도 떨어진 곳에 위치하고 있는 ZEGG(Zentrum für Experimentelle GesellschaftGestaltung = Center for Experimental Culture Design)은 대안문화를 지향하는 생태공동체로서 설립된 지가 30년이 넘는데도 불구하고 아직도 본인들의 삶의 방식이 실험적이라고 평가하고 있다. 별첨 2.

11) 드레스덴에서 약 60 km 떨어진 Pommritz에 자리 잡은 Lebensgut 공동체는 사회생태학자인 Rudolf Bahro의 이념을 중심으로 설립한 공동체로서 외부인을 교육 프로그램에 중점을 두고 있다. 첨부한 Lebensgut 공동체의 교육프로그램 참고. 별첨 3.

12) 브라운슈바이크에서 약 40km 떨어진 Poppau에 위치하고 있는 Sieben Linden 공동체는 교육내용이 다양하여 외부인들의 참가가 많은 것이 특징이다. 첨부한 Sieben Linden 공동체의 년 중 프로그램 참고. 별첨 4.

들은 물론이고 기존 구성원들의 재교육을 위해 새롭게 구성되어진다.

독일의 ZEGG, Lebensgut, Ökodorf Sieben Linden 공동체의 교육프로그램을 살펴보면, 다음과 같다

ZEGG 공동체의 교육 내용 주제는 생태(Ökologie), 공동체(Gemeinschaft), 여성(Frau), 남성(Mann), 사랑(Liebe)과 성(Sexualität), 영성(Spiritualität), 예술(Kunst), 춤(Tanz), 음악(Musik), 축제(Festival) 등이다. 공동체 설립취지가 대안예술, 자유로운 사랑 등을 생태적 공동체 삶에 접목하려는 ZEGG 공동체의 실험적 시도를 잘 나타내고 있다. 그렇다고 해서 예술인이나 예술관련 분야에 종사자들이 모여 사는 예술인 마을이 아니며, 삶의 비중이 일상생활은 무시되고 예술 쪽으로 치우쳐 있지도 않다. 예를 들어, 공동체 내부에 아이들의 교육을 위한 자연숲유치원(Waldkindergarten)을 자체운영하고 있고, 자연정화시스템을 자체 개발하여 공동체에서 발생하는 모든 오폐수를 처리하고 있으며, 폐 나무를 이용한 중앙난방시스템이며 순환유기농법을 유지하기 위해 공동체에서 배출되는 음식물찌꺼기를 퇴비(Kompost)로 만들어 사용하고 있는 등 생태공동체로서의 기본적인 생활을 살아가고 있다.

그러가하면, Ökodorf Sieben Linden 공동체는 대안적 삶에 목표를 두고 설립되어 주된 교육 내용이 기본 생활에 초점이 맞춰져 있다. 공동작업과 공동체 생활(Mitarbeiten und Mitleben), 생태와 수작업(Ökologie und Handwerk), 말(馬) 다루기(Pferde), 생태마을과 공동체(Ökodorf und Gemeinschaft), 대화(Kommunikation), 음악/연극/춤 …(Musik, Theater, Tanz …), 육체/영혼/정신(Körper, Geist, Seele), 전 지구적(세계적) 생각(Global Denken) 등이 공동체에서 수행되는 생활교육의 주제이다. 주제로부터 이 공동체가 추구하는 근본이 무엇인지 알 수가 있다. 그런가하면 실제 삶의 형태는 공동체의 설립 이념을 삶으로 살아내려는 노력을 절실히 보여 준다. 생태건축의 재료로 수학하고 남는 밀짚을 압축시켜 벽면과 천정의 보온 단열재로 활용하고 있고, 화장실은 야외에 설치하여 소대 변을 양동이로 받아 내어 퇴비화시키고 있다.

물론, 방문객들을 위한 실내 화장실도 미생물을 이용한 자연발효 시스템을 사용하고 있다. 밀짚을 사용한 집짓기는 손이 많이 필요로 하는 공정이라 외부인들을 위한 주말 프로그램과 자원봉사자들을 위한 프로그램을 동시에 운영하여 공동체 구성원들과 외부인들이 공동 작업을 하고 있었다. 주말 프로그램은 일정 참가비가 정해져 있었고 일주일 단위로 참가할 수 있는 자원봉사자들에게는 숙식이 제공된다. 에너지는 전기는 태양광을 이용한 자가 발전 시스템을, 난방은 공동체 뒤편에 숲을 매입하여 계획적 간벌과 조림을 하여 화목에너지에 의존하고 있다. 이렇듯 Ökodorf Sieben Linden 공동체는 대안적 의식주 형태와 에너지 수급 가능성인 공동체 설립이념에 부합하는 삶을 살아가고 있으며 생활교육 역시 설립목표에 충실하고 있다.

마지막으로 Lebensgut 공동체는 생활교육에서도 의식변화교육부분에 더 큰 비중을 두고 있다. 이 공동체는 생태사회학자였던 Rudolf Bahro교수의 주창에 지자체가 호응하면서 설립되어 Bahro교수의 이론적 사상의 흔적이 아직도 남아 있다. 생태공동체의 사상적/실제적 지도자의 사후에도 그의 제자가 철학과 윤리 도덕교육을 위해 아래 사진과 같은 모델들을 만들어 주로 외부인들 교육에 활용하고 있다. 이 교육용 모델들은 위대한 철학자들의 사상을 몸으로 경험하여 체득할 수 있도록 제작된 것으로서 교육 아틀리에(Lernwerkstatt)로 불리는 커다란 홀에 진열되어 있다. 예를 들어, 사진 왼쪽 아래에 보이는 거울 방(Spiegelkammer)은 한 사람 정도 들어갈 수 있는 공간을 수백 개 거울 조각을 붙여 만든 것으로써, 문을 닫고 들어가면 위아래 사방으로 수백 개의 자신으로 둘러싸인 자신을 발견하게 된다.

Lebensgut 공동체 교육이 주로 외부인을 위해 제공되는 까닭은 공동체 재정적 수입과도 연계된다. 공동체의 정신적인 부분이라고 할 수 있는 생태이론 및 학술적 사상은 완벽하였는데 설립과정부터 외부(지자체)의 도움으로 설립되면서 자급자족이라는 생태공동체의 실질적 삶보다는 외부 의존도가 강했던 것으로 여겨진다. 2005년 6월 방문 당시 공동체 구성원이 20여 명 정도인데 그 중 2/3가 공동체 노작에 참가할 수 없는 유소아 연령층이었던 것으로 미

사진[13] Lebensgut 공동체의 교육용 모델들

루어 보아도 짐작할 수 있다.

결론적으로, 독일 생태공동체들의 생활교육의 장점은 생활 전반에 걸쳐 여러 가지 다양한 내용으로 구성되어 있는 것이다. 그리고 각각의 교육과정이 체계화돼 있어서 교육대상에 따라 적합한 교육과정을 제공할 수 있으며 반복되는 교육과정의 시행착오 결과가 교육내용으로 즉각 흡수된다는 것 등이다.

국내 생태공동체[14]에서 행해지고 있는 생활교육은 사뭇 다른 모습을 보이고 있다. 무엇보다도 교육과정의 시간적/공간적 구분이 뚜렷하지 않다는 점이 그러하다. 서양 공동체의 생활교육이 형식에 있어서 시간적/공간적 개념이 확연하고 내용에 있어서 경계가 확실히 절단되고 체계적이기 때문에 명확한 비교가 가능하다.

---

13) 사진 출처 www.lernwerkstatt-philosophie.de

14) 어떤 공동체가 '생태공동체'인가를 평가할 수 있는 기준이 모호하여 될 수 있으면 자체 판단에 의존하려 하나, 국내 공동체 중에는 뚜렷이 생태공동체임을 주창하는 공동체는 없음. 이 글을 통해 생태공동체라고 칭해지는 공동체는 저자의 개인적 판단에 의한 것임. 공동체 내부적으로 외부 에너지 의존도를 줄이려는 구체적 방안 및 실천 사항들의 유무가 기본적인 판단 기준임.

수년 전부터 지리산 북쪽 자락에 위치하고 있는 인위적인 자연발생적 생태공동체[15]에서 생활하고 있지만 지금도 교육의 전부를 접할 수 없는 듯하다. 그 큰 이유는 교육내용을 담고 있는 교육과정이 시간적/공간적으로 세분화되어 있지 않은 혼란에서 비롯된다. 오늘도 '생태'가 내포하고 있는 진정한 순환적 의미 속에서 천 이백여 년 동안 전해 내려오는 '새로운' 공동체적 삶의 방식을 배워가고 있다. 지역에서 평생을 전해져 내려오는 오랜 경험과 지역 환경에 적응하며 살아오신 분들과 함께 생활하면서 사철절기 때에 맞춰 생활방법을 배우고 논과 밭에서 현장 교육이 행해지는 것이다. 약속된 시간과 분리된 장소가 따로 존재하지 않는다. 굳이 형식화하자면 밭 갈고, 씨 뿌리고, 모심고, 추수하고, 장 담그고, 김장하고 등 매년 절기에 맞춰 반복되는 철저하게 현장 실습 위주인 교육과 집 짓고, 잔치 집에 일손 돕고, 홍수로 터진 둑 복구하고, 상여매고 등 부정기적인 역시 현장 실습교육과 매일 아침 일어나서 식전에 농작물 둘러보고, 어르신 마주칠 때마다 마음 모아 예를 드리고, 밤늦어 해 떨어진 뒤에 집으로 돌아오는 등 매일 반복되는 역시 현장 실습교육 등이 시간과 공간에 구애받지 않고 중첩해서 진행된다. 물론, 지역에 새로 입주해 오는 귀농자들을 위한 교육 프로그램은 성격이 다르다. 그 구성[16]을 살펴보면 다음과 같다.

의식변화교육의 차원에서 주민들을 대상으로 생태적 깨달음을 위한 체험수련 프로그램을 연 2회 실시하고 있고 외부인들을 위한 4계절 농촌살림 및 농사체험 프로그램과 농촌·도시 어린이 한마음 캠프 등을 실시하고 있다. 그런가하면, 의식주 전반에 걸친 기술교육은 귀농자를 위한 귀농전문교육과 지역 주민의의 환경농업교육, 흙집 짓기, 천연염색 및 우리 옷 짓기, 소품 만들

15) 산 안에 있다고 해서 '산내'라 불리는 전라북도 남원시 산내면은 지리산에 안에 있던 기존 마을로서 성직자들이 생태적 이념을 주창하면서 시작되어 유기농업, 귀농, 대안교육, 여성자치 등 생태공동체 생활의 기본적 틀들을 필요에 의해 자체적으로 만들어 가면서 현재는 전입 가구 수만 200여 가구가 넘는다. 따라서 공동체 형성과정이 자연적으로 발생한 마을이나 삶의 터전 전체가 인위적으로 조성된 공동체와는 다르다

16) 산내면의 (사)한생명의 주민을 위한 교육 프로그램을 요약하였다.

기 등 각종 생명살림교육을 제공하고 있다. 이밖에 의료교육으로는 자연치유가 가능한 치료 및 질병예방 방법 등을 대안의료라는 관점에서 수행하고 있다. 여성농업인을 위해서는 영농교육, 가사, 건강, 자녀교육, 행복한 가정을 위한 상담 프로그램 등과 방과 후 학교, 어린이도서관, 독서교실, 어린이보육원 등을 운영하고 있다. 그 내용과 형식은 사뭇 외국의 인위적 공동체와 유사하나 내용적으로 지역의 주민들과 귀농 자들 간의 통합적인 교육을 모색하고 있다는 부분에서 차이가 난다.

국내에서 새롭게 조성되는 인위적인 공동체는 외국 공동체의 교육내용과 국내 자연발생적 공동체에서 행해지는 형식의 장점을 취합한 생활교육을 진행한다. 예를 들면, 전남 장성에 위치하고 있는 한마음공동체에서 이루어지는 교육은 황토 흙 집짓기이다. 교육의 시간과 공간적 개념이 분명히 제시되어 참가자들의 혼란을 피할 수 있다. 그런데 하루 종일 일 년 내내 흙 집짓는 교육이 계속되고 다른 프로그램은 존재하지 않는다. 그러나 내용적으로 들여다보면 흙 집짓는 그 공간에서 모든 다른 생활교육이 동시에 이루어지고 있는 것을 알 수 있다. 집 짓는 행위 자체가 곧 명상, 수행이며 곧 의식변화 과정이고 몸 살리는 역할이며 기술교육을 위한 과정이다. 그런가하면 경북 울진 왕피천에 자리하고 있는 한농복구회는 병든 땅을 복구해 내서 지구환경회복자는 목표로 설립된 생태공동체이다. 본 공동체의 한농천연농업대학과정이 제공하는 교육과정은 농업전공 하나이며 그 교육과정역시 농업관련 과목이 주를 이룬다.[17] 그 이외의 교육내용은 이미용, 수선, 컴퓨터, 정비 등 일상생활에 필요한 기본 기술교육인데, 공동체와 학교가 공동으로 중요시 하고 있는 인성교육은 서양공동체의 교육처럼 정해진 시간과 공간에서 이루어지는 것이 아니라 학교생활과 타 교육과정의 목표로 정해져 있을 정도이다. 즉, 시간과 공간적 구별 없이 인성교육이 진행되고 있다.

이처럼 국내 공동체들의 생활교육의 내용은 서양 공동체들과 유사하지만

17) 한농 대학과정에 대한 자료는 2005년 한농복구회를 방문하여 학장, 부학장과 인터뷰한 내용임.

교육형식에서는 차이가 나고 있음을 알 수 있다. 이는 한국형공동체의 생활교육의 모델을 제시함에 있어서 참고가 될 것이다.

6. 한국형 생태공동체의 생활교육 모델 제시

한국형 생태공동체의 전형이 뚜렷하지 않은 상태에서 '한국형 생태공동체의 생활교육 모델'을 제시하는 것이 적절치 않을 수 있다. 그러나 위에서 언급했듯이 공동체내의 생활교육은 해당 공동체의 설립 목표나 이념을 담아내는 틀과 같아 '생태적 삶'을 지향하는 생태공동체로서 보편적으로 이루어져야 할 생활교육내용이 필요하게 된다. 더불어 근본적인 생활교육형식 역시 큰 틀 안에서 유사성을 내포할 것이다. 본 연구에서 언급되는 한국형 생태공동체의 생활교육 모델은 위에서 거론한 내용들을 바탕으로 교집합적 부분을 모색해 보려 한다.

한국형 생태공동체의 생활교육내용은 위에서 거론한 새로운 생태적 삶의 근본적인 철학적 바탕을 인식시켜 줄 수 있는 의식변화 내용과 지속가능한 미래를 보장할 수 없는 기존 삶의 방식을 대체할 수 있는 고유대안기술을 함께 포함하고 있어야 한다.

의식변화교육의 내용에 포함되어야 할 기본적인 사항들을 꼽아 보면 다음과 같다.

첫째, 주체적 의식을 꼽을 수 있겠다. 자본경제주의를 근간으로 하는 현 문명에 대한 건전한 비판의식에 출발하는 생태적 삶의 방식은 경쟁사회의 부적응 자 또는 탈락 자(Aussteiger)로 분리될 수 있다. 도도한 흐름에 거역할 수 있는 自存에 대한 신뢰감과 自尊感은 주체적 의식이 확고할 때만 가능하기 때문이다. 또한 주체적 의식을 함양하기 위해서는 자아의 진정성 발견이 우선되어야 하기에 영성을 깨울 수 있는 명상과 수행(마음 다루기), 요가, 무예(몸 다루기) 등이 동반되어야 한다.

둘째, 사건의 현상과 본질을 구분하고 근본적 본질을 찾으려는 노력(끝없는 공부)이 필요하다. 문명이 변천, 생태공동체의 설립, 우리의 존재 등 무수한 사건들의 유기체적 관계에서 현상과 본질을 구분하기 위해서는 무한한 통찰력이 필요하리라 여겨진다. 이기적 믿음으로 전락해 버리는 배타적인 통찰력이 아닌 경계가 없는 통찰력 배양을 위해 깊이 고민하고 홀로 사색한 후 타인들과의 토론을 통해 보편적 가치를 완성시켜내는 과정을 교육내용으로 포함시켜야 한다. 특히, '생태', '환경', '녹색', '영성', '대안' 등 한갓 추상적인 개념의 단어로 지나쳐 버릴 수 있는 현상들이 내포하고 있는 본질을 인식하는 것은 첫 걸음이나 마찬가지이다. 예를 들어, 생태적 삶을 이루고 있는 요소는 무한히 많다. 그 무수한 요소 중 현상으로 나타나는 표면적 사건들과 사건들의 본질과는 분리되어야 대안적 사고체계가 가능해진다.

셋째, 다른 인식과 낯선 삶의 방식에서 새로운 것을 발견하고 체험하는 과정이 포함되어야 한다. 생태공동체의 삶이 '나 혼자 또는 우리만 잘 살겠다'가 아니다. '모두' 잘 살기 위한 대안을 제시하기 위해 먼저 살아 보는 것이다. 즉, 대안 사회의 운동성을 띠려면 타자 존중이 반드시 필요하다. 그러기 위해 다른 인식을 대함에 있어 편견과 아집 없이 다가갈 수 있어야 하며 익숙하지 않은 삶의 방식을 기꺼이 같이 살아 보는 체험을 통해 나의 삶의 방식을 비교/분석할 수 있어야 한다.

기술교육내용은 타 공동체 사례 연구에서도 보았듯이 의식변화교육의 내용을 벗어날 수가 없다. 위에서 분리하여 설명함으로써 분리가 가능한 다른 교육내용으로 보여지나 실상은 공동체의 근간을 이루는 공동체의식을 몸을 움직여 생산해 내는 작업에 불과하다. 따라서 의식교육의 기본적 내용과 기술교육 내용을 접목시켜 두 교육내용이 동시에 전해질 수 있는 효과적 과정을 개발해 내야 한다. 바로 여기에 공동체 설립 이념과 목표에 따라 교육과정 형태가 나뉠 수 있다. 예를 들어, 현실적 의식주 해결 방법을 위해 생협을 설립하여 생산자와 소비자를 묶어내는 마케팅 조직을 꾸려 갈 것인지 아니면, 지족을 통한 자급자족을 위해 품앗이 형태의 협동 노작을 선택할 것인지는 공동체에 따라 다르며 그에 따른 교육과정이 개발되어야 한다. 결과적으로 다른 교육과정이지만 근본은 '관계회복'이라는 본질에 다가가는 동일한 교육내용이라 할 수 있다.

구체적인 교육과정을 개발하는데 필요한 '도구'들을 키워드로 나열해 보면 다음과 같다.

대안 에너지: 대안에너지와 대체 에너지, 재생가능에너지와 지속가능에너지

대안 경제: 자치, 자립, 자족, 생협, LETS

대안 기술: 의(천연염색, 자체 디자인), 식(식문화는 문화의 기본), 주(생태건축)

대안 농업: 노작, 품앗이, 유기농, permaculture, 텃밭(쿠바농업), 퇴비, 뒷간

대안 교육: 생태교육, 홀리스틱교육, 전인교육

이제 위에서 거론한 교육내용을 담아낸 교육과정을 어떤 교육형식으로 전달할 것인가 하는 과제만 남겨 놓고 있다.

2.2 장 '생태공동체 생활교육의 형식'에서 언급했듯이 체계화된 교육형식으로 제시하는 자체가 시간적/공간적 범위를 한정할 뿐만 아니라 교육되어지고 교육해야 하는 의무와 책임이 부가되어 교육으로서의 폭력(?)적인 요소를 내포할 여지가 있어 조심스러워진다. 부연 기술할 필요가 있는 부분이라 여겨지는데, 만약 생활교육에 시간적/공간적 의미를 중요시한다면 과연 그 삶이 진정 생태적일 것인가 하는 의문이 생겨나기 때문이다. 생태적 생활을 살도록 강요해야 하고 또 그런 생활을 살아야 한다고 강요받는 그런 '생태적 삶'을 상상할 수 없듯이 생태적 삶을 교육형식으로 담아 내어 '이것만이 생태적 삶을 사는 방식이다'라고 교육할 수 있을까?

결국, 진정한 '한국형 생태공동체'내의 생활교육은 의식변화와 고유기술이 함께 어우러져 시간적/공간적 제한 없이 삶속에서 가르치고 배우는 교육형식을 갖추어야 한다고 여긴다.

그러나 인위적으로 설립되는 공동체에서의 교육형식은 다른 모습이어야 할 것이다. '인위적인 한국형 생태공동체'내의 생활교육을 구성하기 위해서는 구성원별 교육이 가능할 수 있는 구체적 방법을 모색해야 하며, 필요에 따라 독일 생태공동체의 생활교육과정을 참조하려 한다.

발도르프 교육학에서는 교육대상의 연령에 따라 즉, 인간의 발달 단계에 따라 적합한 교육과정을 제공하고 있다. 영유아기(0～7세), 아동기(8～14세) 그리고 21세까지인 청소년기로 구분하고 있다. 대략 7년을 단위로 나타나는 특징적인 발달 단계로 인간의 신체, 영혼 그리고 정신의 변화와 긴밀하게 결합되어 있다. 이는 인간의 진화과정이 세계, 우주의 진화와 깊게 관련돼 있다는 인식에서 비롯한다. Sieben Linden이나 ZEGG, 국내의 한마음공동체, 산내마을 등에서는 영유아기에 해당하는 유치원과정의 자체 교육과정만을 제공하고 있고 그 후 교육과정은 제도권교육과정에 위탁하고 있는 실정이다. 아동기와 청소년기의 생활교육을 공동체 외부에서 동일한 연령층과 함께 수행하는 것도 고려해 볼 수 있겠으나, 정신적 성장과정과 영적 발달과정이 활발한 시기에 일률적 가치 주입식 교육은 부적당하여 다양한 자연물체와 자연현상의 변화를 몸과 마음으로 느낄 수 있는 공동체내부교육과정이 바람직하다. 그러나 현실적 상황을 들여다보면 이런 제의는 이론적인 공허함인 듯하다. 물론, 전체 교육과정을 공동체가 자체적으로 수행할 수 있는 모델을 제시할 수 있다. 최근 들어 홈스쿨링이나 교육생협 그리고 이 연령시기에 해당하는 지역공동체의 대안교육모델들이 제시되고 있다. 특히 이 연령시기가 의식 가치에 민감하게 반응하는 단계여서 공동체내에서 해당 공동체가 추구하는 삶의 이념을 인식하기에는 어쩌면 꼭 필요한 기간이기도 하다. 그럼에도 불구하고 이 연령시기의 구성원들을 외부 제도권교육기관에 위탁하는 것은 아동기나 청소년기의 교육과정마저 공동체 내부에서 수행할 경우 외부와의 접점 가능성이 줄어드는 것을 우려하기 때문으로 여겨진다. 유사한 가치인식을 공유하고 있는 공동체 구성원간의 관계에서는 다양성 차별의 한계가 존재하게 된다. 이는 더 다양한 인식체계의 세계에서는 편협성으로 나타날 수 있기 때문이다. 다양성에 대한 올바른 이해는, 옳다고 여기고 있는 가치인식의 전문적 깊은 사고와 오래된 경험이 아니라, 옳지 않다고 여겨지는 또 다른 가치에 대한 이해 노력과 함께 비교/분석 그리고 공통점으로부터 함께 할 수 있는 가능성 모색이라고 여겨지기 때문이다.

위에서 열거한 편협성에 대한 문제를 극복하기 위해 실행되는 과정들을 기존 공동체에서도 흔히 볼 수 있다. 독일 Ökodorf Sieben Linden 공동체에서는 매주 외부인들을 공동체로 초청하는 'Café Sieben Linden'이라는 시간과 프로그램을 마련하여 외부와의 접점 가능성을 모색하고 있다. 또한 공동체 내부의 일반적인 기본 의식주 관련 작업에도 일반인들의 참여 기회를 제공하여 재정수입과 서로 함께 나눌 수 있는 가능성을 제고하고 있다. 물론, 공동체 구성원들 간의 밀도 높은 내부성찰로 이 문제를 극복하려는 시도들도 있다. 특히 종교적 성격을 강하게 띠는 공동체들에서 비슷한 경향을 읽을 수 있는데, 빈번한 외부인과의 접촉으로 공동체가 추구하고자 하는 근본 가치인식의 변화와 공동체 일상생활의 시간적 제약을 염려한 결과로 여겨진다. 공동체의 유래와 역사적 변천을 살펴봐도 이와 유사한 공동체들이 존재했었다. 극단적인 예로, 심지어는 공동체적 생활을 충실하기 위해 개인적 시간을 필요로 하는 개인 가정 구성 및 2세 양육을 배척하는 공동체 시도도 있었다.

결론적으로, 공동체 성격을 어떻게 결정할 것인가에 따라 교육형식이 달라질 수밖에 없겠지만, 해당 공동체가 외부와의 교류와 내적 성찰 중 어느 가치를 택할 것인가라는 고민보다 두 가치를 어떤 비율로 조화롭게 이루어 갈 것인가를 선정하는' 것이 중요할 듯 하며 그 결정에 따라 이 연령단계의 교육형식을 조정하면 된다.

예를 들면, 영유아(0~7세)의 생활교육 목표를 '발견하기'로 정하고 '함께 놀기'를 교육형식으로 가져가고, 7~14세의 아동인 경우는 '관계 맺기'라는 목표를 위해 '함께 대화하기'로, 청소년기(14~21세)는 기술교육에 대한 필요성이 강조되어 교육목표를 '함께 하기'로 정하고 함께 만들어 가는 형식을 취하는 것이 적당하리라 여겨진다. 물론, 공동체의 새로운 구성원들은 일반인으로 분류하여 '이해하기'라는 목표 아래 토론과 함께 하는 노작으로 교육형식을 선택해 본다. 이때 새로운 구성원들도 본인 나이에 맞는 교육과정을 선택하면 된다. 새로운 구성원을 일반인으로 편성한 까닭은 새로운 구성원에 대한 별도의 생활교육 프로그램을 마련하지 않고 함께 하는 일상생활에서 터득하는 것을 기본으로 하고자 함이다.

7. 나오는 말

이상으로 '한국형 생태공동체'내의 생활교육의 내포하고 있어야 할 의미와 형식을 탐구해보고 국내외 타 공동체의 생활교육을 사례 검토하여 그 모델을 모색해 봤다. 생태공동체의 성격에 따라 형식과 전달 방법에 다소의 차이는 불가피한 것이지만, 생태적 삶을 살아 내는 공동체적 생활을 위한 기본적인 교육내용은 별 차이가 없으리라 여겨진다. 위에 제시한 생활교육의 모델은 이러한 관점에서 출발하여 공동체 구성원들을 위한 교육으로 한정하였으나, 이러한 교육내용과 교육과정은 공동체를 넘어 기존사회에 대+안교육의 장으로 유입될 수 있고, 또 유입되어야 할 필요성이 있다.

이러한 교육의 유출입은 지리적으로 고립될 수도 있는 생태공동체를 기존사회, 구조와 만나게 해주는 접점 역할을 하며, 역으로 산업사회가 발전되오며 잃었던-잘 못 진보돼 온-부분을 수정·보완할 수 있는 계기를 제공할 수 있다는 점에서 그 생태공동체의 생활교육의 파급효과는 가치 판단과 함께 책임 역할이 강조되어져야 한다.

참고 문헌

국중광 · 박설호, 『새로운 눈으로 보는 독일 생태공동체』, 월인, 2005.
김우창 외, 『21세기의 환경과 도시』, 민음사, 2000.
한기철, 『교육학 개론』, 박영사, 1984.
박여만 외, 『홀리스틱 교육의 원리와 방법』, 엘리트, 2002.
생태공동체운동센터, 『한국의 공동체와 공동체운동』, 2004.
시민환경연구소, 『생태도시로 가는 길』, 도요새, 2001.
이노우네 토시히코 외, 유영초 옮김, 『세계의 환경도시를 가다』, 사계절, 2002.
이종태, 『대안교육과 대안학교』, 민들레, 2001.
이해명, 『교육과정 이론』, 교육과학사, 2000.
정윤경, 『발도르프 교육학』, 학지사, 2004.
쥔케바이 외, 김용환 옮김, 『루르 루돌프 슈타이너 학교 II』, 밝은누리, 1976.
한국불교환경교육원, 『생태위기시대의 공동체 운동』, 1998.
환경부, 『생태마을 활성화 방안 연구』, 2004.

Kayser, Martina/Paul-Albert Wagemdnn, frei ist die Waldorfschule, Wilhelm Heyne Verlag, 1991.
Lindenberg, Christoph, Rudolf Steiner, Rowohlt Taschenbuch Verlag, 1992.
Lindenberg, Christoph, Waldorfschulen, Rowohlt Taschenbuch Verlag, 1998.
Monse, Flo, Yankee Communes, Harcourt Brace Jovanovich, 1971.
Randoll, Dirk, Waldorfpädagogik auf dem Prüfstand, VWB, 1999.

문화활용을 통한 생태마을 만들기

독일 생태공동체의 비판적 적용을 통한 한국형 문화활용 연구

전 선 자 (한신대학교)

1. 머리말

세계문화의 지평에서 볼 때 생태적인 인식에서 출발한 문화활용은 동서양이 서로의 영향 관계없이도 이미 자생적으로 이루어져 왔다. 또한 급속한 산업화로 외향적인 수입문화 확산으로 해체되어 가는 고유문화와 기술 의존에만 따르는 삶의 양식에 대한 우려, 그리고 기계론적 자연관에 입각한 근대주의적 사고에 대한 비판은 동양과 서양 모두에서 가치관과 세계관을 '생태적인 생활문화'와 '순수자연관'에 기초하도록 이끌었다. 이제 생태적인 생활실천의식은 세계 어디서나 볼 수 있으며, 또 더 확실한 인식확산을 위해 사회적 유대관계 속에서 생태적인 문화활용을 적극 장려하고 있다. 그러나 국내에서는 그동안 생태적 의식과 인식이 빈약해, 생태적인 문화활용은 종종 작은 마을 단위의 공동체 내에서나 작은 지역자치단체 내에서 초보적인 단계로 이루어져 왔다. 그러나 2004/5년부터 '마을 만들기' 추진사업 등에서 '생태적인' 지역 만들기가 최종적인 목표로 추진되면서, 이에 대한 담론은 끊임없이 이어져 오고 있으나 실천은 아직 묘연한 상태에 있다.[1]) 반면 독일과 같은 나라에서는 90년대부터 이미 주민 스스로에 의해 생태 인식과 실천이 전원 속에서나 도시생활 속에서 공동체를 형성해 지속적으로 생활화하고 있다. 그들은 다양한 생태적인 문화활용을 통해 그들 공동체의 일체감에 힘을 실어 주며, 동시에 지역사회 내에서도 공익적인 보편성에 기여하는 등 사회적으로 생태적 연대감을 조성하고 실천을 강조하는 생활문화를 만들어 가고 있다.[2)]

국내에서도 요즘 (정부에서 이미 국토균형개발위원회를 발족 하는 등) 한국사회의 미래를 새롭게 디자인하기 위한 사업으로서 '생태적인 마을 만들기'를 통해 지역사회 속에서 그 가능성을 찾고 있다. 이미 적지 않은 지자체의 사람들이 그동안 막연했던 거대담론에서 벗어나 실생활 안의 경험과 지혜를 통해 자신의 삶을 생태적으로 올바르게 다뤄가는 방법을 찾고 있다. 동시에 사회를 움직이는 원동력이 이제는 어떤 특정 이념이나 인물이 아니라 사회의 모든 구성원이며, 이 다양한 구성원들이 주체가 되어 자립적으로 자신의 희망을 만들어 가야 한다는 인식도 함께 하고 있다. 그런 가운데, 주체의식이 뚜렷한 많은 현대인들이 특히 자신이 몸담고 있는 사회가 이제는 개발과 성장이라는 일변도에서 벗어나 삶에 활력을 줄 수 있는 다양한 실생활문화 영유와 희망을 느낄 수 있는 사회문화를 절실히 원하고 또 창조하고자 한다. 그리고 이러한 문화와 소망이 이제까지 보아왔던 것처럼 정부나 기관이나 기업체가 내놓는 정략적인 정책이나 제도에 의해서 이루어지는 것이 아니라 구성원 한 사람 한 사람이 주체가 되어 스스로 만들어 가야 하는 변화 즉 '아래'로부터의 변화가 동반되어야 한다는 사실도 자각하고 있다. 그러나 이러한 각성

---

1) 한신대학교 학술원 소속 생태공동체 연구팀은 국내의 생태적인 마을에 관한 현장조사와 인터뷰, 그리고 연구모임을 위해 2005년 11월 홍동 <풀무학교>와 <문당리>마을과 <생협> 등을 방문했으며, 2006년 6월 인제군 <DMZ>와 부귀리 <생기마을>, 7월 장성군 <한마음공동체>와 <영농조합>을 방문했다. 그리고 본인은 8월에 개인적으로 평창군 <성필립보 생태마을>과 무안군 <월선리 예술인촌>을 탐방하고 인터뷰를 하였다.

2) 이에 대한 연구가 2005년에 선행되었다. 전선자, 「생태사회문화를 위한 대안적 예술문화: 독일생태공동체 예술문화의 고찰을 통해서」, 『한국비교정부학보』 9(2), 2005, 67~90쪽.

은[3] 이미 그 전부터 활동해 오던 종교・시민단체가 이끄는 지역생태공동체가 지역단위의 생태환경개선운동과 감시, 그리고 자체의 사업추진 과정에서 체험한 실패와 반성과 성찰, 그리고 재도전을 통해 얻어 낸 것들 중 하나이다. 이를 토대로 지금도 여러 지역에서 '생태적인 마을 만들기', '살기 좋은 지역 만들기'라는 사업으로 전개해 현재 한창 진행 중이다. 마을발전계획을 세우며 진행 중인 이런 사업들은 주민의 '자발적인' 참여를 유도해 가며, 주민을 위한 주민에 의한 '주민 주도형' 마을사업을 추진하려 노력하면서, 주민의 협동으로 이루어지는 사업의 결과를 마을공동체가 함께 책임지는 '마을 주도형' 사업방식으로 목표를 확대해 가고 있다. 그러나 이를 현실화시키기 위해서는 현재 모든 마을에서 주체의 '역량확대'가 필요하다. 주체의 역량확대는 지도자뿐만 아니라 지역 주민 '전체'를 위한 것이다.[4] 그렇다면 이런 역량확대와 강화는 다양한 측면에서 모색되어야 할 것이다. 그중에서도 특히 지역생활문화를 활성화하여 고유문화 아이템으로 만들어 낼 수 있는 '문화활용'에 관한 지식과 그 운영시스템, 그리고 이에 관한 평생교육 차원의 '교육'이 절실히 요구되고 있는 상태이다. 이에 관한 문화내용은 신지식이나 세계적인 경영방식에 걸맞은 문화항목이 절대 아니다. 오히려 산업사회 내에서 찾아보기 힘든 '대면집단(對面集團)'의 문화 속에서 찾아내는 것이다. 즉 몇 백 년 동안 같은 지역에서 영유해 온 실생활이자 현재도 자신과 마을공동체와 지역사회가 함께 누리고 있는 그 지역의 고유문화에서 찾아내야 할 것이다. '마을 만들기' 주체들은 이런 고유문화를 스스로 '창출'하여 '활용'하고, 그리고 그것을 스스로 지키고 홍보하고 또 그 문화를 보고 싶어 찾아 올 수 있게 만드는 능력을 갖추어야 할 것이며, 바로 이에 대한 '교육'이 요구되는 것이다. 그러므로 '희망을 찾는 사람'으로서 지역의 주체들(주민들, 공동체 구성원들)은

---

3) 지금 지방자치제가 시행된 지(1995부터) 10년이 넘게 지났지만 애석하게도 지방자치제도 내에서 이러한 각성이 아직까지 표출되지 않은 것으로 알고 있다.

4) 이와 같은 사실들은 2006년 11월 21일 서울 대우센터 컨벤션홀에서 <희망제작소> 주체로 열린 "한・일 '지역만들기' 지원제도의 현황과 과제"라는 제목의 한・일 컨퍼런스에서 재확인할 수 있었다.

그들 삶의 가치와 목표와 희망을 작은 대면집단 즉 지역공동체 속에서 찾고, 그 안에서 초심을 잃지 않으면서 생태계 회복과 보존을 염두에 둔 정신적이고 전통적인 문화를 활용해 '살기 좋은' 마을 만들기를 추진해야 할 필요가 있다.

이러한 국내 상황과 문제의식 속에서 본 연구논문은 '독일 생태공동체'에 관한 선행연구와 연계해 독일 생태공동체들의 자치적인 주민참여를 지속가능하게 만드는 생태공동체의 지킴이격인 <10가지 지침>을 분석하고, 이를 '한국형 생태공동체 · 생태마을의 모델연구'를 위해서 어떻게 비판적으로 적용할 것인가를 국내의 문화활용 사례와 그 교육에 관한 고찰을 통해 살펴보고자 한다. 그럼으로써 마을공동체 내에서 '주민 주도'의 문화활용이 가능한지 또 그것이 지역사회 내에서는 공감대를 이루어낼 수 있는지, 이로써 어떻게 그들을 서로 결속시켜낼 수 있는지를 함께 밝혀보려 한다. 국내에서 비교적 성공적 사례라고 할 수 있는 전남 무안군의 <월선리 예술인 촌>(1990부터)[5]과 그동안 생태공동체로서 널리 알려진 전남 장성의 <한마음공동체>(1986부터)와 강원 평창군의 <성필립보 생태마을>(2000설립), 그리고 <한국DMZ평화생명동산>을 기획추진하고 있는 춘천시 북사면 부귀리의 <생기마을>을 조사 분석하여 한국의 토색적 생태의식을 간직한 한국형 문화활용의 가치와 목표, 그리고 역할을 밝혀, '살기 좋은 생태마을 만들기'의 방향과 해결해 내야할 문제점을 제시하고자 한다.

---

5) '마을 만들기'에서 문화활용은 문화항목과 활용목적, 그리고 그 가치를 마을공동체의 결속과 발전이라는 측면에서 연구되어야 하므로 '마을 만들기'에 능동적으로 참여한 예술가들의 주관적인 작품 활동이나 작품의 미적 경향 등은 여기서 다루기보다는 별도로 연구되어질 것이다.

2. 독일 생태공동체의 문화활용과 국내 마을공동체의 문화활용 비교

2.1. 독일 생태공동체형성에 관한 10대 지침과 문화활용 사례

2004년 공식적인 통계집계에 의하면 독일 내에는 144곳의 생태공동체가 존재한다.[6] 모든 공동체는 각 공동체가 추구하는 가치와 목표 외에 공통적으로 갖는 마인드가 있다. 이를 위해 독일 생태공동체들은 그들 삶의 가치차원에서 세계적인 네트워크(GEN, Global Ecovillage Network)를 형성해 공동체발전을 위한 세미나와 실험을 해마다 꾸준히 하고 있다. 이런 관점에서 그들은 공동체기능을 위해 어떻게 활동해야 하는지 또 구성원 사이에는 기본적으로 어떤 공동체정신을 간직하야 하는지를 <공동체 형성에 관한 10가지 지침들(10 Thesen zur Gemeinschaftsbildung)>[7]을 만들어 공동체 가치이념에서 이탈함이 없도록 늘 상기시킨다. 이 지침들은 독일 공동체프로젝트(Die deutschen Gemeinschaftsprojekte, "Come Together")와 GEN조직과 그 외 생태공동체의 여러 협동과정(1993∼1999)을 통해 작성된 것이다. 이 10가지 지침 속에는 그들의 '생태적인 마을공동체 만들기'의 핵심사상이 들어있다. 그러므로 이 지침들은 마을공동체 생활 속에서 '협력'을 통한 새로운 정신문화를 창출할 수 있도록 공동체 구성원을 지속적으로 각성하게 만드는 역할을 한다. 이를 살펴보면,

첫 번째는 '연대감(Verbundenheit)'이다. 공동체는 단체로 이루어져 있다고 해서 또 그 그룹에 속해 있다고 해서 공동체라고 정의 내려지는 것은 아

6) Peters, Volker & Stengel, Martin(Hrsg.), *eurotopia: Gemeinschaften und Oekpdorfer in Europa.* Poppau, 2004, pp.78∼80.

7) Halbach, Dieter, "Die Regenbogenkraft von Gemeinschaft; Zur Bedeutung von gemeinschaftlichen Leben in der heutigen zeit", 「*eurotopia: Gemeinschaften und Oekpdorfer in Europa*」, pp.21∼33 특히 pp.28∼30 참조 바람.

니다. 오히려 타인과 타인의 생활과 함께 연대감을 갖는 정신적인 자세 바로 그 자체를 말한다. 공동체는 언제나 자신의 내면적인 일과 개방에 의해서 새로이 다시 만들어져 가는 것이다.

두 번째는 '구속력 또는 책임감(Verbindlichkeit)'이다. 공동체가 갖는 근본적인 목표와 가치에 대해 표현하자면, 그것은 뜻을 같이 하는 사람들이 모여 서로 현시적으로 그들의 창조력과 창의력이 '협력' 속에서 사용될 수 있게끔 기여하는 것이다. 어떤 약속이든 명확한 즉 책임지는 약속은 여러 삶의 계획을 좌절시키는 것을 근본적으로 방지한다. 공동의 목표 내에서 또 책임감을 갖는 구속력과 개인적인 방식 안에서 '연대감'은 서로를 요구하고 또 상호 지원한다.

세 번째는 '자발적인 참여와 협력(Eigene Beteiligung)'이다. 공동체는 내가 적극적으로 동참할 때 또 내가 내 모든 인격과 함께 확실하게 예(Yes) 그리고 정확하게 아니오(No)를 두려워하지 않고 표명할 때만 성립될 수 있다. 공동체 구성원들이 그렇게 행하지 않는 한, 공동체와 그 결속은 '타인'에 대해 텅 빈 연출로 남는다. 그들의 표현을 빌리자면, 이것은 자신이 '주연' 배우가 되기 위해서 맨 뒷줄에서 혹평가로 초대받는 것과 같다.

네 번째는 '개성(Individualität)'이다. 공동체는 개성적인 사람들을 제한하거나 또는 상위 그룹의 정체성에 동화하기 위해 형성된 것이 아니다. 생태적인 마을공동체는 그 구성원의 차이를 인정하고, 그들의 강점과 약점을 모두의 다양성으로 인정하는 그런 기대에서 성립된 것이다.

다섯 번째는 '다양함 속의 일치(Einheit in der Vielfalt)'이다. 공동체의 구성원들이 다양하고 강하다면, 공동체는 다각적인 관계의 그물망에 의해서 더 저항력이 강해지고 또 더 활기차고 생생해 진다. 동식물의 생활공간에서처럼 공동체의 정신과 참뜻은 서로 간의 보충과 협동이다.

여섯 번째는 '정신적인 연대감 조성(Innere Gemeinschaftsbildung)'이다. '다양함 속에서 일치'를 외적으로 인지하는 능력은 다양한 본질로서 자기 자신을 내면적으로 인식하는 것과 같다. 바로 '나는 여러 본질을 갖는다'라는 인식과 일치하기 때문이다. 협력해야 하는 그룹에 대한 이견이나 소위 종종 다툼으로 갈라진 그리고 분열된 내면적인 입장의 이해와 통일은 공동체 외부의 경쟁자들과 함께하는 개방된 환경에 대한 전제조건이다. 부동적(완고)하고 융통성이 없는 자기 계획은 공동체의 연대감에 방해가 된다. 개방적인 자기 자신에 대한 계획은 전체 조직 속에서 서로 다른 역할을 받아들이고 또 서로를 보충하는 것을 가능케 한다. 이로써 “우리는 하나다(Wir sind eins)”라는 것이 존재하게 된다.

일곱 번째는 ‘실험적인 사회형태(Experimentelle Gesellschaftsgestaltung)’이다. 공동체는 모든 구성원이 ‘하나’가 된 상태 안에서 자신의 변화와 사회의 변화임을 보여준다. 공동의 대화에서 인간적으로 모순이 없는 또 객관적이고 공평 타탕한 새로운 해결책을 발견할 수 있기 위해서는 삶의 어느 분야도 또 느낌의 어느 부분도 제외 되서는 안 된다. 특히 내밀한 인간적인 문제들은 개인적인 구속에서 내면적인 문제의 해결가능성을 찾기 위해서는 또 감정의 해침(모욕감)을 해결하기 위해서는 서로 간에 지각된 상태에서 깨끗이 치유하는 빛(힘)이 필요하다.

여덟 번째는 ‘상호 간의 신뢰구축(Vertrauensbildung)’이다. 세상을 타인의 입장에서 또는 열린 마음에서 보고, 그리고 자신을 포기하지 않으면서 스스로를 비우는 능력은 신뢰와 동정을 느끼기 위한 토대가 된다. 공동체는 신뢰할 수 있도록 정직하고 또 매도하지 않는 의사소통과 관계 속에서 성립한다. 서로 다름 속에서 그 다른 것에 목적을 두고 누가 그 형상과 가능성을 갖기를 원한다면, 그는 자신의 부족함과 그 문제에 대해 편협하고도 불필요한 것에 정성을 쏟는 일이 된다. 그것보다는 오히려 우리 사이에는 서로 다름이 넓게 있음을 인정하고 또 넓은 시야 속에서 우리 스스로를 인지하는 것을 배울 수 있음을 알아야 한다.

아홉 번째는 ‘구상과 기획 그리고 실망(Projektion und Enttäuschung)’이다. 공동체에 대한 동경은 공동체의 연대를 현실화 시키는 능력을 갖추는 관계와 과정에서 종종 정반대에 놓이게 된다. 자신의 기대를 충족시키는 대신 또는 허점을 채우는 대신, 공동체는 오히려 구성원 자신에 대한 거울이며 또 자신의 발전에 대한 도전이 됨을 알아야 한다. 누가 <우리>를 찾으며, 그는 <자신>을 찾을 것이며, 반대로 <자신>을 발견하려 하면, 그는 <우리>를 발견할 것이다.

열 번째는 '고향(Heimat)'이다. 먼저 내가 공동체 안에서 가식이나 꾸밈없이 또 순응하는 것 없이 나 자신 바로 그 자체로 머물 수 있다면, 나는 공동체 안에 도달해 있는 것이다.

공동체 일원으로서 자각된 편입이 내면에서부터 일어난다면 또 공동체구성원 개개인이 스스로를 개방하고 그 세계 속에서 공감을 얻는다면, 위의 지침들을 이해하고 실천하는 공동체는 계속적으로 생길 것이라고 독일의 생태공동체 사람들은 말한다. 왜냐하면 상호 간의 연대감은 (개인주의적인 것에서 벗어나려는) 이 시대의 한 경향이기 때문이다. 오늘날 우리는 이런 연대감을 마을공동체 안에서 또 사회문화적인 운동 안에서 그리고 인간적인 발전 안에서도 역시 인지할 수 있다. 그와 같이 <공동체 형성에 관한 10가지 지침들>은 현재 독일 생태공동체 구성원들의 삶과 문화를 형성해 주는 핵심요소가 된다. 다시 말해서, 이를 바탕으로 그들은 자신들의 정신적 문화적 활동의 방향과 목표를 설정한다. 즉 그들은 인간과 지구가 거대한 우주의 한 부분임을 인지하며, 한 생명체로서 생태계 내의 모든 존재와 함께 조화롭게 살아가는 것을 추구한다. 그러므로 전통적인 의식과 축제, 그리고 자연의 주기적인 순환을 따르며, 그 안에서 즐거움과 소속감을 느끼려 한다. 창조적인 예술표현에 있어서도 우리와 결속된 우주의 일치를 표명하며, 세계적인 협력 관계 속에서 서로 다른 문화를 존중하며 또 영성적인 시야를 넓혀 영성적인 표현을 갖는 모든 형태들을 이해하도록 노력한다. 이는 개인적인 깨달음과 성장을 도모시켜 주며 동시에 통합된 영성적 실천을 유도한다. 따라서 이러한 문화적 영성적 원칙을 통해 생태공동체들은 모든 문화적 전통을 부흥시키려 노력한다. 이런 관점에서 독일 생태공동체가 어떤 문화활동을 어떤 범위 안에서 어떤 목적으로 어떻게 펼쳐 왔으며 지금도 활용하는지를 살펴 볼 것이다.

선행연구에서 이미 논의되었던 독일 구동독지역에 형성된 세 생태공동체를 선정해 비교할 것이다.[8)] 이 지역에서 공동체 설립의 가능성은 모두 통일(1989) 직후 저렴했던 부지구입비용과 당시 절실히 요구되었던 동독지역의 생태계 복원의지가 있었기에 가능했다. 이 세 생태공동체의 문화활동과 활용범위와 주제를 도표로 만들어 보면,

<표 1>

생태공동체 명칭	<젝> <ZEGG>(Zentrum für Experimentelle GesellschaftsGestaltung)	<일곱보리수생태마을>과 <클럽99> <Oekodorf Sieben Linden>과 <Club99>	<예술인생태공동체(K77)> <Vereinigte Varben WaWaVox>
소재지	Luxemburgerstrasse 89, 14806 Belzig	38486 Poppau(Bandau)	Kastanienallee 77, 10435 Berlin
설립시기	1991	1993	1992
주거문화	기존의 문화재보호에 속한 건축물 사용, 부지의 생태적 활용에 힘씀, 생태계 순환을 돕는 상하수도 시설과 연료사용.	기존의 대형 농가를 생태적으로 변환시키고, 새로운 생태중심적인 건축물 축조 중. 생태화장실을 비롯한 주거환경에 필요한 여러 건축요소를 실험연구하고 또 개발함.	19세기 말의 문화재보호에 속한 아주 낡은 건물을 생태학적으로 개조함.
식생활문화	퍼머컬처[9)]	퍼머컬처	유기농산품 구입
문화활용 범위	공동체 내, 지역사회와 국제적 관계 속에서.	공동체 내에서 집중적, 외부 건축전문가와 밀접한 교류.	공동체 내, 지역사회문화와 긴밀한 관계.
문화활용에 관한 중심주제	국제적인 생태문화중심센터, 또 실험적인 대안사회 형태 연구센터로서 여름마다 열리는 국제 세미나를	생태건축 연구와 생태공동체 생활에 관한 연구와 저술활동. 생태유아교육과 생태영성생활에 관한 실험	자연의학에 바탕을 둔 신심단련프로그램과 미술, 퍼포먼스, 디지털영상기술.

8) 전선자, 「생태사회문화를 위한 대안적 예술문화: 독일생태공동체 예술문화의 고찰을 통해서」, 『한국비교정부학보』 9(2), 2005, 67～90쪽 참조 바람.

	위해 다양한 주제가 해마다 선정되고 연구 발표됨.	과 연구와 개발.	
문화활용 분야	미술가, 음악인, 도예가, 작가 등이 갖는 세미나 그룹과 국제적인 활동으로 회화, 금속조각미술, 부지형상화, 벽화, 미술공예, 도자기, 멀티미디어 퍼포먼스, 사진, 출판 등.	생태계 연구을 통한 실험적 생태건축이 주된 활동. 그 외 생태공동체생활에 관한 생태학적 자연미학을 문화인류학적 심화연구. 생태공동체에 관한 저술활동(「eurotopia」주저술, "Come Together"운동을 이끔)	자연의학, 요가, 모던댄스, 아프리카 댄스, 타이치, 기공, 즉흥 퍼포먼스, 도자기, 비디오예술, 뮤직비디오, 디지털영상기술, 다큐멘터리 제작, 예술활동 컨설팅.

선행연구에서 이미 밝혔듯이 독일뿐만 아니라 세계의 모든 생태공동체문화는 생태적으로 상생하는 새로운 인류문화를 형성하는 것이 궁극적인 목표이다. 자발적으로 생태공동체에 입주한 의식화된 공동체 구성원들의 사상을 일상 속에서 인지하도록 만들고 또 지속적으로 발전시키기 위해 다양한 문화가 활용되고 있음을 위의 <표 1>을 통해 일목요연하게 볼 수 있다. 이들 공동체에서는 이윤추구란 없으며 모든 것이 자급자족체제로 이루어진다. 그러므로 경제이변이나 인플레이션 등과 같은 경제적 쇼크는 이들에게 영향을 줄 수가 없다. 사회복지 체제도 국가가 마련한 기본 틀에 부족한 것은 스스로 공동체 내에서 해결한다. 아직까지 물질적인 부족으로 불편과 불만을 토로하지는 않았다고 한다. 그런 가운데 모든 세부 문화영역이 상생하는 생태문화의 달성을 위해 추진된다. '일상'과 직접적으로 접목된 이 문화는 지금도 '실험적인 통합문화 활용'으로서 의지적으로 실행되고 있으며, 또한 인간중심적이 아닌 생태중심적인 가치관과 생태학적 자연미학은 그들의 문화활용 과정에서 공동체 생활을 성찰하게 해 주는 기준이 되어 주어서, '생태영성적인 자각'을 돕는다.[10] 그래서 그들의 문화활동은 동시대 문화를 대변하고 현 다원주의 문화

9) 영속적인 유기농업을 하는 문화.

10) '생태예술문화에 있어서 영성적 관점'에 관한 것으로서 전선자, 위의 논문, 67~90쪽을 참조 바람.

의 양상을 뚜렷이 나타내고 있다. 이런 예술적 문화적 매개체의 활용은 궁극적으로 공동체 내의 '정신적 연대감'을 형성시켜주는 데에 기여하고 이런 내부적인 결속을 통해 그들 삶의 가치를 향상시켜주는 중요한 '구성요소'로 작용하고 있다.

2.2. 한국 생태마을 만들기에서 문화활용 사례

공동체 구성원의 자발적인 참여로 생태공동체가 설립된 독일의 경우와는 달리, 국내의 사정은 거의 낙후된 농촌을 살리고자 하는 의지에서 시작된 '마을 만들기 운동'에 유기농산물의 높은 부가가치가[11] 소득을 증진시킬 수 있는 유일한 방법임을 인식하면서 '생태적인 마을 만들기'가 확산되기 시작했다. 농산물 수입개방과 FTA협정 등으로 밀려드는 저렴한 외국산 농산물에 대처할 방법은 안전한 먹을거리인 '유기농산물'로 우리 생태계에 대한 자각을 심화시켰고, 서서히 주민 스스로 <생태적인 마을>을 마을개발계획의 목표로 설정하도록 만들었다. 그렇다고 누가 지금(2006) 국내에 완벽한 '생태공동체'가 존재하는가라고 묻는다면, 대답은 '없다'이다. 그러나 비록 국내의 생태인식과 실천은 아주 미흡한 단계에 있지만, 생태적인 의식과 공동체적인 자의식이 있는 마을 지도자들에 의해 희망을 가져볼 필요가 있다. "사회가 살아있는 유기체로서"(Joseph Beuys, 김대호,) 끊임없이 변화를 하듯이, 마을도 사람도 지역의 생태환경과 마을에서 일어나는 일과 함께 시대의 흐름 속에서 유

11) 장성의 <한마음 공동체>나 홍동의 <문당리> 마을공동체에서 이미 10여 년 전부터 우렁이농법과 오리농법을 각각 활용해 유기농 체제로 전환을 꾀하였다. 이런 아이디어는 주민의 생태에 관한 인식에서 나온 것이 아니라 마을지도자가 농약과 살충제로 망가진 땅에서는 마을의 비전을 볼 수 없음을 깨닫고, 무엇보다 먼저 땅을 살려야 함을 깨닫고, 유기농법으로 (이전(移轉)이 5~6년 걸리고 또 소출이 아주 낮은 전환기가 됨에도 불구하고 고육지책으로) 강하게 밀어붙여 실행된 것이다. 다행히 같은 시기에 부가가치가 높은 유기농산물생산 장려와 지원이 국가적 차원에서 있었기에 또한 가능했다. 그러나 지금도 노인층이 대부분인 마을주민에게 이런 지도자의 카리스마가 없다면 (비료와 농약을 사용해) 쉽게 농사짓는 방법으로 되돌아가는 것은 시간문제이다.

기적인 관계를 맺으며 늘 변화를 맞고 있다. 현재 마을지도자들은 자신의 지역이 생태적으로 훼손 된다면 마을이든 사람이든 생태적인 악순환의 고리에서 벗어날 수 없음을 잘 알고 있다. 그러므로 '살기 좋은 마을 만들기' 기획에서 '생태적인' 마을 만들기는 필수전제조건이 된다. 그럼에도 그런 지도자가 있는 마을들도 그간 여러 차례의 시행착오를 거치면서 또 행정편의주의와 토호세력을 견제하면서 '주민에 의한 주민을 위한' 생태마을을 만들고자 고군분투해 왔다. 그러나 모든 주민의 의식이 지도자의 생각과 함께 하기에는 시간이 여전히 필요한 상태이다. 그래서 그들은 지역의 생활문화에서 고유한 특성을 찾아, 그것을 마을의 문화항목으로 개발해 문화활동으로 장려하고 있다. 왜냐하면 이런 문화활용은 마을공동체 주민들에게는 자긍심과 정체성을 심어줄 수 있으며, 또 이런 문화아이템은 어느 정도의 수입을 보장 받을 수 있는 문화상품이 될 수 있다. 또 이것은 외부에 마을에 대한 홍보와 인지도를 높이는 계기가 될 수 있을 뿐만 아니라, 더 중요한 것은 문화활동 속에서 활동주체의 의지와 지향이 주민의 자치활동과 일치를 이룰 수 있기 때문이다. 그러나 이런 문화사업을 추진하는데 있어서 문제는 역시 주민의 역량강화가 요구되고 있다. 주민들은 이제까지 농민으로만 살아왔다. 그들에게 인식의 전환도 필요하지만 지금은 이를 가능하게 해 줄 지속적인 교육과 연수가 필요하다. 그래서 다음의 도표에 열거한 네 마을들은 이런 문제를 깨닫고 변화에 힘쓰고 있거나, 이런 상황에서 이탈되어 가고 있거나, 또는 생태의식변화와 실천을 위해 교육에온 힘을 쏟고 있거나, 그리고 문화생활이 전혀 없고 외지고 야생동식물만 있는 지역에서 생활의학으로 돌파구를 찾는 모습을 보여주고 있다. 그들의 생태마을 공동체의 지향이 문화활용에서 어떻게 이루어지고 있는지 다음의 <표 2>로 알아보겠다.[12)]

12) <표 2>는 국내의 생태적인 마을을 현장조사하고 인터뷰로 확인된 문화활용을 정리한 것이다. 이 같은 내용은 현재 그 마을 주민들의 삶의 모습이다. 고로 이러한 생활의 모습은 언제나 변화를 전제한다. 그래서 인지 각 마을에는 마을에 관한 기록이나 마을사업진행에 관한 계획과 목록 그리고 내용 등의 자료들이 없다. 예외적으로, 홍동의 <문당리> 마을은 '21세기 문당리 발전 백년계획의 사례'를 위탁한 논문 "농촌의 변화와

<표 2>

생태마을 명칭	<월선리 예술인 촌>	<한마음 공동체>	<성필립보 생태마을>	부귀리 <생기마을>
소재지	전남 무안군 청계면 월선2리	전남 장성군 남면 평산리 614-27	강원도 평창군 평창읍 하리 137-85	강원도 춘천시 북사면 부귀리
설립시기/설립자	1990, 도예가 김문호 촌장	1986, 남상도 목사 (백운교회).	2000, 황창연 신부 (천주교 수원교구 환경센터).	2001/2(?), 정성헌 촌장.
인원, 가구수	예술인 19명(16가구), 주민 144명 (71가구)	초창기 60가구에서 현재 30가구만 남음.	환경교육센터 관계자 외 인근 주민.	생기마을 관계자 외 부귀리 주민.
생태농업 현황	2002년 유기농 추진, 그러나 실패. 2003년 '금단유기농' 다시 시작, 그 범위를 넓히고 있음.	우렁이농법으로 유기농 추진/ 퍼머컬처	완전한 유기농업 체제/ 퍼머컬처	부분적 유기농업
주요 문화지향	한국화, 도예,수직공예(천연염색), 서양화, 국악, 조각, 문예창작, 서예, 수석.	향토 토속문화 복원: 추수감사제(새끼꼬기, 널 뛰기, 풍물놀이, 이엉잇기 등), 정월대보름 지신밟기, 5월 단오를 전후로 유기농 축제, 풍물놀이 등.	환경·생태 농원 활성화(안전한 먹을거리), 환경 실천운동, 환경 감시운동, 환경운동 동참과 의식 유도 등에 관한 생태전문교육. 말기 환자 등에게 종교적 생태영성적 쉼터 제공. 출소자에게 환경교육과 기술 배움터 제공.	생태·생명·평화를 생활 속에서 실존적 생활문화양식으로 옮기려는 노력으로 생활의학 지향. 전통 야생약초재배, 전통적인 건강수련법인 단전호흡, 국궁, 오행수련으로 심신단련. <한국 DMZ평화생명동산>추진.
문화활용 범위	마을 만들기 중·장기 계획실천, 마을공동체 내부의 갈등해소를 위해	생산 농민과 도시 소비자 간의 상호 협력 관계를 돕기 위해 농사체험과	지역의 생태보존을 위한 유기농법을 전수하고 안전한 먹을거리를 지역주	치유농업, 전원농업, 전문농업 등 다양한 농업 인구를 확보하기 위한 모

미래상"(서울대학교 환경계획연구소 이관규 연구원 & 서울대학교 환경대학원 양병이 교수 공저)이 있으며, <월선리 예술인촌>은 농림부에서 추진하는 <농촌마을종합계획>을 지원신청하기 위해 작성된 10년 계획서를 위탁하지 않고 주민 스스로 작성하였기에(2006년 선정됨) 마을대표 김대호씨가 '마을만들기 과정에서 갈등구조와 해결과정'을 다룬 "월선리 예술인촌 마을만들기에 관한 연구" 논문(2005년 8월)이 오마이뉴스 홈페이지에 파일로 올려져 있다.

	또 외부에 마을문화 홍보를 위해, 방학기간에 사회봉사를 겸한 예술활동과 체험학습 제공, 주민주도로 실행하고 있는 친목적인 전통예술 활동(굿)과 연대감 강화.	풍물놀이 등의 전통문화 강습. 그 외, <한마음자연학교>와 <생태유치원>에서 계절별 체험학습 제공. 그러나 주민의 참여가 의문시 되며, 공동체를 위한 문화활용이기보다 도시소비자의 관심유도와 관계 유지 차원에서 추진.	민과 함께 생산 판매, 특히 청소년과 기성세대까지 모든 현대인에게 필요한 환경교육과 체험제공. <환경센터>의 회원들에게 생태교육내용을 정기적으로 제공함.	든 가능성을 내포한 범위. 치유를 위한 수련원 개최.
문화활용에 관한 현재의 중심 주제	예술문화활용이 일회적인 이벤트가 되지 않고, 주민 간의 갈등해소와 주민의식변화를 돕고, 삶의 질을 개선할 수 있는 어느 정도 소득창출이 가능한 지속적인 마을공동체의 문화활동에 관한 운영기술을 자치적으로 연구개발. 마을주체인 주민의 역량강화와 지도자 육성.	농촌이 주체가 되는 문화운동 전개. "민족·생명·정의"라는 팻말을 의미했던 "공동체운동, 생명운동, 민족운동"의 활동은 완화되어 보임. 문화활동에서 농촌주민들이 '관람자'로 수동적인 위치에(전락해) 있다면, 문화활용의 목표와 주제는 이윤창출을 위한 유통사업에 맞추어져 있음.	다양한 환경교육문화를 연구 개발하여 실천과 감시가 가능한 영역부터 체계적으로 교육확장. 가정에서부터 실천 가능한 교육항목 개발연구.	귀농을 권장할 수 있는 여러 농업 종류 유치와 현대인의 심신건강을 위한 여러 전통적 항목(야생약초 등) 재배 연구개발.
문화활용 분야	황토흙집과 돌담쌓기, 정자 짓기, 작목반·오리농법 유기농 추진, 나무심기(복숭아꽃, 살구꽃), 일반인과 소외계층을 위한 예술교육과 체험학습, 주민주도형 <분청문화재> 추진.	황토집짓기, 한방학동안 <한마음자연학교>에서 천적사육장, 도예·천연염색 체험, 벼농사·미꾸라지 체험 등.	환자를 위한 황토집짓기, 지렁이를 이용한 음식물쓰레기 퇴비화 사업, 물사랑 생명사랑 위한 가정 안의 실천운동 전개.	농사에 필요한 노동일수는 한 해 약 80일이며, 그 외 시간을 자연의학에 입각한 옛것을 현대적인 욕구로 풀어내 줄 국궁, 단전호흡, 오행수련관 등으로 활용.

주거문화	예술인들의 주거문화는 주로 황토흙집(5)에 기와(2)와 초가(3), 한옥(6), 슬레트(1)/함석(1)집은 장차 황토흙집으로 변경될 예정. 마을 전체 전통적인 생태건축과 경관 지향.	모든 주민은 기존의 농촌 가옥에서 주거함. 다만, 폐교 남면서초등학교건물과 운동장에 생태유치원 부설시설과 원장사옥을 황토로 짓었고, 외부 방문객을 위한 황토집이 건축중임(2006년 6월).	생태교육장으로서 여러 시설을 갖춘 일반 건물과 5천여 평의 유기농작물 재배터, 병약자를 위한 황토 생태건축.	벽돌로 된 일반 가옥. 통나무로 된 수련원.

<월선리 예술인촌>과 <성필립보 생태마을>은 두 가지 점에서 공통점을 갖고 있다. 생활문화 활용에 있어서 전통적인 방법이든 과학적인 방법이든 그들은 '생활 안'에서 생태문화 활성화에 힘을 쏟고 있으며, 다른 하나는 이를 '지속가능한' 문화가 되고 또 '확산'시키기 위해서 참여 주체들에게 '교육'의 필요성을 느끼고 노력한다는 점이다. <성필립보 생태마을>이 철저한 생태교육의 장으로서 심혈을 기울이고 있다면, <월선리 예술인촌>은 촌장과 마을 대표들이 마을주민의 의식변화를 이끌고 또 소외된 주민들(노인들)을 자치적으로 참여하도록 문화활동을 통해 그들의 관심을 유도하고 회유하여 주민 서로가 '보완'과 '협력'으로 공동체 의식을 갖도록 애쓰고 있다. 그러므로 마을을 이끌어갈 그룹(청년회, 부녀회, 노인회, 예술인)의 리더들을 마을 주민들 내에서 주민 스스로 뽑으며, '마을 만들기' 과정의 운영을 주민들이 돌아가며 책임을 갖고 일하도록 편성하였다. 이는 마을의 자치적인 조직이 사회의 조직과 유기적으로 조화를 이루며 살아갈 수 있도록 능력을 기르는 일이다. 이에 반해, <한마음공동체>는 80/90년대의 끈끈했던 공동체 의식은 소멸됐고, 지도자인 남상도 목사의 개인적인 아이디어가 공동체의 이슈가 되어 지도자 의지와 추진력에 의해 마을 사업이 추진되고 있다. 그는 천연염색과 천적사육 등의 체험학습에서 이제는 황토로 짓는 생태건축에 몰입해 있다. 그러나 마을 주민의 집을 황토집으로 바꾼 경우는 없었으며, 이전의 공동체 가구 수는 절반으로 줄어든 상태이다. 또 마을의 주 사업도 유통업으로 그 중심이 옮겨 갔

다. 농촌주민의 젊은층이 이 유통업에 자발적으로 참여하고 있다. 그래서 주민에 의한 문화활동도 유통업 비전을 위해 존재한다고 보아도 될 것이다. 북사면 부귀리의 <생기마을>은 '면'에 초등학교 하나밖에 없고 찻집(茶房)조차 존재하지 않는 외진 산골에서 자생적인 생활문화 창출 차원으로 '생활의 학'이 정성헌 촌장의 이념과 이상으로 욕심 없이 펼쳐지고 있는 곳이다. 인제군과 DMZ의 생태문제와 그 곳의 생활문화에도 고심 중인 정촌장의 의지는 첩첩산중에만 피는 야생약초 개발과 심신단련 프로그램의 활용에서부터 <한국DMZ평화생명동산> 프로젝트까지 모두 완결하고자 노력하나, 주어진 상황과 환경에 맞춰 그는 성급함 없이 추진하고 있다.

2.3. 비판적 수용 가능성

독일의 <공동체 형성에 관한 10가지 지침들>은 국내에서 일고 있는 '살기 좋은 생태적인 마을 만들기' 사업에 시사하는 바가 크다. 그러므로 여기서는 선행연구에서 이미 분석한 독일 생태공동체의 문화활용을 바탕으로 비판적으로 수용가능한 주요 공동체생활문화요소들을 살펴보겠다. 독일 생태공동체 내의 생활은 서로가 '다름'과 대립에서 오는 '모순' 속에서 모두가 공동체 식구로 서로 연결되어 있음을 근본적으로 인식하고 있다. 보통 어린이와 함께 구성되어 있는 구성원들의 생활은 표면적으로 일상의 '정상상태'에서 벗어남이 없어 보이지만, 알력, 억압, 공포, 경쟁, 착취 등의 고통과 또(세상을 초월 또는 포기한 듯이) '사는 것이 다 그런 것이지 하고 넘어가는 "자명함 Selbstverständlichkeit"'이 함께 존재한다는 것도 그들은 알고 있다. 이런 확실한 자각과 함께 그들은 공동체 삶 속에서 완벽한 삶을 찾지 않는다. 대신 언제나 질문과 대화 속에서 인간답게 '함께' 사는 것이 가능한 미래상을 찾는 "용기"를 훨씬 더 중요하게 여긴다. 다시 말해서, 그들은 개인주의적인 일방적 '성공'을 꿈꾸지 않으며, 인간의 특징이 '변화'라는 것처럼 '모든 것은 변한다'라는 사실을 잊지 않는다.[13] 그래서 <제>공동체의 달력에는 매년 1~2월 사이 약 한 달간 자신들을 뒤돌아보는 "비전시기(Visionszeit)"가 있다. 이때는 외부와 '격리된 생활(Klausur)'로서 지난 기간 동안 한 일들을 짚어보고, 공동체 내부적인 것에 대해 대화하며, 구성원 스스로가 "공동체의 미래를 악의를 품고 지켜본다. 이 때 그들은 '미래에 대한 그들의 믿음이 체념과 같은 것을 결정해야만 할 때의 그런 씁쓸한 경험과 각오 같은 것을 강하게 체험한다'고 말한다. 그것은 바로 여러 사람들과 함께 사는 관계에 있음을 입증하는 일이다. 그래서 공동체의 많은 결정들은 경험한 그리고 체념한(실패한) 것의 원인에 기초하여 확정된다. 이는 곧 단념하거나 포기해야 하는 일들도 그들의 공동체생활의 일부임을 확인하는 일이다. 즉 일상에는 언제나 양면의 결과가 있음을 받아들이는 기회이다. 그런데도 때로는 그 이유가 계속 추진되어야 할 경우가 있는데, 이때에는 새로운 결정이 가능해지고, 그러면 다시 충만한 힘을 얻고 살아간다. 바로 이런 모든 과정이 있음으로써 공동체가 존재할 필요성이 생긴다. 더 나은 "다른 사회나 세상"에 대한 믿음이 그냥 하는 말이 아니라 살아있는 생생한 경험이 되기 때문이다. 그래서 <젝> 공동체의 모토는 설립 초기부터 지금까지 "모든 것은 다르게 지속한다(Alles bleibt anders)"이다. 즉 모든 것은 변한다는 사실을 잊지 않는 것이다.[14] 그리고 그들의 '주체역량강화'는 이렇게 공동체생활 속에서 자연스럽게 이루어진다. 또 내면적인 측면에서부터 자신들을 솔직히 인식하고 스스로 단점을 자각하고 비판하며 초심을 잃지 않으려 노력한다는 점에서 그들의 '지속가능한' 공동체생활이 가능한 것이다.

이런 정신적인 면을 뒷받침해 주는 것이 독일 생태공동체의 문화활용이다. 각 공동체의 문화활동의 활성화가 그 공동체의 기능으로 작용하고 상징이 되기 때문이다. 그럼에도 불구하고 세 가지 주요 문화가 모든 공동체의 기본 문화활용으로 작용한다. 바로 <주거문화>, <식생활문화>, <생활생태문화>이

---

13) H. Belting, *Bild-Anthropologie.* Berlin: Fink, 2000, pp.18~20 참조 바람.

14) H. Belting. pp.70~71과 <ZEGG> 생태공동체 홈페이지(www.zegg.de)를 참조 바람.

다. <주거문화>는 생태문화의 근본을 이루는 생태건축의 재료개발과 건축방식 그리고 공간을 생태적으로 디자인하고, <식생활문화>는 안전한 먹을거리를 자급자족하는 것이다. 그 밖에는 여러 구성원 개개인의 개성과 재능 그리고 지역적 특성 등으로 생기는 여러 조건을 통합해 마련한 문화활동이 그 공동체의 <생활생태문화>이다. 특히 주거문화와 식생활문화에서는 그 지역의 특성과 기후조건 그리고 체질 등을 고려하는데, 바로 옛 조상들의 지혜가 담긴 전통적 생활방식에서 그리고 중세시기의 공동체 생활방식에서 많은 교훈을 찾아내 적용하고 있다. 또 공동체 내에서는 먹을거리를 그저 먹어 버리면 끝나는 소비재로 생각하지 않는다. 오히려 지역생태계와 조화를 이루는 삶의 가장 기본적인 양식으로 보기에 재배될 유기작물의 개체와 설정은 신중하고 까다롭다. 또한 채식주의자들이 많은 관계로 영양관계를 고려한 식단과 자연의학적인 측면을 고려한 배려가 함께 따르며, 이에 대해 그들은 큰 자부심을 갖고 있다.[15] 또 공동체 내의 공동식사시간은 특히 공동체생활 속에서 가장 행복을 느끼고 만족을 느끼는 場이 되도록 노력한다. 바로 공동체 구성원들이 한 자리에 모여 대화를 나누며 문제를 함께 해결해 나가는 중요한 의사소통의 장으로 종종 활용되기 때문이다. 이런 관점에서 공동식사시간을 축제처럼 즐기며, 구성원들의 일체감을 느낄 수 있도록 많은 배려를 아끼지 않는다. 이렇게 친교의 場으로도 활용되는 식생활문화는 혈연관계인 가족공동체보다도 더 내면적인 연대감을 결속시켜주는 공동체문화이다.

그 외에도 '사회적 자아추구와 실현'을 위해 그들은 가능한 다양한 문화를 공유한다. 개인의 특성과 재능과 취향을 존중해 '다양함'에 제한을 두지 않는다. 이 점에서 그들은 미래의 "통합문화시대"에 대비해 열린 자세를 갖고 있다.[16] 바로 생활문화의 여러 종류가 이종(異種) 간의 결합(convergence)으

---

15) 실제로 2004년 6월 현지 방문 조사 시 <ZEGG>공동체에서 함께한 그들의 아침식단을 보면 완전한 유기농 식단으로, 공동체 밖에서 이러한 유기농 식단을 마련하려면 엄청난 식비가 지출되어야 한다. 독일의 중상층 시민으로서도 그런 아침식사는 일상적이기보다 특별한 날에만 차려질 수 있다.

16) <통합문화의 시대>에 대한 담론은 이 시대의 화두가 되고 있다. 미디어의 융합

로 새로운 문화를 창출할 수 있도록 배려를 아끼지 않는다. 그러면서도 공동으로든 개인으로든 활용되는 모든 문화요소는 공동체 생활에 조화를 이루어 연대적인 속성을 갖도록 노력하며, 공동체 외부와는 지속적인 상생의 관계를 형성할 수 있도록 끊임없이 노력한다. 그리고 생활 속에 문화가 침투되어 생활자체가 문화생활로 느껴질 수 있어야 한다. 바로 문화의 시대인 현대사회 속에서 문화는 여가만을 위한 것이 아니라는 것을 입증한다. 이를 실천하고 있는 베를린의 <예술인 생태공동체(K77)>에서는 그 지역 주민들에게 저렴하고 쉽게 접할 수 있는 다양한 문화체험의 기회를 제공한다. 그럼으로써 산업사회의 거대한 시스템 속에서 수동적으로 살아가는 도시주민들에게 잠시나마 그곳에서 빠져나와 스스로 주체가 되어 문화생활을 하게끔 자각과 용기를 갖게 하고 동시에 생태적인 삶의 창구역할을 하고 있다. 이와 같이 독일 생태공동체의 다양한 문화활동은 생활의 기본 틀인 '주거문화'와 '식생활문화' 그리고 다양한 개성과 재능에서 '생활생태문화'를 새롭게 창출하고 확산하는데 노력을 아끼지 않는다.

그 활용 범위는 일차적으로는 공동체 안이고, 이차적으로는 주변의 지역사회나 전국내지 국제적인 관계에까지 이른다. 즉 공동체 내에서는 정신적인 연대감 유지와 사회적인 자아추구와 실현을 위해서, 외부세계와는 생태공동체운동의 확산이라는 목표아래 지역사회의 지속가능한 발전에 힘쓰면서, <젝>의 경우 국제적인 세미나와 캠프 등을 개최해 실험적인 대안사회형태에 대한 연구 결과물을 함께 토론하고 체험하는, 그리고 <일곱 보리수 생태마을>의 경

(convergence)에서 용어를 차용한 "통합문화"는 정치적 경제적 여건, 사회환경, 여가활동, 음식문화, 전통문화의 현대화, 수입문화 각색 등 제반분야에서 '디지로그(digilogue = digital + analogue)'처럼 '통합문화'가 급속히 퍼져가고 있다. 특히 미래세대에 대한 교육내용과 방식 또는 생활문화와 사회문화의 흐름 등을 논할 때, 현실적인 대책을 마련하기 위해 이에 대한 왕성한 연구가 진행되고 있다. 2006년 9월 21일 가톨릭 인천교구청에서 있었던 인천가톨릭대학교 <복음화연구소>의 학술연구발표회에서도 "통합문화시대의 복음화진단과 대책"이라는 주제 아래 미래지향적인 논의가 있었다.

우 생태건축에 관한 연구와 노하우로 많은 전문가들의 방문과 체험교육을 할 수 있는 기회를 제공하고 있으며, <예술인 생태공동체(K77)>의 경우 다양한 예술문화에 관한 코스를 개설하고 있어, 각각의 공동체가 그 문화활용의 항목에 따라 일종의 '교육센터' 같은 역할을 함께 하고 있다. 더 나아가, 이 같은 문화활용은 '대안사회형태'와 '기존사회형태' 사이에서, '생태공동체'와 '공동체 외부세계' 사이에서 상호 협력하는 사회적 공존관계를 확인시키고 있음을 알 수 있다. 그래서 일부 사회지도자는 독일 생태공동체의 문화활동과 활용을 통해 미래사회의 대안적인 사회형태를 그려볼 수 있다고 생태공동체의 존재를 아주 긍정적으로 평가하고 있다.[17)]

이런 독일 생태공동체의 생활생태문화의 뿌리는 (베를린 예술인 생태공동체가 자신들의 정신적 지주로 생각하는) 독일의 미술작가 요셉 보이스(Joseph Beuys, 1921~1986)의 이론 "사회적 조각 또는 사회적 조형예술(Soziale Plastik)"에서 볼 수 있다. 실제로 이 이론은 문화생산자들에 의해서 현재도 실천되고 있다. 환경보호론자이자 생태주의자인 (또 독일 녹색당 창당멤버였던) 보이스는 늘 변화하는 사회를 "살아있는 유기체"로 보았다. 그래서 그는 사회가 생명력이 있어 살아있는 유기체가 되기 위해서는, 예술과 일상 사이의 경계가 사라져서 예술과 생활이 하나가 되어, 즉 예술과 일상이 융합을 이루는 가운데에서 예술작품이 창작되어야 살아있는 예술이 되며, 이런 예술행위가 일상생활뿐만 아니라 사회영역에까지도 영향을 미쳐 생명이 느껴지는 건강한 사회가 쉼 없이 이루어진다고 말한다. 바로 "조각·조형예술"을 Beuys는 '사람'에 의해 이루어지므로, 그것을 '사람'과 동일하게 본다. 다시 말해서, 농사를 짓든, 작물을 재배하든, 예술작품을 제작하든, 글을 집필하든 모든 활동

17) 생태공동체 <ZEGG>에 관한 비디오테이프(1997년)에는 이 공동체가 위치한 장소인 벨찌히 Belzig市와 포츠담-마토르마르크 Potsdam-Matormark지역의 군수 로타르 코흐 Lothar Koch와의 인터뷰가 실려 있다. 그는 이러한 생태공동체의 사회문화형태가 미래사회의 대안이 될 수 있다고 말한다.

이 그 시대의 문화로서 또 시대정신으로서 일상생활 '속'에서 일상과 함께 변화하고 발전해 가야 한다는 것이다. 이런 과정 속에서 문화생산자나 문화소비자도 함께 변화하기 때문이다. 이것은 <월선리 예술인촌>의 김문호촌장의 좌우명 "마을 만들기는 사람 만들기 과정이다"와 일맥상통한다. 또한 이점은 현 다원주의 사회의 또는 포스트모더니즘적 사회의 실존적 문제인식이다. 예를 들어, 오늘날에는 "무엇이든지 예술작품이 될 수 있으며(Ather Danto, 2004)" 또 "누구나 예술가이다(Beuysnobiscum, 1997)"가 보편적인 개념이 되었는데, 그 이유는 첫째, 이제 예술목표는 예술의 고유한 본질을 나타내는 것(모더니즘)이 아니기 때문이다. 모더니즘적 예술목표 내에서는 훈련받은 예술가만이 작품을 창작할 수 있다는 폐쇄적 예술개념이 들어 있다. 둘째는, 예술교육이 모더니즘 시기처럼 하나의 미적 가치이론을 학습시키거나 그 원리에 따라 창작하고 감상하는 것이 아니다. 미적 가치를 주장하는 다양한 즉 동서간의 또는 학제간의 지식들을 습득해 창작에 적용하는 그러한 모든 인식에 의해 그 원리를 선택해 사용할 수 있기 때뮤이다. 즉, 다양한 문화가 동시에 존재하는 이 시대의 예술가들은 무엇이든지 자유롭게 추구할 수가 있다. 또 이것은 동시대 문화와 예술의 특징이다. 이런 경향 속에서 적지 않은 예술가들과 생태공동체 내의 예술인들이 신체와 정신의 합일, (<공동체 형성에 관한 10가지 지침>이 강조하듯이) 자신과 세계와 합일할 수 있게 해 주는 "타자"의 중요성을 깨닫고, 동시대가 가장 염원하는 '자연의 본질을 인정하고, 그럼으로써 감정이입, 생명에 대한 책임의식, 생명공동체에 대한 깊은 이해, 그리고 협동과 연대에 대한 사유를 이끌어내는 미학적 실천'을 즉 "생태학적 자연미학(Gernot Böhme, 1999)"을 삶 속에서 이루어 보려고 노력하고 있음을 간과해서는 안 될 것이다. 그러므로 그들 문화활용의 기본은 공동체의식을 고취시키고, 구성원들의 일상을 문화와 하나 되게 하며 동시에 평생교육의 場이 되므로, 이런 관점을 수용의 중요 맥으로 보고 세세한 면을 유동적으로 벤치마킹해 볼 수 있을 것이다.

3. 한국형 생태마을의 이상적인 문화활용을 위한 중요요소들

농촌의 특수성을 고려해 월선리 마을대표 김대호는 그의 논문에서[18] "마을만들기는 사업이나 성과 만들기가 아니라 '사람만들기'다"라고 말한다. <월선리 예술인 촌>의 김문호 촌장과 미을지도자들은 현재 마을공동체가 '대면집단'으로서 갖추어야 할 '사람과 사람' 사이의 소통, '사람과 조직' 사이의 관계, '조직과 조직' 간의 사회적 유대관계 그리고 '사람과 자연' 사이의 관계 등이 기본적으로 소멸되어 있기에, 마을만들기는 결국 제일 먼저 이것을 복원해야 하며, 또 동시에 이 과정에서 생기는 갈등과 대립을 해결해 나갈 '주체 만들기' 즉 '주민=사람' 만들기임을 강조한다. 그래서 월선리 마을을 16년 간 이끌어 온 김촌장은 '마을 만들기 위원회'를 만들고, 이를 이끌어 갈 지도자를 육성하기 위해 '마을 청년회'와 '부녀회' '노인회' 등 하부 단체를 자생적인 조직으로 육성해, 스스로 주체의식을 갖고 마을운영의 기술을 익히도록 유도하고 있다. 이는 바로 주민의 역량을 강화하는 것이다. <성필립보 생태마을>의 대표 황창연신부의 목표도 이와 유사하다. 안전한 먹을거리 확산과 생태계 복원 보존 차원에서 지역 주민과 단계적으로 유기농산물 재배를 유도하고 있으며, 생태-환경보호의 자발적인 실천을 위해 다양한 프로그램과 주제로 순회 교육과 환경 센터 교육을 가리지 않고 전개하고 있다. 즉 '교육'을 통해 '생태적인 마을공동체'라는 목표에 도달하고자 하는 것이다. <성필립보 생태마을>의 설립 취지 역시 교회공동체와 지역 내에서 교민과 주민들에게 향한 황창연신부의 '자발적인 참여와 협력'을 시사한다. 그는 교우들과 지역주민들을 위해 교회가 무엇을 할 수 있을까에 '생태교육의 장'으로 먼저 답을 한 것이다. 그러므로 이 두 '모범적인' 마을의 생활생태문화 활용은 주민이 (또는 교민도) 그들의 문화실천과정 속에서 서로를 보충해 주고

18) 김대호, 「월선리 예술인촌 마을 만들기에 관한 연구: 마을 만들기 과정에서의 갈등구조와 해결과정」, 2005 참조 바람.

협동하는 관계를 형성하는 것이 다음 단계의 목표가 될 것이다. 그럼으로써 주민들이 스스로 서로에게 바람직한 변화를 도모해 사회를 변화시켜주기를 마을 지도자들이 기대하는 것이다.

이런 기대 속에서, 이상적인 문화활용에서 잊어서는 안 되는 중요요소를 <월선리 예술인촌>(김대호, 2005)의 경우와 독일 생태공동체 <젝>(Peters, V. & Stengel, M., 2004)의 경우를 참조해 다섯 가지로 열거해 보면,

첫째, '자발적인 주민참여와 협동'을 이끌어내기 위해서는 문화활동 추진과정에서 마을주민 내에 소외되거나 배제된 계층이 없어야 한다. 소외되어 불만을 갖거나 불신으로 배제시킨다면 신뢰관계가 형성될 수 없다. '마을 만들기'에서 문화활용은 이런 점을 생각해, 비록 낮은 단계에서 시작하더라도 '함께 하는' 문화항목부터 선정해야 한다.

둘째, '마을 만들기'는 마을의 일이므로 모든 문화활동의 내용은 마을주민에 의해 선정되고 채워져야 하며 또 언제나 투명해야 한다. '자급자족'을 원칙으로 하는 독일 생태공동체와는 달리, 국내의 '마을 만들기'에서는 약간의 이윤창출이라도 생활의 질적 향상을 위해 주민들이 소망하는 것이므로 철저한 공개원칙으로 이해관계의 충돌이나 갈등을 미리 봉쇄해야 한다.

셋째, '마을 만들기'는 지역주민의 삶의 고민을 해결하는 과정이 되어야 한다. 그 지역의 문제는 공무원이나 외부전문가가 아니라 그 지역주민이 제일 잘 알고 있다. 그러므로 주민에 의한 해결담당 자생조직이 절대 필요하다. 그러한 조직인 '마을만들기위원회' 등이 결성되어야 문제의 핵심을 벗어나지 않는다.

넷째, 자생조직이 주체가 되어 '마을 만들기'를 실행한다 해도 모든 논의는 공동으로 이루어져야 한다. 즉 상부조직의 대표뿐만 아니라 '마을만들기위원회' 하부조직의 대표들이 참여해 그들의 목소리를 낼 수 있어야 한다.

다섯째, 독일 생태공동체 <젝>에서 실행하고 있는 "비전시기"처럼 마을

공동체의 모든 일을, 즉 한 해 동안의 활동을 뒤돌아 볼 수 있는 기간을 갖는 것이 필요하다. 이 기간은 성찰의 기회로서 가능한 외부와 소통을 끊고, 모든 활동과 사업 그리고 조직 간의 관계 등 이에 대한 성공과 실패, 갈등 등을 열린 마음으로 공동대화를 할 수 있는 시간을 갖는다. 그럼으로써 투명성, 신뢰, 협력, 타자에 대한 배려 또는 생태와 생명에 대한 인식 등이 바람직한 방향으로 진행되었는지 모두 함께 짚어 볼 수가 있다. 또 주민 간의 대립이나 문화활동에서 빚어지는 마찰은 이러한 대화 속에서 서로에게 변화를 갖다 준다. 이때 내부의 흐름이 바람직한 방향에서 이탈하지만 않는다면, 이런 변화는 대면집단이 갖는 '자정작용'으로 공동체의 문제해결을 돕고, 이에 능동적으로 참여한 주민의 역량도 한층 강화될 수 있다.

4. 맺음말

국내의 '살기 좋은 생태마을 만들기'는 도시보다는 지방 농촌에서 주로 이루어지고 있다. 이는 농촌이라는 지역적 특성과 농촌주민의 예민한 내면적인 민감성을 고려해야함을 전제한다. 또 농촌사회는 외부집단에 배타적이고, 외부를 견제해야할 때는 공동체 내부는 강한 결속력을 보이는 것이 특징이다. 그리고 그들의 생활은 시간에 쫓기는 도시생활과는 달리 자연생태계의 순환과 흐름에 자연적으로 맞추어져 있다. 그래서 농촌주민들과 함께 하는 '마을 만들기' 사업은 성과에 매달려 조급하게 추진할 일이 아니라, 생활 속에서 시간을 갖고 성실히 목표를 추구해야 한다. 이를 <생기마을>의 정성헌 촌장은 '혁명하는 마음'으로 행할 것이 아니라, '쉬는 마음'으로 실행해야 한다고 표현한다. 그리고 한국의 '마을 만들기'는 초보단계에 있다. 첫 순갈에 배부를 수 없듯이, 비록 지금은 낮은 단계라 해도 천천히 목표에 정확히 다가가는 것이 옳을 것이다. 그리고 목표는 '5년 내에 억대 연봉'과 같은 허황된 장밋빛 환상이 아니라 현실적이며 타당한 것으로서 독일의 생태공동체처럼 외부로부터 영향을 받지 않는 완전한 '자급자족' 형태를 지향하는 것이 옳을 것이다. 왜냐하면 이윤창출에 목표를 두면 산업사회가 갖는 모든 폐단이 '마을만들기' 속에서 생겨날 것이다. '살기 좋은 마을만들기'는 금전으로 생기는 인간적 불신을 제일 먼저 차단해야 한다. 그래서 마을사업에서 생기는 조그마한 이윤이라도 마을전체의 재산으로 귀속되는 것이 바람직하다. 또 <문화활용>은 고령화된 농촌사회를 생태적으로 또 사회문화적으로 '살아있는 유기체'로서 거듭나게 하기 위해서 추진하는 것이자 '정신적인 연대감'과 '협력'으로 건강해진 농촌사회를 '지속가능'하게 유지하기 위해서 행하는 것이기 때문이다. 주체들의 역량강화는 바로 이런 '지속가능성'을 해낼 수 있는 능력을 기르는 것이다. 또 마을 만들기는 사람 만들기와 같아 자식 기르는 것처럼 인내를 갖고 지켜보며 스스로 자립할 수 있도록 도와야 한다. 이런 관점에서 <월선리 예술인촌>과 <성필립보 생태마을>의 교육에 관한 마인드는 모범적 사례로 보아도 될 것이다.

모든 '마을 만들기' 사례는 제 각각의 스타일과 특징을 갖고 있다. 각 마을의 문화활동은 그 마을의 고유한 양식과 특성을 장점으로 살려야 한다. 그래서 천편일률적인 '새마을운동'의 경우와는 달리, 각각의 '마을 만들기' 계획과 구상은 그 지역의 특성과 생태적 자연문화를 고려해 부귀리 <생기마을>처럼 그 지역에 맞는 '맞춤형 실존적 생활양식'을 찾아야 한다. 이러한 생활양식에는 질적으로 높고 낮음이 없으며, 다만 '다양성'이 있을 뿐이다. '누구나 예술가가 될 수 있듯이' 또 '모든 것이 예술품이 될 수 있듯이' 그 지역의 주민들이 모두 주체가 되어, 그들이 실행하는 <문화활동>은 그들의 생활문화로서 생생하게 전통과 현대 감각이 융합된 '통합문화'가 될 수 있어야 한다. 또 국외의 다양한 <문화활용>의 사례가 오늘날에는 네트워크화(GEN) 되어 있어 모범적인 경우를 연구 분석하여 '그 마을만이 가질 수 있는' 문화를 창안해 낼 수도 있다. 그러므로 마을공동체의 <문화활용>은 생태와 생명의 소중함을 중히 여기면서 자생력이 있는 농촌사회조직으로 변신하는데 기여할 수 있는 또 모든 주민이 참여하는 개방된 문화활동은 언제나 주민의 역량을 강화시켜 주는 이상적인 '매개체'가 될 것이며, 그럼으로써 아무리 낙후된 지역이든 첩첩산중이든 '살기 좋은' 그리고 '평화'가 있는 생태마을이 되는 데에 중요요소로 작용할 것이다. 지금은 오직 마을의 주체인 주민이 이를 '자각'하는 일이 먼저 이루어져야 한다.

참고 문헌

김대호, 「월선리 예술인촌 마을 만들기에 관한 연구: 마을 만들기 과정에서의 갈등 구조와 해결과정」, 2005.

구승회, 『생태철학과 생태윤리』, 서울: 동국대학교출판부, 2001.

박이문, 『문명의 미래와 생태적 세계관』, 서울: 당대, 2000.

박이문, 『문명의 위기와 문화의 전환: 생태학적 세계관을 위하여』, 서울: 민음사, 1996.

앨 고어, 김명남 역, 『불편한 진실』, 서울: 좋은생각, 2006.

요나스, 한스, 이진우 역, 『책임의 원칙: 기술 시대의 생태학적 윤리』, 서울: 서광사, 1994.

이연숙・김영주(공편), 『친환경 공간디자인: 생태건축 에코인테리어 그린 라이프』, 서울: 연세대학교출판부, 2003.

장회익, 『삶과 온생명: 새 과학 문화의 모색』, 서울: 솔, 2001.

전선자, 「생태사회문화를 위한 대안적 예술문화: 독일생태공동체 예술문화의 고찰을 통해서」, 『한국비교정부학보』 9(2), 2005, 67~90쪽.

폰 바이츠제커・에른스트 울리히, 권정임・박진희 역, 『환경의 세기: 인간다운 삶과 노동을 위한 생태효율적 비전』, 서울: 생각의 나무, 1999.

Belting, Hans, *Bild-Anthropologie.* Berlin: Fink, 2000.

Böhme, Gernot, *Für eine ökologische Naturästhetik.* Frankfurt: Suhrkamp, 1999.

Duhm, Dieter, *Die heilige Matrix: Von der Gewalt zur Matrix des Lebens.* Belzig: Synergie, 2001.

Harlane & Rappmann & Schata., *Soziale Plastik: Materialien yu Joseph Beuys.* Achberg: Achberger Verlag, 1984.

Kollektiv KommuneBuch(ed), *Das KommuneBuch: Alltag zwischen Widerstand, Anpassung und gelebter Utopie.* Göttingen: Verlag Die Werkstatt, 1998.

Peters, Volker & Stengel, Martin, *eurotopia: Gemeinschaften und Oekpdorfer in Europa.* Poppau, 2004.

Szeemann, Harald(ed), Beuysnobiscum. Amsterdam & Dresden: Verlag der Kunst, 1997.

<ZEGG>생태공동체 홈페이지 www.zegg.de/kunst
<K77>생태공동체의 홈페이지 www.k77.org{2004.3.12]과 [2005.1.31 현재}
<Ökotopia>GmbH 홈페이지 www.oekotopia-berlin.de
<GEN>홈페이지 www.gen-europe.org
<eurotopia-Verzeichnis> 홈페이지 www.eurotopia.de

3과제: 생태공동체의 확산 방안

박경장

김성균

전춘명

생태공동체와 지역사회와의 공존방안

박 경 장 (명지대학교)

1. 들어가는 글

한신내 생태공동체 연구팀에서는 이미 한국학술진흥재단 후원 하에 두 차례에 걸쳐 생태공동체의 선진국이자 가장 모범사례로 인식되고 있는 독일 생태공동체에 대한 이론과 실천에 대한 학제간 제반 연구를 하였다. 아울러 각 연구에서 한국의 생태공동체의 발전과 전망을 독일 공동체와 비교적인 입장에서 부분적으로 다룬 바 있다. 이번 3차 연구에서는 기존의 두 차례에 걸친 연구를 바탕으로 독일 생태공동체 이론과 실제에 비추어 현실적인 한국형 생태공동체모델을 본격적으로 제시하는 것을 목적으로 한다.

이 장에서는 우리나라의 생태공동체가 지역사회와 어떻게 이상적으로 또는 현실적으로 공존할 수 있는가, 나아가 공존의 차원을 넘어 두 사회 속에서 살아가는 사람들의 삶의 질을 상호간에 향상시키는데 도움을 줄 수 있는가 하는 공생의 가능성과 방안에 대해 연구한다. 이는 생태공동체가 단지 하나의 자족적인 집단으로서의 정태적 삶의 양식이 아니라 인류 미래의 지속가능한 삶을 위한 동태적 삶의 성격을 지닌 대안사회운동이라는 인식에서부터 출발한다. 운동이라는 측면에서 파악하는 생태공동체운동은 근본적으로 어떻게 주변 지역사회로 그 운동의 근본 성격이 확산될 수 있는가라는 방안에 대한 연구라 하겠다.

연구 방법으로는, 첫째, 생태공동체가 자리하고 함께 공존 공생하며 운동으로 확산되어야 할 지역사회와의 필연적 관계에 대해 알아본다. 또한 미래 지속가능한 신사회 대안운동으로서 생태공동체운동이 왜 본질적으로 지역운동이어야 하는가에 대해 살펴본다. 둘째, 한국 지역사회의 현실, 특히 현재 한국 지역사회가 얼마나 (반)생태적인가라는 물음을 통시적 공시적 관점에서 살펴본다. 셋째, 현재 한국 생태공동체와 지역사회의 공존의 현실(지역사회와 관련한 생태공동체의 대표적 성공과 실패 사례를 통해)을 살펴보고 그 문제점들을 알아본다. 넷째, 지역사회와의 공생(상생)방안(경제적, 문화적, 교육적, 사회적, 생태적, 영적 등등)을 위한 여러 조건들을 알아본다. 다섯째, 결론으로 지역사회와 공존, 공생할 수 있는 이상적인 또는 현실적인 한국형 생태공동체 모델을 제시한다.

이 연구에서 검토 제시된 우리나라 (계획 또는 정주형)생태공동체나 (지역형)생태마을에 대한 자료들은 제3차 한신대 생태공동체연구팀에서 실제 방문해 설문조사한 생태공동체 마을들(홍성 문당리 마을, 장성 한마음 공동체)과, 1, 2차 한신대 생태공동체팀 연구원들이 직접 방문 조사한 국내 생태공동체 마을들에 대한 연구 논문자료들을 기본으로 참조했다. 그 외에 국내 생태공동체나 생태마을에 관한 자료들은 인터넷 홈페이지를 참조했다.

2. 본 글

2.1. 생태공동체와 지역사회

물리학자이자 생태학자인 프리초프 카프라는 70년대 중반에 펴낸『물리학의 도』라는 책에서, 서구 근대 물리학에 대한 일대 혁명을 연 20세기 초반의 양자 물리학의 기본 개념이 이미 동양의 사상 특히 중국의 도가 사상에 그리고 불교나 기타 무교 신비사상들에 이미 들어 있는 철학 사상이라고 천명했다. 아울러 동양인들의 생활 속에 이미 실천적으로 내재돼 있었던 생활 철학이요 윤리였다라고 선언함으로써 과학 역사의 불모지요 변방으로 치부돼왔던 동양의 철학과 사고에 새로운 시각을 던져주었다. 그는 가장 최근의 저서 『생명의 그물』에서 현대 물리학을 기반으로 오랜 기간 동안 다양한 학제간 대화를 통해 그가 연구에 도달한 결과물로 '생명에 대한 시스템 이론'을 발표했다.[1] 그가 말하는 시스템적 사고의 핵심은 그리고 가장 일반적인 기준은 "살아있는 모든 시스템들은 그 특성이 보다 작은 부분으로 환원될 수 없고, 각 시스템의 특성은 오직 전체일 때만 발휘되는 것이고, 시스템의 특성들은 고립된 요소들로 분해될 때 파괴되고 오직 관계로만 보다 큰 맥락 속에서만 이해될 수 있다."[2]로 간략하게나마 정리할 수 있다. 그는 이 시스템의 이론을 물리학적인 관점에서 세워 다른 일반 학문으로 넓히고 인간과 자연의 모든 생명시스템에까지 확장 적용시켰다. 환언하면 그의 세계관은 물리학적 깨달음에서 시작해서 동양 철학과 만나고 나아가 다방면의 학문적 편력과 시대의 선구자들과의 영적 교감을 거쳐 마침내 인류의 미래 삶을 선도해야 할 생태학적세계관에 도달한 것이다.[3]

카프라가 제시한 시스템이론은 서구 근대 과학이 새운 생명에 대한 기계론

---

1) 프리초프 카프라가 전 세계의 과학계와 사상계에 큰 파문을 일으켰던 두 권의 책은 각각 *The Tao of Physics*(1975)(현대물리학과 동양사상, 범양사, 1979)와 *The Turning Point* (1982)(새로운 과학과 문명의 전환, 범양사, 1985)이다. 이 두 책은 동 서양을 넘나들며 다양하고 역동적인 학제간 연구를 통해 이르게 된 새로운 과학 사상과 새로운 세계관에 대한 혁명적 전환을 역설하는 책이다. 이 책들에서 그가 표명한 인류미래에 대한 새로운 세계관에 대한 확신은 수많은 시대적 석학과 선구자적 인사들을 만나 대화하고 토론하며 영감을 받아 얻게 된 것이라고 *Uncommon Wisdom*(1988)(탁월한 지혜; 비범한 인물들과의 대화, 범양사, 1989)에서 밝히고 있다. 그의 가장 최근의 책인 *The Web of Life*(1998)(생명의 그물, 범양사, 1998)에서는 한층 생태학적 논의로 그의 사상이 깊어졌다는 느낌을 준다. 이 책에서 그는 살아있는 시스템에 대한 새로운 과학적 이해를 보여주고 있다.

2) 카프라, 김용정 · 김동광 옮김, 『생명의 그물』, 범양사, 1998, 58～9쪽.

3) 그는 현재 미국 Berkeley 소재의 Ecoliteracy Center의 설립자이자 소장으로 있다.

적 세계관에서 현대의 생태학적 세계관으로의 패러다임의 전환을 아이러니하게 다시 과학적으로 역설하는 것이라 할 수 있다. 이는 서구 근대산업·문명을 선도했던 과학혁명과 그 이론적 선두에 섰었던 물리학의 기계론적 세계관이 초래한 근대 기계문명의 폐단에 대한 그 반성적 사유의 결과물이라 하겠다. 사물의 실체와 운동을 부분으로 환원시킨 기계론적 세계관에서 전체로서 그리고 상호관계로서만 드러내는 생명과 사물의 본래 유기적 특성을 깨닫게 된 것이다, 이런 생명관은 근대화 이전에 대부분의 동양세계에서는 과학적인 이론으로서가 아니라 사람들의 마음속에 그리고 일상적인 생활 속에 자연스럽게 내재돼 있었던 생명사상이었다.

하지만 20세기 중엽 이후 줄기차게 서구근대화를 추구해온 동양세계에서도 이미 인간사회와 자연계 전반에 걸쳐 서구에서 나타났던 근대화의 부정적 결과가 이미 나타나고 있다. 서구세계에서 지난 2, 3세기 동안 진행돼온 기계론적 세계관에 의해 파편화된 개인의 삶과, 단지 인간에 의해 사용되고 쓰여지는 자원의 차원으로만 무시되어 황폐화된 자연이 동양세계에서는 불과 반세기여 만에 나타나고 있는 것이다. 이 상태로는 동, 서양을 망라해 전 지구적으로 인간과 자연 모두 유기적 전체로서 생명력을 복원하기란 쉽지 않아 보인다. 인간의 삶에 어떤 획기적인 방향전환이 있지 않는 한, 이 브레이크 없이 내달리고 있는 효율과 경쟁에 기반을 둔 전 지구적 세계시장경쟁 시스템 하에서는 인간도 사람도 온전한 생명의 전체성을 복원하기란 쉽지 않아 보인다. 카프라가 모든 생명에 대한 인식의 전화인 시스템의 전환을 부르짖었던 것은 지구 생명계에 유기적 복원을 위해서는 토마스 쿤의 용어를 빌려 말하자면 지난 시대를 이끈 패러다임이 바뀌어야 한다는 것이다. 기계론적 세계관에서 생태론적 세계관으로의 모든 시대정신이 바뀌어야 한다는 것이다. 이런 생태적 관점에서 패러다임의 변화과정을 본다면, 우선 가장 기본적으로는 생태(생명)에 대한 한 인간의 개별인식이 근본적으로 변화해야 하고, 그 인식이 구체적인 삶의 실천으로 옮겨지며, 자연스럽게 주변 사회로 그리고 인류사회 전체로 확장돼야 한다는 것이다. 이런 변화과정이 있어야 인간이 숨 쉬고 발을 딛고 살아가는 지구계의 생태계가 복원되고 그 안에서 유기적이고 지속가능한 인류사회가 약속될 수 있다는 것이다.

인간-자연-사회의 유기적인 전체가 부분으로 갈라지지 않고 전체로서 유기적인 생명관계를 회복하려는 운동이 바로 생태공동체운동에 모두 함축적으로 담겨있다고 할 수 있다. 서구에서는 60년대 이후로, 우리나라에서는 본격적으로 90년대 이후로 시작된 이 운동은 카프라가 시스템으로 분석한 생명에 대한 근본적인 인식의 전환에 바탕을 두고 시작된 삶의 방식에 대한 일대 혁명적 전환이라 할 수 있다. 이 전체에 대한 통찰로 시작되는 생명인식의 전환의 선도적 위치에 바로 생태공동체가 있고 그 공동체가 자리하며 상호 관계할 물리적 공간으로 지역사회가 있는 것이다.

그렇다면 생태공동체는 왜 꼭 지역사회에 위치하여야 하는가? 중앙에 위치하면 안 되는 것인가? 그 둘 사이에는 어떤 유기적 또는 필연적 관계가 존재하는가라는 의문이 생긴다. 생태공동체는 말 그대로 생태와 공동체가 불가분의 관계로 조화롭게 발전될 수 있는 가장 기본적인 물리적 공간을 필요로 한다. 이 기본적 조건의 물리적 공간으로서 중앙은 여러 가지 면에서 적합하지 않다. 먼저 중앙으로 대변되는 대도시는 생태적인 면에서 가장 반 생태적이다. 왜냐하면 대도시는 정치적 통제와 행정적 관리의 원리가 삶의 세목에까지 가장 강력하게 작동되는 곳이기 때문이다. 경제적 효율의 원리가 인간의 모든 사소한 관계에까지 파고드는 곳이기 때문이다. 대도시에서의 인간의 삶은 끊임없이 파편화되고 자신도 모르는 사이에 자본주의 물신에 노예로 전락되기 쉽다. 이런 도시의 작동시스템에서 완전히 벗어나지 않는 한, 아무리 혼자 발버둥쳐도 자신의 생명권의 온전한 주인으로 우뚝 서기는 불가능하다. 더군다나 이런 중앙의 대도시에서는 사회적으로 공동체를 형성하고, 생태적이어야 하며, 문화적으로 영성적이어야 한다는 생태공동체의 기본 조건 중 어느 하나도 만족스럽게 충족시킬 수가 없는 까닭이다.[4)]

---

4) 1990년대 초 국제 생태마을 네트워크 Global Ecovillage Network'(GEN)에서는 생태마을에 대한 정의로 생태공동체가 갖추어야 할 기본조건으로 사회적, 생태적, 영성적 세

그렇다면 생태공동체는 자연스럽게 중앙이 아닌 지역에 위치하여야 한다는 결론이 나온다. 하지만 그 당위적인 결론에 앞서 먼저 지역의 개념적 실체에 대한 물음이 선결돼야 할 것이다. 우리나라에서 지역에 대한 논의가 적극적으로 제기되고 논의된 것은 1980년대 들어서 민주화운동의 일환으로 제기된 지역운동차원의 일이다. 이는 1980년 5월 광주 민중항쟁 이후 급속하게 성장한 지역의 운동 역량과 깊은 관련을 가지며, 서울이라는 중앙에로 편중된 운동의 한계 및 지역 민중기반의 취약성을 극복하려는 노력의 자연스런 귀결이라고 할 것이다.[5)]

80년대 민주화운동의 차원으로 대두되기 시작한 우리나라 지역에 대한 개념적 접근은 단순한 물리적 공간으로서의 지리 공간적 개념은 아니었다. 오히려 운동의 거점으로서 '현장'의 개념에 더 가까웠다. 노동운동으로서 농촌현장, 노동운동으로서 노동현장, 빈민운동으로서 빈민현장, 문화운동으로서 문화현장 등등의 80년대 지역운동 분류에서 보여지듯, 80년대 지역개념은 민주화운동의 하나로 현장개념에 더 가까웠다. 이 개념에는 중앙 대 지역과 도시 대 농촌 또는 도시 대 지역의 구도로 지역개념을 파악하기보다는 주로 중앙 대 현장 개념으로만 지역을 파악하려는 경향이 있었다. 이런 경향은 80년대 지역개념에 대한 일반적 경향이라고 보아도 큰 무리가 없다고 본다.

80년대 민주화운동의 하나로 시작된 전국 각지 현장 중심의 지역운동은 87년 10월 서울 민중항쟁의 결실로 나타났다. 이는 80년대 지역운동이 결국

가지 차원의 구성요소를 제시하고 있다. 세분화하면 사회적 공동체라 함은 지리적, 사회적, 정신적 공동의 유대를 이뤄야 하며, 생태적이라 함은 의·식·주에 있어서 자연친화적이어야 하고, 문화적으로 영성적이라 함은 공동체 구성원들이 생태적으로 그 의식과 인식의 변화에 바탕을 둔 영성 공동체라는 의미이다.

5) 지역운동에 대한 본격적인 최초의 논의들 중 주목할 만한 논의로는 1985년 한국기독교사회문제연구소 주체로 "지역운동의 방향 모색"이란 제목으로 열린 좌담회를 들 수 있다. 당대의 사회학자 지역현장 운동가와 노동문제연구원들을 주축으로 열린 이 좌담회에서는 지역운동을 '지역농민운동, 지역노동운동, 지역사회운동, 지역문화운동, 도시빈민운동' 등등의 부문별로 나누었다. 이들 분류에서 공통적으로 보여지는 지역에 대한 80년대의 개념적 접근은 민주화운동의 한 방편으로 무엇보다 '현장'을 갖는다는 것으로 볼 수 있다. 『지역운동과 지역실태』, 민중사, 1986, 11~32쪽 참조.

중앙으로 그 힘을 결집하기 위한 전초기지적 현장 운동이었다는 것을 실증적으로 보여주는 대표적 예라 할 것이다. 하지만 그 과정 중에 80년대 현장 중심의 몇몇 지역운동은 90년대 들어 중앙으로의 민주세력 결집이라는 대의가 사라진 후에도 사라지지 않고 지역에 탄탄한 조직으로 뿌리를 내렸다. 그 대표적인 예들 중 하나가 전농회라 할 것이다.6)

이런 80년대 민주화운동의 일환으로 학생 민중들 중심으로 시작된 지역운동이 자발적 지역운동이었다면, 1991년도에 다시 회복되어 본격적으로는 1995년 4대 지역 단체장 선거 실시 이후로 본격적으로 시작된 지방자치제도는 위로부터 실시된 지역민주정치제도라 할 것이다. 지자체실시 이후로 80년대 중앙 대 현장개념의 지역이 본격적으로 중앙 대 지역으로 자리매김 되는 결정적 계기를 마련하게 된 것이다.

중앙에 대한 권력의 분산과 지역에 대한 지역민의 자치라는 지방자체제도는 21세기 민주주의의 꽃이요 시금석이라 할 수 있는 풀뿌리 민주주의정치라는 데는 두말할 여지가 없다. 하지만 지자체 이후로 본격적인 지역시대가 열렸다고는 하나, 아직 그 본래 목적을 향해 갈 길은 멀어 보인다. 여전히 지자체 단체장들의 중앙의존도나 국세의 부분적 지자체이양 등, 정치 행정 부분 모두 불완전한 상태이다. 그럼에도 불구하고 지역민의 지자체에 의한 주민자치의식 부분에 있어서는 상당히 향상되고 있는 것 또한 사실이다.

이런 지역민의 민주의식 함양에도 불구하고 민선 지자체 단체장에 의한 지방 정치 행정의 문제점은 심각하다고 하겠다. 지자체 이후 대부분 지역발전을 위한 사업이라는 게 선심성 지역개발위주라는 것이다. 그 가장 대표적인 예가 지역 개발이라는 미명하에 무분별하게 진행되는 지역기간산업개발이다. 그 중에서도 지방도 확장공사가 대표적일 터인데, 집이 있는 곳이면 어디든 그 마을 어귀까지 아스팔트 도로를 놓고 있다. 또 지역기간 산업의 일환으로 강에

6) 7, 80년대 지역농민운동으로 시작한 가톨릭농민회와 기독교농민회가 뿌리가 돼 1990년도에 총 6개 도연맹 72개 군농민회의 가입으로 결성되었다. 2006년 현재 전국 시군단위로 100개의 가맹농민회로 전국지역조직망을 갖추고 있다. http://www.junnong.org

댐을 쌓고 있는 지역도 많이 늘어났다. 그 과정 중에 지역의 산과 들, 강과 하천은 심한 변화를 겪음은 물론이다. 그 외에도 지역 특성개발이란 미명하에 각 지차체가 공통적으로 지역의 관광자원 개발에 발 벗고 나서고 있다. 전국 각도에 명산 하나 갖지 않은 행정도가 없듯, 그 수려한 산 주위에 지역유지 또는 도시 기업 자본가와 지자체가 합세해 위락시설 짓기가 경쟁처럼 벌어지고 있는 실정이다. 과거 3공화국 박정희정권 시대의 농촌지역 근대화 운동이 국가주도에 의한 것이었다면, 90년대 이후 우리 농촌지역개발은 지자체와 지역 유지들에 지역경제개발운동으로 보여 질 정도이다.

과거 국가위주의 지역개발방식이든 현 지자체위주의 지역개발방식이든 중요한 것은 모두 경제적 관점 위주의 무분별한 개발이라는 것이다. 이런 개발 뒤에는 지역 생태에 대한 그리고 지역 공동체의 문화적 영성적 측면에 대한 고려가 전혀 없다는 것이다. 한번 파헤쳐진 땅은 다시 복원되기 힘들고, 한번 막힌 물길은 다시 제 모습의 생명의 물길을 찾기 힘든 것이 자연의 생태계인 것이다. 지역의 삶의 조건이 변하면 그 지역 사람의 삶도 정신도 변하게 된다. 생태계에서 모든 것이 상호 연결돼 있듯, 그 생태계에서 살고 있는 사람들의 삶 또한 생태계와 밀접하게 연결돼 있다. 현재 진행 중인 지자체 중심의 그 어떤 지역개발 사업도 '개발'이라는 관점에서는 대동소이하다. 그 개발 뒤에는 경제적 효율만 있지 지역 생태계에 대한 배려와 인간의 진정한 삶의 질에 대한 깊은 사고는 거의 없다고 해도 과언이 아니다. 바로 이런 점에서 생태 공동체운동이 지역에 자리해야 하고 새로운 지역운동의 중심으로 자리매김 돼야 하는 당위성이 있다. 우리나라 대도시를 제외한 지역으로서 중소도시에는 그 배후에 생태공동체가 위치할 수 있는 농촌이 있다.[7] 그리고 생태적

7) 생태공동체가 농촌에 자리해야 하는 당위성으로는 이미 지난 20여 년 동안 국내외 생태공동체 담론에서 하나같이 일치된 결론으로 제시된 것처럼 미래 대안사회로서 생태공동체는 지구상의 모든 유, 무기물을 포함한 생명체가 현재 그리고 미래에도 지속가능한 사회가 되기 위해서는 무엇보다 한 사람 한 사람의 의식혁명이 선행되어야 하는데. 그 의식혁명의 깨달음과 교육 그리고 실천의 장이 바로 땅과 흙이라는 사실이다. 땅에서 직접 생명을 키우며 생명의 유기성 총체성 순환성을 몸소 경험하는 생태영성훈련의 기

순환, 복원이라는 생태공동체의 확산운동의 현장으로 중소도시가 이웃 거리에 함께 자리하고 있다. 이는 무분별한 지역개발을 막고 새로운 모습의 지역사회에 대한 대안을 제시하는 운동으로서 생태공동체가 지역사회에 위치해야 하는 근본적 이유라 하겠다.

2.2. 한국 지역사회의 현실

생명에 대한 인식의 전환과 세계관에 대한 패러다임의 변환에 기반을 둔 신사회운동으로서 생태공동체운동이 물리적 공간으로서 지역사회에 위치해야 하는 당위성을 살펴보았다. 이 장에서는 생태공동체가 위치해 상호 공존하고 공생할 우리의 지역사회의 현실을 살펴본다. 특히 생태공동체가 지리적, 사회적, 정신적 공동의 유대를 이루고, 생태적으로 의 · 식 · 주에 있어서 자연친화적이어야 하고, 구성원들이 인식과 의식의 변화에 생태적 바탕을 둔 영성 공동체라는 의미를 기본으로 가정할 때, 이웃 지역사회는 얼마나 (반)공동체적, (반)자연친화적 (반)영성적 인가에 대해 살펴볼 필요가 있다. 이는 생태공동체는 자신들만 생태적으로 행복하게 살아가는 자족적인 소집단으로는 결코 존재할 수 없으며 그래서도 안 된다는 당위성에서 출발한다. 생태, 생명의 원리는 관계이고 순환이다. 또한 전체로서 부분이다. 그러므로 생태공동체는 결국 자신이 위치하는 지역사회의 전체로서 부분으로 자리해야 한다. 이런 역동적인 관계, 순환으로서 생태공동체가 공생해야할 선결조건으로 우리의 지역사회의 생태적 현실을 살펴보기로 한다.

2.2.1. 한국 지역사회는 얼마나 (반)생태적인가

우리의 생태공동체가 위치해야 할 지역사회로는 중소도시 배후에 자리한

본현장이 바로 농촌인 까닭이다.

농촌지역의 적합성에 대해서 이미 논하였다. 다시 한 번 상기하자면, 우리의 농촌지역은 생태적, 사회적(공동체적), 영성적 삶의 실천의 장으로서 그리고 배후지역인 주변 중, 소도시로의 생태적 확산이라는 운동의 장으로서 생태공동체가 위치하기에 적합하다는 것이다.

그렇다면 생태공동동체와 지역사회와의 공존 혹은 공생방안을 연구함에 있어서 우선 현재 한국의 생태공동체가 위치할 지역사회로서 한국의 농촌지역은 얼마나 사회적, 문화적, 영성적으로 (반)생태적인가라는 물음이 물어져야 할 것이다. 이 물음에는 근본적으로 한국형 생태공동체 모델을 제시하는 데 독일을 포함한 여타 생태선진국 형 생태공동체와는 다른 우리의 현실과 실정에 맞는 생태공동체 모델의 답이 그 물음 안에 들어 있기 때문이다.

하지만 이 물음에는 시간적 차이를 두고 묻고 답해져야 할 것이다. 우리 농촌마을의 과거와 현재의 관점에서 각기 따로 묻고 답해져야 한다는 말이다. 이유는 생태적, 사회적, 영성적 관점에서 우리의 농촌은 소위 근대화 이후 급격하게 변했기 때문이다. 적어도 근대화 이전의 우리 농촌 마을은 근대화 이전의 전 세계 대부분 농촌마을이 그렇듯이 생산에서 소비과정에 이르기까지 근대자본주의 방식과는 판이한 자연친화적이고 순환적이었다는 말이다. 또한 생산 공동체 성격을 지니고 있었던 우리 농촌마을은 자연스럽게 사회적으로도 공동체성격을 이루고 있었을 뿐만 아니라 오랜 기간 동안 공동의 역사와 문화로 정신적, 영성적으로도 공동체를 이루며 살아왔기 때문이다.

이런 생태적, 공동체적 농촌공동체가 붕괴되기 시작한 것은 일제에 의한 갑오개혁에서 시작되어 제3공화국 박정희 군사정권이 추진한 농촌 근대화 새마을 운동에서 그 정점에 이르렀다고 할 수 있다. 한국형 생태공동체는 우리의 전통 농촌마을에서 수천 년 동안 우리 안에 집단무의식처럼 전해 내려온 생태의식을 어떻게 창조적으로 회복해가는가의 여하에 따라 우리식의 어떤 공동체 모델을 만들 수 있는 가능성을 발견할 수 있다고 생각된다.

2.2.2. 생태적 관점에서 본 한국의 과거 농촌

이 점에 대해서는 이미 한신대 생태공동체 연구팀에서 첫 번째 발간한 『녹색 사유와 독일 공동체』의 제5과제인 "독일 사례에 비추어 본 한국 생태공동체"에서 서요성의 "한국인의 삶에 깃든 생태의식"에서 그리고 또 두 번째 연구서인 『새로운 눈으로 보는 독일 공동체』의 제5과제인 "한국 생태공동체의 실상과 발전방향"에서, 박경철의 "생태 공동체의 건축과 식생활"과 박광우의 "생태공동체와 민속문화" 등에서 부분적으로 연구된 바 있다.[8]

이 연구들을 통해 공동적으로 드러나 있는 한국의 과거 농촌마을은, 좀더 정확하게 말한다면, 조선이 타의에 의해 강제적으로 정치 경제 사회 문화 전반에 걸쳐 근대화되는 시점인 갑오개혁 이전까지 수천 년 동안 이어져 내려온 전통적인 농촌마을은, GEN에서 제시하는 생태마을 공동체가 갖추어야 할 기본조건을 상당히 많은 부분 갖추었다고 할 만하다. 즉 지리적, 사회적, 정신적 공동의 유대를 이루 공동체이 성격을 갖추고 있었고, 의 · 식 · 주에 있어서도 매우 생태적으로 자연친화적이었다. 문화적으로도 농업생산 공동체라는 기반 하에 자연 물활 사상이라는 민간신앙이 뿌리 깊게 농민들 의식 속에 전통으로 내려와 농촌마을의 정신적 영적 생태공동체를 이루는데 중심역할을 하고 있었다고 볼 수 있다. 문화적 측면으로는 다양한 농촌 민속문화의 형태 속에 다양한 생태의식이 남아 전래되어 왔다. 다만 민주적인 의사와 신분간의 평등이라는 문제에 있어서는 오랜 왕조체제 하의 신분체제가 농촌마을에도 뿌리 깊게 남아 있었던 관계로 근대적 의미로는 생태적이지 못했다고 할 수도 있겠다.

---

8) 서요성의 "한국인의 삶에 깃든 생태 의식"은 『녹색 사유와 독일 생태공동체』, 한신대학교 출판부, 2004, 405~30쪽 참조. "한국 생태 의식의 현왕"은 『새로운 눈으로 보는 독일 생태공동체』, 월인, 2005, 541~63쪽 참조. 박경철의 "생태공동체의 건축과 식생활"과 박광우의 "생태공동체와 민속문화"는 각각 『새로운 눈으로 보는 독일 생태공동체』, 469~90쪽, 541~62쪽 참조.

2.2.3. 생태적 관점에서 본 현재 한국 농촌

가) 사회적, 경제적 측면

2차 대전 후 대다수 아시아 아프리카를 비롯한 소위 제 삼 세계라 분류된 개발도상국가들에서 공통적으로 일어났던 현상으로, 서구 제국 열강들에 의해 식민지를 겪은 이들 국가들은 독립한 후 국가 주도하에 서구 따라잡기의 일환으로 무비판적인 도시 근대화 열병에 휩싸였다. 이 과정 중에 농촌의 모든 생활 방식은 전 근대적인 것으로 치부되기 일쑤였다. 근대화=산업화=서구화라는 등식 하에 묻지마식 개발을 해온 대부분의 제 삼 세계국가들에서는 근대화라는 미명하에 농촌의 전통적인 삶의 양식이 거의 파괴되는 공동의 운명을 맞게 됐다. 그 과정 하에 전통적으로 생태적 삶을 살아오던 이들 농촌공동체들에 근대화를 가장한 도시 방식의 물질문명이 들어오게 되었다.

우리나라도 예외는 아니어서 일제 강점기를 통한 타의에 의한 근대화를 시작으로 박정희 군사정부의 국가 독점자본을 기반으로 하는 근대화개발계획하에 농촌의 전통적인 삶의 양식이 거의 파괴되었다. 무엇보다 심한 파괴는 농촌경제 기반의 상실이다. 국가 주도하에 위로부터 실시된 근대화, 산업화는 시작한지 반세기도 못 돼 도시 종속적인 경제구조시스템을 낳았다. 제 일차 산업이 중심인 농촌경제는 도시에 영원히 종속되는 국가 산업시스템에 희생양이 될 수밖에 없었다. 그 단적인 예가 삶의 터전으로 희망이 사라진 농촌을 떠나 무작정 도시로 떠난 70년대 젊은이들의 이촌향도러시 현상이라 하겠다. 그 후로 한 세대가 지난 오늘날 농촌의 현실은 땅이 있어도 노동력이 없어 놀려야 하는 현실이고, 학교가 있어도 학생이 없어 학교가 폐교 되거나 이웃 학교와 통, 폐합해야 하는 현실이며, 그나마 몇 안 되는 농촌 총각은 장가를 가기 위해 전문 혼인 상담소를 통해 중국 조선족 처녀나 베트남 여인과 결혼해야 하는 현실이다. 더 나아가 21세기 새 천년의 우리 농촌의 현실은 FTA 농산물 전면개방이라는 날벼락까지 맞을 위기에 처해 있다. 농촌 경제 기반인

농사를 조만간 포기해야만 할 때가 다가올지도 모를 절대 절명의 위기에 현재 우리 농촌은 몰려 있는 것이다.

나) 문화적 측면

경제적 기반이 무너진 농촌은 그 문화적 기반 또한 무너지거나 정체돼 도시에 비해 현저하게 낙후돼 있다. 농촌경제가 낙후돼 있으니 사람들이 농촌을 떠나게 되고, 사람이 없으니 지켜낼 전통 문화도, 더욱이 새롭게 창조해 나갈 문화도 거의 찾아보기 힘든 형편이다. 우리농촌의 전통 민속이나 생산 공동체로서 농촌 절기 의식이나 축제와 같은 마을공동체 문화는 거의 사라져가는 현실이고, 있다손 치더라도 자발적인 주민 참여하에 이루어지기보다는 지자체 등의 기획과 지원 하에 형식적이고 전시적인 박제된 문화 공연의 형태로나 근근이 이어 내려올 뿐이다.

그 원인으로는 무엇보다 전반적으로 농촌마을공동체의 붕괴에 있다고 할 것이다. 물론 삶에 가장 근간이 되는 농촌 경제기반의 붕괴가 그 첫 번째 원인이라 하겠지만, 농촌의 외형적 모습 또한 근본적으로 빠르게 바뀌어가고 있는 형편이다. 90년대 풀뿌리 민주화의 근간이 되는 지자체실시 이후 지방 정부는 그 어떤 지역사업보다도 지역개발이라는 미명하에 기간산업의 건설에 치중해왔다. 그 대표적인 예가 전 국토의 도로망건설이었다. 그 결과 지자체 실시 이후 불과 10여년 만에 전국 방방곡곡 산골 오지 마을에도 국도, 지방도로가 아스팔트로 시원스럽게 나 있다. 이는 도농 간의 거리가 현저히 좁혀지고, 지방 중소도시와 농촌의 공간적 구분을 거의 없애버렸다. 농촌에 주거지를 두고서도 농사를 짓지 않고 지역 중소도시로 출퇴근 하는 농촌인구가 늘어가고 있다. 이런 변화상과 더불어 농촌의 의·식·주 형태도 거의 도시 모습과 다를 바 없게 되어가고 있다. 시원하게 뻗은 사차선 도로 양 옆으로 들녘이 펼쳐져 있고 과거 농촌마을이었던 평야 한 복판에 아파트 한, 두 동이 볼품없이 불쑥 솟아나 있는 모습은 이제 우리 농촌에서 쉽게 볼 수 있는 풍경이 되었다. 농촌사람들의 소비문화도 도시 못지않게 근처 중소도시의 대형 유통망이 들어와 별반 차이가 나지 않는 상황이다.

이렇게 달라진 농촌 삶의 현실 모습에서 우리 농촌의 전통민속문화를 찾아보기란 당연히 힘들게 되었고, 그 속에 담겨 내려오는 생태의식 또한 우리 기억 속에 묻혀버린 먼 과거얘기에 불과하게 되었다. 농사 절기 때마다 행해지던 두레와 동제 마을 굿은 이미 농법의 기계화에 의해 사라진 지 오래고, 세시풍속에 묻어있는 자연생명에 대한 존중사상은 화학비료와 농약사용에 의한 화학농업에 의해 잊혀진 지 오래다. 대가족 제도 하에 이어 내려오던 여러 마을 풍습은 한두 세대 만에 농촌구성원의 세대 간 단절로 이제 거의 사라져갈 위기에 처해 있는 것이 현재 우리 농촌 문화의 현실이다.[9)]

다) 영성적 측면

오늘날 대부분의 농촌에서는 자본주의 체계하의 도시근로자가 느끼는 노동의 소외를 정도의 차이는 있을지라도 공통적으로 느끼고 있다고 본다. 우리 전통농법에서 농민들이 느꼈던 땅, 하늘, 사람이 하나 되는 생명농업으로서의 노동의 신성과 자연의 영성을 느끼기에는 오늘날 농업은 화학농법으로 인해 너무 많은 죽임의 요소들이 땅, 하늘 사람에게 들어와 있다. 이런 노동이라면 아무리 농사라도 생명을 살리는 노동이 아니라 생명을 죽이는 노동으로 전락해, 생명노동의 주체로서 노동에 대한 주인의식을 온전히 갖는다고는 말하기

---

9) 필자의 고향은 우리나라 민속의 보고라고 하는 전라남도 진도의 작은 낙도 금호도이다. 필자가 어린 시절을 보낸 60년도 후반에서 70년도 초반 까지만 해도, 들에서는 노동요인 '진도 들노래'를 어디서나 들을 수 있었고, 바닷가에서는 풍어제를 쉽게 볼 수 있었다. 사람들이 모인 술판에서는 의례히 진도 육자배기 한가락 정도는 나오기 마련이었고, 상갓집에서는 당골의 씻김굿이 마을 공동행사처럼 행해지곤 했다. 하지만 한 세대가 지난 지금 이런 민요나 민속은 진도군 내의 전통문화회관의 주말 상설공연으로나 볼 수 있을 정도다. 지금 4~50대 성인 남녀들은 진도 들노래도, 육자배기 한 자락도, 부를 줄 모른다. 그들의 문화는 어느덧 노래방 문화로 바뀌어 버렸다. 이와 같은 상황은 전국 어느 지역에서도 비슷한 현실이다.

가 힘들다.

이런 농촌의 내, 외적 현실에서 생태적 영성을 기대하기란 쉽지 않은 것 또한 우리 농촌의 현실이다. 땅은 한 세대 이상에 걸친 화학농법으로 이미 병들어 있고, 하늘은 온갖 오염된 공기로 땅에 산성비를 쏟아 붓고 있다. 그렇게 상해버린 하늘과 땅 사이에서 농사를 짓는 농민들의 의식 또한 상품과 교환의 효율이라는 자본주의 상혼에 이미 젖어있기는 도시와 마찬가지다. 하지만 지역 개발의 현장에서 개발을 막고 자연생태를 보전하려는 일부 지역 활동가와 환경단체들을 상대로 "니들이 농촌 현실을 알아"하며 싸우는 현지 농민과 어민들의 모습 속에서 마냥 그들의 생태적 영성의식의 부족만을 탓할 수 없는 것 또한 지금 우리 농촌의 안타까운 현실이다. 가난의 대물림을 자기 대에서 끝내려는 저들의 절규에서는 생태니, 지속가능한 발전이니 하는 빛 좋은 말들은 한 철 휴가를 보내기 위해 시골의 아름다운 하지만 가난한 자연풍경을 붙잡아 두려는 도시 사람들의 호사로밖에 안 들릴 것이다.

2.3. 한국 생태공동체의 현실[10)]

생태공동체의 주거공간은 지역사회와 동떨어진 고립된 공간이 되어서는 곤란하다. 공동체 운동은 기존 사회와 모든 관계를 단절한 소수의 행복만을 추구하는 것이 아니라 궁극적으로는 주변세계로의 자연스러운 확산과 이웃의 동참을 통해 사회 전체와의 '더불어 삶'을 지향하기 때문이다. 그러므로 생태

10) 황대권은 한국의 대표적인 생태공동체의 분류를 지역 연고가 없는 일군의 사람들이 지역에 계획공동체를 세우는 정주형 생태공동체와 현지 주민 스스로가 생태적 자각으로 자신의 지역을 생태마을로 바꾸어나가는 지역형 생태마을(공동체)로 크게 나누고 있다. 전자의 대표로는 경기도 화성에 있는 야마기시경향실현지와 경남 함양의 두레마을, 전북 변산의 변산공동체, 경북 울산의 한농복구회 등을 꼽을 수 있고, 후자의 대표적 예로는 홍성 문당리 마을과 전남 장성의 한마음 공동체와 전북 남원시 산내면의 실상사들녘 공동체를 대표적 예로 들고 있다. 필자가 사용하는 한국 생태공동체라는 용어에는 한국의 생태공동체와 지역사회의 공존방안에 대한 연구라는 이글의 성격상 이 두 가지를 함께 포함해 사용하기로 한다. 황대권, "한국 생태공동체의 농업현황과 전망", 『새로운 눈으로 보는 독일 생태공동체』, 493～506쪽.

공동체는 지역사회의 자연스러운 일부가 되어야 한다. 그렇다면 90년대 이후 본격적으로 하나 둘씩 생겨난 생태공동체는 현재 지역사회와 어떤 공존의 관계를 맺고 있는가를 대표적인 생태공동체의 사례를 통해 살펴보기로 한다.

2.3.1. 사회(경제)적 현실

황대권은 생태공동체를 "단기적으로는 유기농업을 근간으로 사람과 자연이 공생하는 정주시스템을 만들어서, 장기적으로는 지역적으로 순환하는 경제 시스템을 만들고자 하는 전략적인 운동"이라고 정의 내리고서는, 국내의 대표적인 계획 생태공동체로 변산 공동체, 야마기시 경향실현지, 두레공동체, 한농복구회, 실상들녘공동체 등 다섯 개를 선정하고 각 공동체의 경제 자립도에 대해서 연구 조사한 결론을 이렇게 내렸다. "우리나라의 대표적인 생태공동체 다섯 군데를 조사해 보았지만 어느 곳도 1차 생산품인 농산물만 팔아서는 공동체의 유지가 곤란한 것으로 드러났다…이들 공동체들이 지금까지 활발하게 유지되고 있는 이유는 현실에 맞게 수익구조를 2차와 3차 산업으로 전환시켰기에 가능한 것이다."[11]

황대권의 연구에서 드러났듯이 1차 생산품을 자연 친화적인 유기농법만으로 재배 판매해서는 계획 생태공동체의 경제 자립을 이루지 못한다는 게 현실이다. 이는 생태공동체의 정신을 훼손하지 않는 범위에서 현실적으로 생존할 수 있는 방법을 찾는다는 게 현실적으로 결코 쉬운 일이 아님을 실증적으로 보여주고 있는 예라 할 것이다.

그 자구적 대안으로 각 생태공동체는 생산에서 유통까지 직접 관장하게 됐다. 하지만 문제는 정도와 규모에 있다. 변산 공동체에서는 공동체의 생태적 영성과 철학이 확고한 만큼 전체 농가의 수입의 70%를 1차 생산물에 의존해 경제적 자립에 어려움을 겪고 있는 실정이다. 반면에 2004년 정부에서 실시

11) 같은 책, 491~515쪽.

한 친환경농업 평가회에서 '전국 최우수 친환경농업지구'로 선정된 바 있는 한농복구회 경우는 생태공동체 자체의 경제적 자립도는 높으나 특정작물을 대량 생산하고 가공해 국내외 23개나 되는 유통망 지부를 갖고 있을 정도로 다국적 그룹화됐다. 이미 규모면에서 여러 가지로 생태공동체의 적정 규모를 훨씬 초과한 상태이다. 이런 초규모의 시스템 하에서는 자연히 '기업 그룹 시스템'화 되고 어느새 자신도 모르게 효율과 이윤창출에 의한 자본주의 관리와 경영을 따르기 십상이다. 이런 현상은 이미 대규모 식품가공 공장과 유통회사를 갖추고 있는 경기도 남양만의 두레마을에서도 드러나고 있는 부작용이기도 하다.

재화를 생산해 내는 것 이외에 일반적으로 생태공동체가 수익창출을 위해 많이 선택하는 방법은 공동체의 농업생산 과정과 생활을 프로그램화하여 일반대중들에게 알리는 것이다. 그러나 우리나라 거의 대부분의 생태공동체에서 실시하고 있는 농촌체험실습프로그램은 이미 상품화되다시피 했다. 공동체의 경제에 상당히 도움이 되는 것은 사실이지만 이미 서구의 공동체에서 판명났듯이 생태공동체의 가장 기본적인 농업생산이 텃밭정도의 규모로 축소되어 부차적인 요소로 전락할 위험이 상존하고 있다.12)

2.3.2. 문화(영성)적 현실

생태공동체 내의 생태적 자각에 의한 의·식·주의 생태적 삶은 그 자체로 공동체 내에서 하나의 자연스런 생태문화로 자리해야 한다. 천연옷감에 천

12) 아직 우리나라의 생태공동체들이 만들어진 지가 얼마 안 돼 극단적인 사례가 없으나 미국의 경우 대표적인 사례가 40여 년의 역사를 자랑하는 테네시주 썸머타운에 건설된 The Farm 계획공동체이다. 처음에는 농업에 근거한 공동생산 공동분배 시스템을 가지고 있었으나 수입이 보잘 것 없고 책임구분도 모호해져 1983년에 경제적 파산에 직면한다. 그 후로는 공동체 구조를 완화시켜 개별 가정경제 구조로 바꾸고 업종을 농업에서 2차와 3차 산업으로 전화하였다. 현재 팜공동체의 주력산업은 공동체 체험 프로그램, 자연분만 클리닉, 건강 다이어트, 대안기술, 식품가공, 예술공연 등으로 텃밭 외에는 직접적인 농업생산이 거의 없는 형편이다. 황대권, 앞의 책 509쪽.

연 염료로 손수 옷을 지어 입으려는 노력, 자신의 손으로 지은 유기농 먹거리, 가능한 자연적인 소재로 지은 자연친화적인 집, 그리고 제로 웨이스트에 의한 순환원리 지향의 에너지소비 등은 각 생태공동체 내의 일상적 삶의 실천 속에서 자연스럽게 생태적 영성훈련으로 연결지어지는 것이다.

하지만 우리나라의 생태공동체들의 다양한 성격, 수만큼이나 그 정도 차이는 있으나 공통적으로 비교적 실천하기 쉬운 의와 식의 측면에서는 생태적이라 하겠으나 주거문화나 에너지 문제에 있어서는 아직 생태적이라 할 만큼 만족스러운 곳은 드물어 보인다. 계획생태공동체는 주로 도시에서 생태적 대안의 삶을 찾아 농촌으로 내려온 환경 활동가, 교사, 예술인 등등의 지식인층이 많이 것이 실상이다. 이들이 깨닫게 된 생태적 영성은 근본적으로 우리 농촌마을 공동체에서 오랫동안 전해 내려온 생태적영성과는 그 주거형태에서 표출되는 모양과 방법에 있어 차이가 있다는 느낌이다. 그 한 예로 국내에서는 처음으로 계획, 조성되는 안솔기 생태마을은 대안학교인 간디학교의 배후주거지이다. 대안교육에는 관심이 높지만 마을 명칭에서 알 수 있듯이 생태적인 삶의 주거방식에는 다소 부담을 느끼는 것 같다. 일반적인 농촌형 자급자족의 생태마을은 아니고, 다양한 외부의 생산기반에 의존해 생활방식을 생태적으로 실천하고자 만든 공동체마을이다. 따라서 기존 환경농업에 관심이 있는 농촌형 생태마을과는 달리 안솔기마을은 마을계획 및 설계 그리고 그 조성과정에서 환경친화적인 생태기술을 개발하고 적용하는 데 주안점을 두고 있는 반면 그들이 정주하는 주거형태는 주변 농촌지역과는 어울리지 않는 전원주택 같은 형태를 띠고 있다.

대안 생태에너지개발 측면에서도 우리나라 생태공동체의 경우는 아직 매우 미흡한 단계에 머무르고 있다. 제로웨이스트측면에서 일반 음식물쓰레기 처리나 재활용과 퇴비전환의 활용도에 있어서는 대부분의 생태공동체에서 잘 정착되고 있으나 대안생태에너지 개발측면에서는 거의 진전이 없거나 미미한 편이다고 할 수 있다.

이런 생태공동체의 열악한 대안 에너지 개발 현실에서도 눈에 띄는 생태공동체가 있다. 1991년 경남 산청군에 기독교종교 공동체로 시작된 민들레 공동체이다. 이 공동체에는 다른 생태공동체에서 보기 힘든 대안기술 센터라는 것이 있다. 이곳에서는 여러 가지 대안 에너지를 연구 개발 교육시키고 있는데, 태양광(열)주택, 태양전지, 태양열 오븐 등등 태양을 이용한 에너지 개발과, 식물성 기름을 이용한 바이오디젤을 개발해 사용하고 있다. 그 외에도 여러 가지 대안기술, 적정기술에 대한 개발에 힘쓰고 있으며 이 모든 과정을 교육 프로그램화시켜 보급시켜나가고 있다.[13)]

의・식・주에 대한 영성적 측면 외에도 지역의 민속문화에 대한 생태공동체들의 참여와 개발적인 부분이 대체로 미흡한 편이다. 생태공동체들이 이웃하고 있는 지역 농촌사회에 전래되어 남아 있는 민속문화 형태에는 무속과 연관된 것이 많다. 농촌의 생산노동과 밀접하게 얽혀있는 세시풍속에는 무속적인 굿이 하나의 의례로 문화로 전승돼 내려오고 있다. 그 굿 속에는 우리전통의 생태사상이라 할 수 있는 애니미즘의 물활신앙이 결합돼 있는데, 이 속에는 자연물상의 모든 것에 인간과 동등한 생명이 깃들어 있다는 우리 선조들의 자연친화, 생명존중사상이 내재돼 있다. 이런 귀중한 우리의 생태사상이 서구근대화를 쫓아간다는 미명하에 미신으로 폄하되고 지역농촌마을에서 쫓겨났다. 한국의 생태공동체는 우리가 잃어버렸거나 사라져가는 생태적 민속문화를 발굴해 복원하는 데에 앞장서야 한다고 본다. 그런데 현실은 그 반대인 경우가 많다. 현재 한국의 생태공동체의 상당수가 종교를 중심으로 형성된 것(두레 공동체, 장성한마음 공동체, 실상사 인드라망 공동체, 한농복구회 산청 민들레공동체 등등)이 많아 이런 우리의 생태적 민속문화의 복원이나 활성화에 거의 관심을 두지 않고 있는 실정이다. 이런 종교 공동체들의 태생적 한계가 있다고 하더라도, 지역농촌 사회와 하나 되어 어우러지고 우리 안에 무의식처럼 자리한 생태문화 영성을 창조적으로 접목하려는 노력이 필요한 실정이라 하겠다. 민속문화에 들어 있는 자연 물활신앙은 신앙이나 종교이기 이전

13) 보다 자세한 사항은 http://atcentre.org 참조.

에 오랜 우리의 기억 속에 역사 속에 그리고 삶 속에 전승돼 내려오는 문화이다. 무엇보다 그 지역마다 독특한 지리, 역사, 삶의 조건에 맞게 내려오는 생태와 공동체가 어우러지는 우리의 지역문화이다. 그런 문화를 종교적인 이유로 외면하고 있는 것이 현재 상당수의 우리 생태공동체의 모습이다.

2.4. 한국 생태공동체와 지역사회의 '공생(상생)' 방안[14)]

생태공동체운동은 자본주의 세계화체제 하의 인간이 자본화, 상품화돼가면서 모든 생산방식에 있어서 인간이 하나의 도구로 전락해 간다는 위기의식에서 시작된 인간생명권회복운동이다. 동시에 현 자본주의 세계화체제 하에서 지구라는 생태계는 더 이상 지속가능하지 않다는 깨달음에서 시작된 자연생명권회복운동이라 하겠다. 이는 근대산업혁명 이후 국가 산업 자본주의 체제 하에서 오랫동안 단지 자원으로밖에 인식되지 못했던 자연에 대한 새로운 눈뜸이자 반성이다. 동시에 자연과 분리된 채 살아온 결과 인간 또한 황폐화되었다는 인간 삶에 대한 진지한 반성이었다. 아울러 이대로 가다가는 인간과 자연이 함께 살아가야 하는 지구생태계 자체가 더 이상 지속가능하지 않다는 판단 하에 새로운 대안사회운동으로 대두된 것이 생태공동체운동이다.

하지만 이런 깨달음을 구체적인 삶의 실천으로 실행하기란 여간 어려운 일

---

14) 2차 한신생태공동체팀 연구에서 이근행은 GEN에서 2001년에 개발하여 제시한 '공동체의 지속성 평가'지표를 활용해 우리나라 공동체의 지속가능성 검토를 시도한 바 있다. 우리나라 각 공동체의 성격과 특성을 다섯 가지로 분류 통합해 비교평가를 시도했는데, 그 결론으로 생태공동체의 지속가능 전략과 과제를 대략 세 가지로 결론짓고 있다. 첫째, 생태공동체는 그 자체로서 자연-인간-사회의 유기적 관계망이다. 근대 산업화 시대 이후 이 유기적 관계망이 인간에 의해 망가졌기 때문에 또 다른 의미에서 이 관계망의 온전한 회복을 위해 다시 인간의 적극적인 개입이 필요하다. 둘째, 생태공동체는 영성적, 생태적, 사회적 삶을 통합적으로 실현하는 실천의 장이 되어야 하고, 이 세 가지가 조화롭게 꾸준히 진전시키도록 해야 한다. 다만 이 가운데 초기 공동체들은 영성적 측면에 각별히 관심을 기울어야 한다. 셋째, 생태공동체는 공간적으로 생물지역(bioregion)이나 직접적인 관계가 가능한 규모의 크기를 기본단위로 유지해야 하며 어느 선을 넘어설 경우 분화해야 한다. 이근행, "생태공동체의 지속가능 전략과 전망", 『새로운 눈으로 보는 독일 생태공동체』, 537~9쪽.

이 아니다. 정주형 계획생태공동체의 경우 자신이 살아온 편리한 도시적 삶의 방식을 버리고 불편하기 짝이 없는 농촌 삶의 방식으로 바꿔야 한다. 풍요로웠던 의식주 생활에서 근검절약의 소박한 의식주 생활로 바꿔야 한다. 도시에서는 해보지 않았던 육체노동을 해야 한다. 그리고 무엇보다 익숙했던 도시의 삶의 터전을 떠나 낯선 곳에서의 새로운 삶의 환경에 적응해야 한다. 의식주의 문제도 문제지만 무엇보다 새로운 환경에서의 정신적 고립감을 탈피하는 것이 시급하고 가장 절실한 문제로 다가올 것이다. 한마디로 자신의 전 인생을 거는 대단한 삶의 결단과 모험이 아닐 수 없다.

물론 지역형 생태공동체인 경우는 정주형 생태공동체보다는 여러 가지 면에서 새로운 삶의 변환과정에서 적응하기가 수월한 측면이 많을 것이다. 무엇보다 익숙한 삶의 터전을 옮기지 않아도 된다는 점이 심리적 안정감을 가져다 줄 수 있을 것이다. 하지만 심리적인 측면을 제외한 다른 면에서는 정주형 생태공동체와 크게 다르지 않다. 생태적, 영성적 깨달음에 의한 삶의 전환에서 필연적으로 따라오는 자본주의석 삶의 방식의 잉여와 부를 포기하는 것이 될 것이기 때문이다.

그렇다면 결코 쉽지 않은 생태공동체가 어떻게 스스로 경제적으로 자립하고 사회적으로 공동체를 유지하며 문화적으로 생태적영성의 삶을 유지하며 살 수 있겠는가. 더불어서 미래 대안사회운동으로서 주변 이웃지역으로 확산될 수 있겠는가라는 어려운 문제가 남는다. 그 문제에 대한 해답의 열쇠는 주변 지역사회와 어떻게 유기적 관계망을 형성하느냐에 달려 있다고 생각한다. 모든 생명은 관계로서만 그 특징을 드러나고 발휘된다. 인간이 모여 사는 어떤 사회 집단도 주변 사회의 관계에서만이 그 특성이 창조적으로 발휘될 수 있다. 도시사회에서처럼 부분화된 개인으로서는 그리고 자족적이고 정체적인 생태공동체로서는 개인이나 공동체 모두 그 특성이 온전하게 발휘되거나 지속될 수 없다. 공동체적 삶 속에서 상호교류하면서 전체로서의 개인이어야, 주변 이웃사회와 상호 교류하면서 지역사회라는 전체 속에서 부분이라는 생태공동체라야 생태시스템의 순환과 지속원리가 작동하는 것이다.

생태공동체는 영성적, 생태적, 공동체적 삶을 통합적으로 하는 일정한 공동 정주 공간 내에서 실현하려는 실천의 장이다. 이 세 요소가 유기적으로 지속 가능하기 위해서는 공동체를 둘러싸고 있는 지역의 자연-인간-사회가 유기체처럼 긴밀한 소통과 순환의 관계망을 형성해 나가야 한다. 생태공동체의 생명력은 지역사회와의 관계망에 달렸다 해도 지나친 말이 아니다.

2.4.1. 경제적 공생

생태공동체가 정주형이든 지역형이든 생태적 삶을 지향하는 이상 순환되지 않는 물질적 소비를 최소한으로 하고 재생가능하지 않는 유한한 자연자원의 이용을 줄이는 것을 생활화한다는 면에서 도시에서의 생계비보다는 매우 적게 드는 것이 사실이다. 하지만 이전의 안정된 수입원을 버리고 새로운 그것도 생태적인 수입원을 찾기란 여간 힘든 일이 아니다. 더군다나 생태공동체의 기반이 농업적 생태관을 기본으로 하는 것이어서 생계형 유기농업만으로는 생태공동체의 유지가 거의 불가능한 게 사실이다. 물론 기업형 유기농 생태공동체도 있을 수 있다. 하지만 위에서 살펴 본대로 기업형 유기농은 생산 유통 단계에서 자신도 모르게 자본주의적 효율과 관리의 방식을 선호하게 되고 결국에 가서는 가장 기본이 돼야 할 생태적 측면을 놓치게 되기가 십상이다.

생태공동체가 지역사회와 순환하고 공생해야 하는 이유가 바로 여기에 있다. 생태공동체가 닫힌 공동체여서는 자족적일 수도 생태적일 수도 그리고 무엇보다 지속적일 수 없다. 생태공동체가 생태적이고 지속가능한 경제구조를 가지려면 필연적으로 지역사회와 순환경제시스템에서 찾아져야 한다. 생태공동체의 사업이 지역의 한계를 벗어나 지나치게 기업화되는 것을 피하면서 지역의 한계를 안고 최대한 지역순환경제에 기여하면서 자신도 경제적으로 자립하는 데 초점을 맞추어야 한다.

그런 방법으로 가장 우선시 되는 것이 농업을 근간으로 하는 다양한 사업과 프로그램을 개발하는 것이다. 우선 농업을 근간으로 하는 유기농과 생태농에 의한 일차농산물 생산물에 대해서 지역 농촌주민들보다는 우수한 정보와 아이디어로 판매, 유통 등에서 보다 안전하고 생태적인 유통망(생협 네트워크 같은)을 개발해 지역주민과 나누는 것이 필수적이다. 다른 일차 생산물에 대해서도 지역적 특색에 맞는 특화 농산물을 개발하거나, 기존의 지역 특산물을 특화작물로 성장 발전시키는 아이디어를 창출해야 한다.[15] 그렇게 함으로써 생태공동체 자체는 물론이고 지역 경제를 발전시키는데 기여를 할 수 있을 것이다. 더불어 생태의식 교육이 자연스럽게 지역민에게 전달되는 것은 말할 것도 없겠다.

하지만 두 경우 모두 그 적정 규모 유지가 절대적으로 필요하다. 그 적정 규모가 어느 정도인가는 각 지역사회와 생태공동체의 사정에 따라 다를 것이다. 다만 상식적인 면에서 보면, 가장 우선적으로는 생태공동체의 한 해 살림에 필요한 수입원을 지나치게 넘지 않는 범위 내의 생산과 유통의 규모를 지키는 것이다. 아울러 그 유통의 경로도 이웃하는 지역사회나 그 배후의 중소도시 주민들의 생태적 먹거리 제공이 우선시 되어야 할 것이다. 지역의 모든 우수한 생태 먹거리들이 우선적으로 가까운 주변지역으로 공급되기보다 비싼 값을 받을 수 있다고 해서 대도시들로만 보내진다면 중앙에 대한 지역의 종속에서 벗어나려는 생태공동체운동의 근본취지와 역행하는 것이 될 것이다.

생태공동체가 일차 농산물의 생산물을 근간으로 자족적인 경제시스템을 모색하는 것 외에도 흔히 생태체험학습장을 프로그램화하는 것이다.[16] 이 프로그램은 생태공동체의 대중적 확산에 기여하는 교육적 측면과 생태공동체 자

15) 좋은 예로 함양 지리산자락에 위치한 두레공동체를 들 수 있다. 해발 500m 급의 산악지대에 위치한 공동체의 입지조건을 감안해 산머루나 허브, 약초 등의 농작물을 주력 품종으로 선택했다. 산머루 가공 사업은 원래 이 지역에 살고 있던 원주민의 사업이었는데 두레 마을이 이 지역에 자리 잡게 되자 서로 결합하게 된 것이다. 주민으로서는 판로나 노동력을 얻게 되고 두레에서는 지역에 정착하는 데 발판을 마련하게 되어 서로가 득이 되는 결합이라고 할 수 있다. 황대권, “한국 생태공동체의 농업현황과 전망” 502쪽.

16) 도농교류의 체험 학습에 대한 제반사항에 대해서는 2차 한신 생태공동체연구팀의 이상엽이 연구 조사한 “생태공동체의 대중적 확산방안-도농교류 체험학습을 중심으로”, 『새로운 눈으로 보는 독일 생태공동체』, 373～402쪽을 참조.

체의 경제적 부를 창출한다는 이중적인 장점이 있다. 다만 프로그램의 내용과 질이 문제다. 우리나라 대부분의 생태공동체에서 실시하고 있는 농촌, 혹은 생태체험 학습 프로그램은 대부분 비슷한 경향이 있다. 유기농 현장체험, 일일농사체험, 생태공동체현장 방문, 생태음식 먹거리체험 등 그 내용에 있어 대동소이한 경향이 있다. 차별성이 없다보니 방문객들이 곧 식상하게 되고 일회성 행사에 그치기가 쉽다. 교육적으로도 청소년들에게 실시하는 일일농사체험이 농사가 자칫 소일거리로 보일 수도 있는 역효과의 위험이 상존한다. 또한 프로그램이 진정성 없이 타성화돼 버리면 하나의 관광 상품으로 전락할 위험성 또한 상존한다. 그러므로 생태공동체 프로그램은 공동체마다 보다 차별화, 특성화를 위한 전략이 필요하다고 하겠다.

이런 차별화 특성화가 가장 두드러진 그리고 추천할 만한 사례가 인드라망 생태공동체 내의 지리산교육원과 민들레 생태공동체 내의 대안기술센터에서 실시하고 있는 교육프로그램이라고 볼 수 있다. 지리산교육원에서는 실상사귀농학교, 우리집짓기 강좌, 자연의학교실 등 타 생태공동체에서는 쉽게 찾아볼 수 없는 교육프로그램을 실시하고 있다. 각 교육 프로그램에 상당한 전문성과 체계적인 조직도 갖춘 우리나라 생태공동체의 몇 안 되는 예다. 이는 전국귀농운동본부와의 지역 네트워크와 실상사라는 오래된 불교적 생태의학과 전통건축의 인프라가 잘 구축되어 있는 탓이다.[17)]

민들레공동체에서 운영하는 대안기술센터의 대안기술교육프로그램은 비록 그 규모나 조직면에서는 실상사 인드라망공동체의 지리산교육원의 프로그램들보다 매우 작지만 그 독창성면이나 교육적으로 자극하는 생태적 상상력적인 측면에서는 주목할 만하다 하겠다. 무엇보다 대안에너지와 적정기술의 연구가 미흡한 우리나라 생태공동체의 실정상, 민들레공동체에서 실시하고 있는 대안기술교육은 우리나라 생태공동체의 나아가야 할 미래방향에 주요한 선구자적 소임을 담당하고 있는 소중한 교육프로그램이라고 생각된다.

---

17) 이들 프로그램에 대한 자세한 사항은 http://www.indramang.org의 지리산교육원을 참조.

2.4.2. 사회적 공생

생태공동체가 지역사회와 공존하고 나아가 공생하려면 무엇보다 지역사회 내의 생태공동체의 존재이유를 지역사회에 각인시키는 것이다. 그 방법으로 가장 진정성이 묻어나고 효과적인 것은 생태공동체가 지역사회의 생태운동의 메카로 자리하는 것이다. 다시 말해 무분별한 지역 개발로 날로 황폐해지고 파괴되어가는 지역생태에 생태공동체가 파수꾼 같은 역할을 해야 한다는 말이다. 이는 생태공동체가 자신이 위치한 지역생태보존과 회복을 위한 운동성을 지녀야 한다는 말로 바꿔 말할 수 있다. 생태문제에 관한 한 지역사회운동의 메카로 인식되도록 지역생태문제에 누구보다도 앞장서야 한다는 것이다. 이런 가장 대표적인 사례를 하나 들자면 지난 실상사 인드라망 공동체가 2000년 지리산 살리기 댐 반대운동에 앞장선 지역생태운동이다. 이를 계기로 이 운동은 지리산생명공동체운동으로 발전하여 '지리산 생명연대'활동으로 이어져 지금은 지역생태운동의 메카로 자리매김 되고 있다.

생태공동체가 이렇게 지역의 생태운동차원에서 지역사회운동에 적극적으로 앞장섬으로써 주민들에게는 지역에 대한 자부심과 정체성을 심어줄 수 있고 생태공동체차원에서도 자신의 정체성을 확고히 다지고 공동체 구성원 간의 결속에도 도움이 될 수 있다. 특별히 공동체 내에서 주기적인 반복하는 생태영성 훈련도 필요하지만, 지역사회의 생태문제에 대한 구체적인 사건들과 만나고 참여함으로써 자연히 얻어지는 영성훈련의 효과는 더욱 크다고 할 수 있다.

하지만 이런 지역문제에 산재한 생태문제가 발생할 때마다 생태공동체가 효과적으로 참여해 대처하기란 결코 쉬운 일이 아니다. 지역 개발에 의한 생태파괴 뒤에는 엄청나게 큰 규모의 자본가와 사업을 승인한 지자체가 있기 마련이다. 이들을 상대로 지역의 작은 생태공동체의 몇몇 인원만으로는 효과적으로 싸우기란 매우 힘에 부치는 일이다. 이런 이유로 생태공동체는 다양한 방식으로 여러 주변 지역 그리고 전국 각지의 생태공동체와 네트워크를 이루어 연대해야 한다. 생태공동체만이 아니라 지역의 여러 NGO단체들과 다양한 방식으로 공동으로 연대해야 한다. 사안별로는 국내 공동체 네트워크뿐만 아니라 국제적으로도 네트워크화해야 할 필요가 있다. 그래야만 단결면에서 생태공동체의 소규모라는 장점을 살리고 생태운동의 확장과 효과면에서 소규모라는 단점을 극복할 수 있다.

지역사회운동으로서 생태운동은 지역주민들에게 생태공동체에 관심을 갖도록 홍보 효과를 줄 수 있다. 지속적인 지역 생태운동에 앞장섬으로써 지역민의 생태적 관심을 높이고 궁극적으로는 일상생활에서 생태적 삶을 실천하게 만드는 계기로 발전시켜 나갈 수 있다. 이런 지속적인 생태공동체운동을 통해 공동체와 지역일반사회 사이의 간극도 조금씩 좁혀 나갈 수 있을 것이다. 생태공동체는 그 자체만으로 중요한 것이 아니라 그 공동체가 지향하는 생태적 삶에 대한 의식과 실천이 주변 지역으로 확산되어야 진정한 생태공동체운동으로 발전될 수 있는 것이다. 지역사회가 생태적으로 복원되고 지속가능한 사회로 나아가야 생태공동체도 진정한 의미로 지속가능하다. 하나의 유기적인 생명조직으로서 생태공동체는 지역사회의 전체로서 부분인 까닭이다.[18)]

2.4.3. 문화적 공생[19)]

생태공동체가 지역사회의 전체로서 부분의 위치를 확보하려면 무엇보다 생

---

18) 한농복구회는 2004년과 2005년 연속 본부가 있는 경북 울진군 왕피리와 청송지부가 정부에서 실시하는 '전국 최우수 친환경농업지구'로 선정될 정도로 유기농업 공동체를 이루고 있다. 또한 독실한 종교공동체로 공동체원 모두 무소유 정신으로 영적무장이 되어 있다. 2004년 현재 국내에 13개 친환경 농업공동체와 해외에 10개의 지부를 설립 운영하는 우리나라에서 보기 드문 대규모 성장을 이룩한 생태공동체이다. 하지만 이 공동체의 가장 큰 문제점은 대부분 깊은 산골에 들어가 철저하게 외부와 차단된 공동체라는 것이다. 그들 스스로는 생태적이라 하겠지만 지역사회와 영적, 문화적, 생태적으로 순환하지 않는 공동체는 더 이상 생태적, 공동체적이라 할 수 없다. 생태와 공동체는 순환하지 않고 쪼개진 부분으로는 그 자체의 특성을 발휘할 수 없기 때문이다.

19) 이 장에서 민속문화에 대한 기본 생각은 임재해의 "민속학의 지역주의 인식과 공동체문화의 지역해방 기능" 글에서 힘입은 바가 컸음을 밝힌다. 『한국 지역주의의 현실과 문화적 맥락』, 김기현 외, 민속원, 2004, 151~186쪽.

태공동체도 지역성을 띠어야 할 것이다. 다시 말하면 중앙과 차별화된 중앙에서는 누릴 수 없는, 중앙에는 존재하지 않는 그래서 중앙으로부터 독립적인 지역역량을 발휘할 수 있는 장점으로서 지역성을 살려가야 한다는 것이다. 그런 지역성의 대표적인 것이 바로 지역문화라 할 수 있다. 지역문화 중에도 공동체문화인 민속문화라 할 수 있다. 고급문화와 대중문화의 관점에서 보면 지역의 문화는 중앙의 문화를 수동적으로 소비만 하는 객체로 전락할 수밖에 없다. 하지만 민속문화의 경우는 사정이 다르다. 마을 공동체가 민속문화의 생산의 주체로서 문화적 창조력을 마음껏 발휘할 수 있기 때문이다. 공동체문화인 민속문화는 일정한 모듬살이를 하는 성원들이 소집단을 이루면서 함께 일하고 함께 빌며 함께 노는 가운데 함께 겪으면서 살아가는 협동의 문화이자 연대의 문화이기 때문이다. 그런 이유로 중앙에는 존재할 수 없는 지역의 마을 공동체에서만이 생산되고 향유되며 전승될 수 있는 것이 민속문화이다.

이런 강한 지역적 특이성을 확보하는 방법으로서 민속문화를 어떻게 생태공동체에서 지역의 민속문화를 발굴, 복원 그리고 지역민과 함께 향유하느냐가 문제가 될 것이다. 하지만 이 문제는 우리나라 생태공동체 성격상 쉬워 보이지 않는다. 그 이유는 무엇보다 외부에 있기도 하겠지만 생태공동체 내부의 문제가 더 커 보인다. 생태공동체운동의 초기 단계인 현 시점에서 그 유지와 성패가 달려 있는 것처럼 보이는 것은 구성원들 간의 영성적인 단결력이다. 이런 이유로 현재 우리나라 생태공동체의 상당수가 종교 신앙공동체형태를 이루고 있는 공동체들이다. 이들 종교공동체들의 공통적으로 드러나는 초기의 성공은 영적인 무장으로 초기의 다른 어려움들을 극복하고 있다는 반증일 것이다. 하지만 이들 공동체들의 문제점은 정도의 차이는 있다고 하더라도, 자신들의 신앙적 이유로 우리 전통 민속문화를 잘 받아들이지 않는 경향이 있다는 것이다. 특히 각 지역에 고루 다양하게 그리고 지역마다 특색 있게 전해 내려오는 마을 굿이나 두레굿 같은 마을행사에 참여하기를 꺼린다. 우리공동체 문화의 꽃이라 할 수 있는 굿을 우리나라에 들어온 근대 종교들은 단지 미신으로 푸닥거리로 폄하해 버린 지 오래다. 물론 굿을 폄하하는 것은 비단 종교인들 뿐만은 아닐 것이다. 일제 식민지 시대를 거쳐 박정희정권 하의 농촌근대화 개발운동의 일환으로 전개된 새마을운동에서 굿을 근대화의 적으로 간주해 농촌마을에서 좇아냈다. 굿을 좇아내는 과정에서 굿이 가지고 있는 생태적, 공동체적, 민속문화적 정신과 양식도 함께 지역민들에게서 좇아내 버렸다.[20)]

이윤추구에 매몰된 시장 논리를 배경으로 문화산업이 급속도로 발달함에 따라 대량생산되고 대량 보급되는 서구의 문화상품이 세계를 하나의 사장으로 겨냥하여 무제한 공급되는 FTA 문화상품경쟁 시대를 맞이하고 있는 지금 각별한 노력을 기울이지 않으면 자기도 모르는 사이에 우리문화는 모두 서구문화에 감염되고 잠식되기 쉽다. 실제 우리는 이미 중앙이나 지역 할 것 없이 대부분의 매체에서 할리우드 영화와 미국 팝송일색이다. 젊은이들 사이에는 학교에서나 거리에서 우리의 전통춤을 추는 이를 보기란 거의 불가능하다. 학교 축제 때나 길거리에서 그들이 부르는 노래나 춤은 힙합이거나 브레이크 댄스가 대부분이다. 중앙에서 우리문화를 지켜내기란 거의 불가능하다. 중앙에서는 효율과 경쟁이라는 시장 메커니즘에 따라 문화도 한낱 상품으로 전락할 수밖에 없다. 서울이나 대도시에서 가끔 공연되는 지역 민속문화나 전통예술도 공연상품으로서 소비되는 눈으로만 바라보는 문화상품일 뿐이다. 민속문

---

20) "고전 물리학이 벗겼다고 생각했던 자연의 신비에 대해 현대 물리학은 백기를 들었을 뿐만 아니라, 20세기 중, 후반에 이르러서는 생물학, 심리학, 환경학, 생태학 분야들에서 줄줄이 기존의 과학적 자연관과 세계관을 뒤엎는 학설이 제기되었다. 지구는 그 자체로 하나의 거대한 생명체여서 스스로 균형 작용을 한다는 James Lovelock의 지구생명론인 "Gaia 이론", 생물체계들 스스로가 역동적인 자기 조직 원리 의해서 진화 발전해 나간다는 Ilya Prigogine의 "자기조직 체계론(Principal of Self-Organization)"과 Erich Jantsch의 "자기 조직 우주론(The Self_organizing Universe)", 모든 조직들의 본질에 있어서는 정신적이라고 규정한 Gregory Bateson과 장회익의 "온 생명"이론 등등은 모두 공통적으로 자연은 단지 인간의 손에 의해 마음대로, 무한정 조작될 수 있는 물질이 아니라 그 자체로 하나의 거대한 생명체라는 것이다. 이런 자연 생명론, 지구 생명론, 우주 생명론은 우리가 미신이라고 여겼던 우리의 토속신앙 굿신앙에 이미 다 들어 있었다. 단지 우리 조상들은 이런 사실을 과학적으로 분석한 것이 아니라 생활에서 몸으로 마음으로 실천한 것이다. 그것도 신격화시켜서 철저하게 일상생활 속에서 실천했던 것이다. 우리가 과학이라는 도구적 잣대로 좇아냈던 미신을 다시 과학이라는 도구로 미신이 아니라고 증명해 준 것은 참 아이러니하기만 하다. 졸고 "예배에서 예배굿으로" 2006년 1월 2일 인터넷 신문, 에큐메니안, 14쪽, http://www.ecumenian.com

화 본래의 성격으로 본다면 이는 죽은 문화이다.

2001년 11월 유네스코의 '세계선언'에서는 "문화 다양성을 보존하고 장려한다."는 문화 다양성에 대한 선언문을 채택했다. 그 이후 언어 인플레이션처럼 이 문화 다양성이란 표현과 개념은 누구나 제 편리한 식으로 인용돼오고 있는 실정이다. 결의문에 "모든 국가에 대해, 정치와 법 체제가 사회에 존재하는 문화의 다수성을 반영할 것"라고 명시돼 있지만 세계화시대의 완전시장 개방화 하에서 국가나 지방행정부에게 우리 소수 문화의 다양성을 지켜내라고 요구하기는 일정한 한계가 있어 보인다.[21] 지역문화를 장려하고 지켜내자는 캐치프레이즈를 내걸고 시행하는 지자체중심의 지역문화행사나 축제에서는 민속문화가 본래 갖고 있는 생태적 영성과 공동체성은 살아날 수 없다. 바로 이런 이유에서 지역 농촌마을에 자리하고 문화적, 생태적, 영성적 공동체 형태를 갖추고 있는 그리고 갖추어나가기 위해서라도 생태공동체가 사라져가는 또는 이미 사라져버린 지역 민속문화를 발굴하고 복원하며 지역민들과 함께 향유하는 담지자로서 발 벗고 나서야 한다.

생태공동체는 이런 지역에 전통으로 내려오는 민속문화를 발굴 복원해내는 것에서만 멈추는 것이 아니라 새롭게 재해석해 오늘 시대에 맞게 창조적으로 변용시키는 것도 필요하다. 우리 농촌의 전통문화에 들어 있는 생태영성을 재발견해 내고 그에 기반한 새롭고 다양한 문화를 창조하도록 노력해야 한다. 농업문화에 있었지만 잊혀져간 특징들 중에서 농업에 있어서의 유기적 농법, 공생성과 순환성, 전통적인 주거지에서의 생태학적 지혜, 민속예술에서의 자연성, 현장성, 신명성, 그리고 두레공동체의 공동체의식 등에서 생태적 정신을 읽어내 동시대의 감수성과 그 지역의 현실적인 특성에 맞게 재해석해 내야 한다. 그래서 지역적으로 다양한 문화를 창조 발전시켜 나가야 한다. 이런 종합적이고 창조적인 지역문화의 활성화에 생태공동체가 나설 때 지역마을과 공동체사이의 신명적 공생관계가 자연스럽게 부드럽게 형성돼 갈 것이다. 문

21) '문화 다양성'에 대한 유엔 결의문 원문을 보려면 『세계화 시대의 문화논리』, 김창빈 외 편역, 한울, 2005, 15쪽을 보라.

화는 부드러운 혁명인 까닭이다.

2.4.4. 영성(교육)적 공생

생태공동체라는 대안적 삶의 선택은 인식의 전환, 즉 깨달음으로부터 시작돼 삶에 대한 구체적 실천으로 이어지는 것이다. 그러기 위해서는 생태교육을 통한 생태영성의 훈련이 공동체를 통해 끊임없이 이루어져야 한다. 생태공동체가 의·식·주 차원의 전반에 걸쳐 생태적 지역순환시스템을 근본 목표로 하고 있는 것처럼 정신적, 영성 차원에서도 지역순환이 이루어져야 한다. 영성적으로 지역순환을 이루기 위한 가장 기본적인 방법은 무엇보다도 교육이라 할 수 있다. 교육이 중심이 되어 인재를 길러내고 그 지역의 정신적 리더들로 세워야 한다. 이런 인재 양성의 순환과 지속이 바탕이 되지 않는다면 생태공동체의 미래 지속가능성은 장담할 수 없다. 생태복원의 중심에 인간이 있기 때문이다.

우리나라 정주형이든 지역형이든 대부분 생태 공동체와 마을에서는 대안 중, 고등학교가 있어 생태교육을 기본으로 대안교육을 실시하고 있다. 하지만 이들 대안학교의 가장 큰 문제가 인재를 양성해도 대부분의 인재들이 다시 중앙으로 가버리고 만다는 사실이다. 또 다른 교육의 종속이 아닐 수 없다. 이 대안학교들의 학생들의 대부분이 그 지역출신이기보다는 서울이거나 타 대도시 출신이 많은 이유도 큰 몫을 차지하고 있다. 이렇게 되면 교육의 순환성이라는 면에서 큰 효과를 가져올 수 없다고 하겠다. 그런 측면에서 대안 학교들은 현지 지역 청소년들을 유치하는 일에 역점을 두어야 한다. 가장 효과적인 생태공동체운동은 누가 뭐래도 지역민 스스로가 나서서 자신의 고향마을을 생태적으로 바꿔나가는 것이라는 데에는 이의를 달 수 없을 것이다. 그렇게 될 때 생태공동체와 지역사회가 삶의 전반에 걸쳐 생태적으로 자연스럽게 연대 확산될 수 있다.[22)]

생태적 영성 교육은 정신교육과 더불어 생활에 실천될 수 있는 실질적 교육이 뒷받침되어야 한다. 대안에너지, 대안기술운동 등이 뒷받침되어, 태양, 바람, 지열, 바이오메스와 물의 흐름 등을 이용한 재생 가능한 에너지의 개발과 확산, 자연정화처리체제, 분뇨처리 등 가정과 마을단위에서 적용할 수 있는 적정기술의 개발과 교육을 통해 보급에 힘써야 한다.

현재 우리나라 농촌마을의 큰 문젯거리 중에 하나가 결손가정 아이들이 많다는 것이다. 도시에서 이혼한 부부들 중 아이들을 도시에서 계속 돌볼 시간적 경제적 여력이 없는 부모들이 아이들을 시골 농촌에 있는 자신의 부모인 할아버지 할머니에게 맡기는 경우가 대도시의 경우보다 훨씬 많은 이유이다. 노인들 밑에서(그 가운데에서도 편 조모, 조부인 경우도 많다) 여러 가지로 외롭고 부족하게 살아가는 아이들을 위해 생태공동체가 품앗이 공동육아나 방과 후 공부방 형태로 아이들을 보살피는데 일정한 역할에 나서야 한다. 이런 역할을 통해 '함께 산다'는 생태공동체 내의 영성 교육효과 뿐만 아니라 지역사회에 기여를 통해 지역과의 유대를 강화할 수 있다. 물론 교육 프로그램에 있어서도 단순 육아나 부족한 학과공부 보충이 아니라 지역 내의 제도권 학교에서 제공해 줄 수 없는 '숲 속 생태학교'를 열어 어릴 때부터 지역아이들의 생태적 영성을 키워내야 한다.

3. 나오는 글

생태공동체운동은 무엇보다 생명에 대한 근본적이고 새로운 눈뜸에서부터 시작된 최근의 그리고 인류사회 전반에 걸친 미래대안사회운동이다. 한 개인의 생명과 삶에 대한 혁명적 인식의 전환이라는 개인적 차원에서 미래 지속가능한 대안사회라는 인류공동의 꿈을 향한 전 지구적 차원에 이르기까지 다양한 스펙트럼을 가진 생태운동이다. 하지만 이 두 가지 측면, 즉 개인적 차

22) 지역의 생태적 인재를 양성해 다시 지역으로 보내 지역의 리더로 키워내는 가장 대표적인 대안교육학교로는 홍성 문당리 생태마을의 풀무학교, 풀무학교 전공부를 들 수 있다.

원과 지구적 차원이 서로 분리돼 있는 것이 아니다. 이 두 가지는 생태 또는 생명의 차원에서 서로 하나다, 크게 연관된 하나이면서 서로 역동적으로 상호 순환하는 하나이다. 전체로서 부분이고 부분으로서 전체이다. 이런 의식의 깨달음을 생태운동적인 차원에서 해석한 것이 "지구적으로 사고하고 지역적으로 실천하라"는 생태 실천행동 강령일 것이다.

이런 깨달음과 실천을 우리나라의 생태공동체운동으로 적용시켜본다면 생태공동체가 왜 지역사회에 위치해야 하는가에 대한 답이 나온다. 좀더 구체적으로 말하면 한국의 생태공동체는 중소도시 배후에 있는 농촌지역에 위치해 지역사회와 역동적인 관계 속에서 생태적, 문화적, 영성적 공동체 삶을 통해 지속가능한 대안사회를 만들어 가야 한다는 것이다. 생태공동체가 농촌을 떠날 수 없는 것은 또는 농사를 기반으로 세워져야 되는 것은, 농사에는 생명의 가장 기본이 되는 "생명의 그물, 에너지의 흐름, 그리고 자연의 주기"를 몸으로 경험하고 머리로 이해하며 가슴으로 느낄 수 있기 때문이다. 이런 깨달음과 실천을 나눌 수 있는 우리의 전통적인 공동체 마을이 있었던 곳이 우리의 농촌이기 때문이다. 그리고 무엇보다 사라져가고 있는 우리의 공동체적 생태적 영성을 회복하고 지속시켜 나가야 하는 운동의 장이기 때문이다.

이렇게 생태공동체가 지역사회에서 서로 나은 생태적 삶을 위해 공생하려면 무엇보다 지역사회의 현실에 대해 인식의 기반위에서 세워져야 할 것이다. 우리 지역 농촌들의 현실에 대한 올바른 인식은 생태공동체가 어디에 위치해야 하는지를 그리고 어떤 방식으로 지역공동체와 공존, 공생해야 하는지를 간접적으로 말해주기 때문이다. 생태공동체가 생태와 공동체의 결합인 이상, 우리나라의 생태와 공동체의 모태인 농촌지역과의 공생을 위해서는 무엇보다 우리 농촌지역의 현실위기에 대한 인식의 기반 위에 서서 그 위기를 극복하되 지역사회와 함께 극복하여야 할 것이다. 6, 70년대 정부주도 하에 잘못 방향 지워진 농촌지역 근대화개발 이후 종속된 농촌경제, 해체돼 가는 농촌마을 공동체, 사라져가는 지역 민속문화, 파괴돼 가는 농촌지역의 생태, 90년대 이후 줄기찬 FTA 농산물 전면개방에 따른 농촌붕괴의 불안감, 등등에 대한 지역의 고민을 생태공동체가 함께 져나가야 한다.

생태공동체가 지역사회와 공생하려면 생태공동체는 철저하게 지역적이 돼야 한다. 경제적, 사회적, 문화적으로 자신이 위치한 지역의 부분이 돼야 한다. 전체로서 부분이 돼야 한다. 경제적으로 생태 먹거리를 생산, 판매하되 그 지역에 알맞은 특화 작물을 개발하고 생태적인 유통망을 개발해내야 한다. 개발을 지역민과 나누어야 한다. 나누되 상호 부족한 점을 보완하는 방향으로 나누어야 한다. 하지만 생산과 유통의 규모는 반드시 한계를 넘어 기업화되는 것을 경계해야 한다. 가능한 한 많은 이윤은 생태공동체보다는 지역민에게 돌려야 한다. 생태공동체의 근본정신은 자본주의 식의 잉여(Surplus)가 아니라 만족(Enough)에 있기 때문이다. 그래야만 운동으로도 확산될 수 있다. 사회적으로는 지역문제, 특별히 지역 생태계와 관련된 문제에 적극 생태공동체가 나서야 한다. 혼자만 나서지 말고 다양한 지역 NGO단체들과 연대해 나서야 한다. 때로는 전국의 생태단체와 공동체들과 네트워크를 이루어 연대해 나서야 한다. 중요한 지역생태 사안에 대해서는 국제적으로도 연대해야 한다. 그럴 때 생태공동체가 그 지역의 생태운동의 메카로 자리매김 되어 지역의 자랑거리가 되고 지역민과의 유대를 강화하는 계기가 될 수 있다. 지역 생태문제의 참여로 공동체 구성원들의 실질적인 생태영성훈련이 자연스럽게 되고 더불어 공동체 구성원들 사이의 결속력도 다질 수 있다. 문화적으로는 사라진 그리고 사라져가는 민속문화를 발굴, 복원하는 데 생태공동체가 앞장서야 한다. 생태공동체가 근본적으로 지향하는 생태적, 문화적, 공동체적 영성이 우리 전통 지역 민속문화에 모두 들어 있기 때문이다.

지역이 없으면 중앙도 없다. 지역이 없는 중앙은 이미 중앙이 아니다. 21세기를 흔히들 세계화 시대라 한다. 국가도 국경도 민족도 이데올로기도 어떤 구별도 없애는 그래서 세계가 하나인 지구촌, 지구마을 시대라 한다. 하지만 이는 거대 자본주의 대국에 얼굴을 가리고 숨어있는 초국적, 다국적 기업들의 막강한 정치 영향력 하에 세계시장을 장악하려는 거짓 복음이다. 이들의 세계화 전략에는 모든 지역을 중앙의 지부로 만들려는 무서운 파괴전략이 숨어있다. 하지만 세계의 모든 지역이 파괴된다면 중앙도 파괴될 것이다. 지역이 없으면 중앙도 없을 것이기 때문이다. 지역이라는 다양성들이 없다면, 그 안에 있는 다양한 생명체, 다양한 문화, 다양한 언어, 다양한 삶, 다양한 생태계가 사라진다면, 결국에 가서는 중앙이라는 허상의 집중된 권력도 사라질 것이다. 그것은 공멸이다. 생명은 부분으로서 전체이고, 전체로서 부분이다. 관계로서만 생명의 특이성을 발휘할 수 있는 것이다. 미세하고 거대한 관계의 망으로서만 순환으로서만 살아있는 것이 생명이다. 그 자연생명체들의 관계망이 자연생태계이고, 인간생명체들의 관계망이 사회생태계이다. 자연생태계와 사회생태계, 인간과 자연, 중앙과 지역, 생태공동체와 지역사회, 이 두 쌍들이 서로 부분으로만 존재한다면 그것은 생명으로서 죽은 것이다. 순환하지 않는 것은 지속될 수 없고 지속되지 않는 것은 순환될 수 없다. 생명은 순환돼야 지속되고 지속돼야 순환된다. 생태공동체가 지역사회와 생명의 순환과 지속이라는 공생의 양쪽 날갯짓을 계속해 댄다면, 이 지구 속 허파의 숨이 맑아지고 지구 어머니 대지의 흙이 부드러워질 것이다. 하늘 아버지 이마가 푸르러질 것이다.

참고 문헌

국중광, 박설호 엮음, 『새로운 눈으로 보는 독일 생태공동체』, 월인, 2005.
김기현 외, 『한국 지역주의의 현실과 문화적 맥락』, 민속원, 2004.
김창빈 외, 『세계화 시대의 문화논리』, 한울, 2005.
박경장, "예배에서 예배굿으로", 2006년 1월 2일 인터넷신문, 에큐메니안.
이상일, 『한국인의 굿과 놀이』, 문음사, 1981.
이석우 외, 『지역운동과 지역실태』, 민중사, 1986.
임재해, 『민속문화의 생태학적 인식』, 당대, 2002.
장회익, 『삶과 온생명』, 솔, 1998.
정이담 외, 『문화운동론 공동체』, 1985.
조정옥 외, 『녹색사유와 독일 생태공동체』, 한신대학교 출판부, 2004.
카프라, 프리쵸프, 이성범 역, 『현대물리학과 동양사상, 범양사』, 1979.
____________, 이성범 역, 『새로운 과학과 문명의 전환』, 범양사, 1985.
____________, 홍동선 역, 『탁월한 지혜; 비범한 인물들과의 대화』, 범양사, 1989.
____________, 김용정 역, 『생명의 그물』, 범양사, 1998.
황루시, 『한국인의 굿과 무당』, 문음사, 1988.

http://www.junnong.org
http://actcentre.org
http://www.indramang.org

한국 생태공동체의 네트워크화

김 성 균 (한신대학교)

1. 서론: 생태공동체에서의 네트워크, 어떻게 이해하여야 하나?

네트워크가 지역사회 발전의 중요한 기제로 작동하고 있다. 네트워크 이론은 지역혁신, 네트워크, 거버넌스 등 신공간이론으로 분류・정리되고 있다. 그 가운데 네트워크이론은 다양한 경제 주체간 기능적 연계와 채널을 제공을 통하여 경제성장을 이루어 내는 이론이다.

네트워크의 개념은 공간적 혁신, 신산업 공간 및 학습 이론에 있어 핵심적인 요소로 다루어지고 있다. 네트워크는 다양한 경제적 주체간 정보교류, 협력, 보완 등을 연계망을 지니고 있는 것으로 보고 있다. 이러한 특징을 크게 호혜성, 상호의존성, 느슨한 동반자적 관계, 권력으로 분류할 수 있다. 호혜성은 일방적인 강요가 통제가 아니라 상호이익 증진을 도모하는 것을 의미한다. 상호의존성은 참여자간의 상호의존적 관계를 강화시키고 네트워크를 통한 시너지 효과를 증진시키는 것을 의미한다. 느슨한 동반자적 관계는 독자적인 활동과 선택을 허용하는 관계를 의미한다. 권력은 네트워크의 새로운 정보와 협력적 교류관계 형성을 유도하는 힘을 의미한다. 이러한 네트워크 이론이 지역발전의 새로운 이론으로 논의되고 있다.

네트워크 이론은 기존 사회간접망 투자에 근거한 지역발전 이론에서 사회적 관계를 중요시하는 이론으로, 지역혁신역량 함양과 혁신여건의 구축을 위한 내부적 수단으로 삼고 있다. 따라서 의사결정 및 전략 수립에 있어서 자율적인 역할을 하는 주체가 있고 특정한 형태의 인프라 등 물적 기반, 지식 및 노하우 등 사회적 요소와 함께 여건변화에 적응할 수 있는 집단적 학습과 능력을 자율적으로 배양할 수 있는 관행과 제도의 마련을 선행조건으로 삼고 있다.

따라서 네트워크는 지역 내 혁신과 학습역량의 증진을 위한 수단에서 지역의 규모와 기능의 한계를 극복하는 수단으로 이해되어야 한다(김용웅, 2003; 243～245).

네트워크가 경제적 효율성을 강조하든지 그렇지 않든지 간에 네트워크는 지역공동체 구상에 있어서도 중요한 의미를 지닌다. 왜냐하면 지역개발의 논리가 성장지향적인 개발논리에 우선하면서 지역사회를 이루고 있는 다양한 주체와 관계에 대한 이해가 상당부분 결여되어 있기 때문이다. 따라서 주민합의와 소통적 관계의 유지 그리고 내생적 지역발전의 조건의 검토와 실행을 이루어가고 있는 지역사회 차원의 공동체적 논의와 실행은 중요한 의미를 지닌다고 본다.

국내에서는 생태공동체와 유사한 공동체에 대한 연구들이 진행된 바 있다. 기존연구에서는 박현채(1994), 정규호(1994), 유정길(1994), 안승준(1995), 구자인(1996), 최협(2001), 김용우(2002), 김성균(2002), 이근행(2004), 황대권(2004), 강대기(2005) 등이 있으며, 이 논문들은 공동체 운동의 사례연구를 중심으로 한 연구였다. 이 논문들은 공동체주의와 공동체 이론에 대한 연구, 서구의 논의를 중심으로 한 공동체 운동의 해석 등으로 공동체 운동이 갖는 전략과 발전 과정 그리고 구체적으로 사회화시키는 실천적 전략 등은 아직 초보적인 단계였다.

그러나 생태공동체의 네트워크의 유형과 의미를 통하여 공동체 운동의 사회화방안과 실천적 전략 가능성을 모색할 필요가 있다. 왜냐하면 생태공동체는 생태위기 시대에 대안사회의 한 유형으로 시사하는 바가 크기 때문이다. 따라서 본 연구는 생태공동체의 네트워크의 유형과 그 특징을 살펴보고자 한다.

2. 생태공동체 네트워크에 대한 논의

2.1. 생태공동체의 재이해

생태공동체 네트워크의 이해에 있어서 가장 먼저 고려하여 할 사항은 지역사회에 대한 근본적 이해이다. 그 동안 지역사회는 개발지향적 패러다임으로 일관해 오면서 개발계획 중심의 전략이 지배적이었다. 그리고 최근에 농촌 개발계획과 관련하여 새롭게 도입되고 있는 발전전략이 생태마을 조성 등이다. 그 과정을 보면 일반사회에서 지향하고 있는 네트워크 구축과 커다란 차이를 보이지 않고 있다.

그러나 생태공동체의 네트워크는 일반사회가 가지는 생태마을, 환경마을 등이 보여주고 있는 것과 상당한 차이를 보이고 있다는 점을 감안해 볼 때, 생태공동체의 네트워크화를 위하여 무엇을 집중시킬 것인가? 하는 점과 네트워크의 주체와 기능 등을 어떻게 구성할 것인가 하는 점이다. 그러나 이러한 두 가지 사항을 논의하기 이전에 간과할 수 없는 것은 한국에서의 지역사회 발전 전략이 보여준 지역사회 혹은 공동체에 대한 이해이다.

한국의 지역사회에 대한 이해는 한국적 근대화 프로젝트 과정에서 그 의미를 찾아볼 수 있다. 당시 한국적 근대화 프로젝트는 경제개발을 중심으로 국가재건은 경제개발5개년계획과 새마을 운동을 중심으로 한 도시와 농촌의 프로젝트였다. 그러나 농촌중심의 개발계획, 주민중심이 아닌 정부주도형 개발, 삶의 터를 근간으로 한 내생적 개발이 아닌 농촌개량사업의 한계를 극복하지 못하였고, 정부에서는 경제개발계획과 중화학 공업을 중심적 국가적 과제로 삼으면서 지역사회에 대한 논의보다는 지역에 대한 논의로, 그 이후에는 지역에 대한 논의보다는 도시에 대한 논의로, 그 다음에는 도시에 대한 논의보다는 부동산에 대한 논의로 전개되어 가는 양상을 보이게 되면서 지역사회의 학문적 관심도 멀어지게 되었다. 결국 전국에 산재해 있던 지역사회개발학과는 지역개발로, 다시 도시계획으로, 다시 부동산학으로 변형해 가면서 지역사회가 지니고 있는 학문적 성격은 지역사회의 본질이 왜곡된 채 진행되고 있는 상황이다. 지역사회개발, 지역개발, 도시계획, 부동산개발 등의 학문의 유사성을 고려한 학제적 고민은 전무한 상태이다.

지역사회개발, 지역개발, 도시계획, 부동산 개발 등이 서로 다른 학문적 영역이라 하더라도 공히 "사람, 터, 삶"을 대상으로 진행하고 있다는 점을 감안해 볼 때, 학제적 고민과 철학을 갖는 것은 아주 중요하다고 본다.

지역사회에 대한 연구는 주민이나 시민에 기초한 개발로 공간과 사람에 대한 연구이며, 지역개발은 거시적은 공간에 대한 개발, 도시계획은 정치경제적 요소가 내재되어 있는 계획, 부동산 개발은 물리적 공간으로 한 택지개발이라는 점은 궁극적으로 물리적 공간으로 대상으로 한 공간적 조건과 시대마다 개발이념과 개발프로젝트방식이 다르게 나타나는 개발과 계획은 하나의 역사적 과정이기도 하며 그 역사적 과정이 사회화되어 나타나는 사회적인 것이다. 따라서 지역사회, 지역, 도시, 부동산은 공간적인 요소를 대상으로 하고 있으며, 개발과 계획은 역사적인 과정 속에서 사회화되어 나타나는 사회학적인 것이 된다. 결과적으로 이와 같은 학문들은 공간과 사회의 접목으로 흔히 공간사회학이라고 표현한다.

<표 1> 지역사회 · 공동체에 대한 재이해

<table>
<tr><th colspan="2">학문적 영역</th><th></th><th>학제적 연계</th></tr>
<tr><td>지역사회</td><td>개발</td><td rowspan="6">➜</td><td rowspan="6">공간사회학</td></tr>
<tr><td>지역</td><td>개발</td></tr>
<tr><td>도시</td><td>계획</td></tr>
<tr><td>부동산</td><td>개발</td></tr>
<tr><td>물리적 조건을
대상으로 한 공간적인 것</td><td>역사적 과정이 진행되는
사회적인 것</td></tr>
<tr><td>공간</td><td>사회</td></tr>
</table>

여기에서 도시는 “단지 인구 5만이상의 인구규모를 가진 곳”으로 규모의 기준으로 행정적인 기준이 아니라 경제적·정치적 조직의 관점에서 이해되어야 한다. 이것은 단순히 도시나 지역을 지리적 대상이 아니라 보다 인간과학적 관점과 관리주의적 관점에 근거한 논의이다.

도시에 대한 이해에 있어서 경제적 측면(市-economy)에서는 도시는 상업에 종사는 거주자들의 정주공간으로 이러한 정주공간의 정주성의 다양한 유형-소비도시, 공업도시, 교육도시 등-을 유지하고 있다. 반면에 정치적 측면(都-policy)에서는 부분적인 결사체, 즉 특수한 정치적·행정적 조직을 갖춘 공동체로 도시의 정체성을 시민도시, 귀족도시 등-유지하고 있다. 즉 도시가 정치적인 것과 경제적인 것이 결합되어 나타나는 결사체적이며 자치적인 특성을 지니고 있다고 보면 막스 베버가 규정한 성채는 행정구역으로, 도시의 자치적 법정은 의회, 구성원간의 결사체는 사회적 네트워크로, 그리고 최소한의 자율과 독립 그리고 시민이 참여하는 선거를 통해 구성된 행정은 주민자치·생활정치·시민사회를 의미한다.

이러한 도시상의 선택이 궁극적으로 정치-경제적으로 상호보완관계를 이루어 내면서 하나의 도시성을 만들어 가고 있다. 그러나 이러한 도시성은 도시나 지역이 지니고 있는 원초적 개념에 근거한 적용으로 생태위기 시대에 고민하여야 할 도시성, 그리고 근대적 개발방식, 하향식 개발방식에 근거한 개발과 계획으로 부터 새로운 자율성을 얻어 내는 것이다. 새롭게 구성되어야 할 도시성은 생태를 매개로 한 도시관리의 패러다임이 구상이며 여기에 생명지역주의와 지역사회의 중요성이 담겨지게 된다.

이미 이러한 노력은 쿠바의 아바나, 브라질의 꾸리찌바, 독일의 프라이부르크, 미국의 아르코산티, 호주의 크리스탈워터즈, 영국의 핀드혼, 덴마크의 뭉케쇠가르 등 생태위기에 대응한 생태도시·생태마을 운동이 진행되고 있으며 이는 단순히 토지의 물리적 대상에 근거한 도시성의 확보가 아니라 이념적 담론으로부터 실행의 단계까지 생명지역주의의 원리의 적용을 바탕으로 하고 있다는 점을 감안해 볼 때 지역사회, 지역, 도시, 부동산 등에 시사하는 바가 아주 큰 부분이다.

지역사회란 앞서 언급했듯이 "더불어 사는 삶과 그 터전"이라고 정의된다고 볼 때, 지역사회는 "삶, 터, 사람"에 대한 논의로 관계와 소통의 문제로 인식할 수 있다. 관계는 사람과 사람의 관계에서 사람들의 삶의 관계를 만들어 내는 사회적 관계, 그리고 지속가능한 삶을 모색하는 자연관계로까지의 확장을 의미하기도하며 더 나아가서는 관계 그 자체가 소통의 의미를 지니고 있는 것이다.

이와 관련하여 한국은 전통적으로 "삼재(三才)"에 많은 의미를 둔 바 있다. 천(川), 지(地), 인(人)에서의 천(川)은 하늘로서 신과 인간의 관계로 자연을 대하여야 할 자세, 생태공동체의 구상, 생명-지역의 실현을 강조하고 있는 것이며, 지(地)는 땅으로 토지를 대하여야 하는 인간의 자세 즉 가이아적 관계, 토지윤리, 토지공동체의 구상을 의미한다. 그리고 인(人)은 사람과 사회적 관계로 인간과 인간, 주민과 주민, 즉 근린관계가 중요시되는 지역사회공동체 구상을 의미하고 있는 것이다.

지역사회는 자연-인간-토지의 관계를 이루어 가는 것으로, 자율적 지역자치, 토지공동체, 생명지역주의 등의 구상을 바탕으로 지역사회에 대한 새로운 이해가 필요하다고 본다. 즉 이러한 새로운 이해는 앞서 언급했듯이 "더불어 사는 삶과 그 터전"을 이해하는데 중요한 의미를 전하고 있다는 점을 간과해서는 안 된다.

<표 2> 생태공동체 이해를 위한 준거틀

삼재론	天	地	人
의미	하늘/영성	땅	사람
관계	신과 자연과의 관계	토지와의 관계	인간과 사회 관계
특성	우주적 · 영적	감성	이성
운동영역	영성 · 문화	노동 · 경제	정치 · 사회
철학적 준거	가이아주의	생명지역주의	지역공동체주의
범위	생명공동체	토지공동체	지역사회근린공동체

관련이론	기이아론 온생명론 근본생태론 생태신학	토지윤리론 생태여권론 생명지역주의	자율적 지역자치주의 사회생태론

※ 참고: 김익두 · 윤형근 · 주요섭(2001;102)과 이근행(2006; 31)을 재구성하였음.

전 세계적으로 생태마을 네트워크를 형성하고 있는 GEN(Global Ecovillage Network)에서는 생태공동체의 구성요소를 영성 · 문화적, 생태적, 사회 · 경제적 요소로 구분하여 생태공동체의 구성요소를 설명하고 있다(Hildur Jackson & Karen Svensson(ed), 2002).[1] 이들은 생태공동체를 "지구와 그리고 지구와 기대어 존재하는 다양한 생물들과 조화롭고 지속가능한 삶을 유지하도록 하는 것이 인간이 하여야 할 공동체적 모습이다. 그리고 생태공동체의 목적은 자연환경에 적은 영향을 생활양식의 구현과 더불어 사회-문화적 환경을 조화롭게 하여야 한다. 그리고 새로운 사회구조로의 생태공동체는 오늘날 진행되고 있는 이분화되어 있는 도시와 농촌의 정주체계를 극복하는 것이다. 생태마을은 21세기에 있어서 인간정주체계의 재구조화와 계획을 위해 폭넓게 적용되어야 하는 것"으로 정의하고 있다. 이러한 생태공동체에 대한 개념적 정의가 대동소이하게 제시되고 있다. 이와 같이 생태공동체의 네트워크는 "사람, 삶 그리고 터"에 대한 고민으로부터 시작되어야 하며, 이러한 고민과정에서 자연스럽게 공동체에 대한 이해와 실천이 도출될 수 있다. 생태공동체의 네트워크는 공동체의 기본적 개념의 연장선상에서 논의된다고 볼 때, "생명, 관계, 공간"의 문제를 생태적으로 체계화시키는 것으로 생태공동체의 네트워크화도 이에 대한 준거 틀에 맞추어 진행

1) <표> GEN의 생태공동체 구현을 위한 세 가지 요소

영성 · 문화적 요소	생태적 요소	사회 · 경제적 요소
- 창조성, 인격배양 - 영성, 자연신성 - 삶 찬양, 문화존중, 자연 순환 - 전체론적 · 순환론적 세계관 - 지역화, 생명지역, 세계화 저항	- 퍼머컬처, 생태마을 설계 - 야생성, 생물다양성 복구 - 지역유기식품생산, 소비와 재순환 - 생태건축, 재생가능에너지, 수자원관리 - 녹색사업과 생명주기 분석	- 교육과 의사소통, 삶과 배움 - 건강, 예방보전, 보조의약품 - 공동체만들기, 의사결정, 갈등해소 - 복지개선, 노약자보호, 장애우통합 - 지역경제, 지역화폐

시킬 필요가 있다.

2.2. 생태공동체 네트워크를 위한 조건

2.2.1. 생명-생명지역의 중요성

생태공동체의 가장 중요한 지향점 중의 하나는 "생명"이다. GEN(Global Ecovillage Network)와 관련된 외국의 생태공동체의 지향점 가운데 가장 우선하는 것은 "생명지역"에 대한 의미를 비중 있게 다루고 있다. 왜냐하면 생태위기의 상황은 곧 인류 생존의 위기를 의미하는 동시에 인류가 해결하여야 하는 일이기도 하다. 이러한 해결은 소비지향적인 자본주의적 생활양식을 지양하고 보다 검소하고 소박한 삶을 강조한다. 이러한 주장은 기술중심주의적 세계관을 비판하면서 생태학적 대각성을 요구하고 있는 근본생태론의 입장이다. 더 나아가서는 지역사회의 자원과 문화의 순환과 이용을 강조하고 있는 생명지역주의의 입장을 분명하게 제시하고 있다.

생명지역주의의 '생명-지역'이란 의미로 규정할 수 있으며, 이것은 인간에 의해 임의로 확정된 것이 아니라 식생, 동물상, 수계, 기후와 토양, 지형 같은 자연 조건, 그리고 이런 자연 조건에 따라 자연 발생적으로 형성된 인간 정주 체계와 문화에 의해 확정된 공간을 의미한다.

생명-지역주의는 이런 지역의 자연적 특성에 최대한으로 밀착된 삶 즉, "그 지역의 특정 토양, 물, 바람"과 접촉하며, "그 방식과 능력과 한계"를 배우고, "그 리듬을 우리의 [생활] 양식으로, 그 법칙을 우리의 지침으로, 그 과실을 우리의 보상으로" 하는 삶의 방식을 의미한다. 따라서 어떤 생명-지역의 경제는 당연히 자연의 일반적 법칙과 그 지역 고유의 자연 조건에 대응하는 것으로서 여기서 생태적 공동체의 의미를 찾아볼 수 있다.

2.2.2. 관계-사회적 관계

생태공동체가 갖는 관계는 어떠한가? 표면적으로는 두 가지 패러다임의 비교를 통하여 알 수 있다. 분명한 것은 산업과학적 패러다임에서 생태지향적 패러다임의 입장에서 설명되고 있다.

생명지역주의 입장에서도 지역사회의 자연자원과 조건에 순응한 삶으로 경제체제는 자기 존중적이고, 응집적이고, 장소에 대한 소속감과 공동체성을 강조하고, 거대화, 집중화, 계층구조나 획일성이 아니라 소형화, 분권화, 그리고 다양성을 강조한다. 결과적으로 소규모로 분권화된 사회가 기술 운영에 있어서도 대안적 기술, 중간 혹은 적정기술, 연성 기술 등을 적용시키는 노력을 유지하고 있다는 것이다.

또한 자연 안에서의 인간중심주의적 관점의 거부하면서 전체주의를 선호하고 있는 근본생태론은 인간이 사연환경의 일부이지 자연과 분리된 관계가 아니며, 환경의 다른 요소와의 관계에 의해 구성되며 환경은 인간이 지녀야 할 생태적 공동체적 관계를 유지할 것을 요구하고 있다.

근본생태론은 인간과의 관계, 인간과 자연과의 관계에 대한 중요성과 인간이 사회적, 자연적 환경으로부터 고립된 개체로 환원시키는 것에 대한 비판을 통하여 새로운 관계를 요구하고 있다. 그 관계는 자연과 함께 하는 자아인 동시에 자기를 더 큰 전체의 일부로 인식하는 자기 반성과정인 자아실현으로 표현하고 있다. 이것은 인간과 비인간, 자기와 타자 사이의 어떤 확고한 존재론적 구분이 없다는 것을 이행하는 과정이다. 인간이 비인류적 존재와 관계되어 있다면, 자연과 나 더 나아가서는 인간이 하나됨을 인식하는 과정이라고 할 수 있다.

이와 같이 근본생태론이 지니고 실천적 의미를 제시하고 있다. 하나는 지구생태계를 보호할 수 있는 실질적인 체계의 생활양식을 옹호한다. 이것은 기술 의존을 의미하지만 기술은 가급적 배제하고 자급자족적이고 탈중심적인 공동체의 삶을 유지하는 것이며, 또 하나는 생명권역에 맞게 지역적으로 조직시키는 것이다. 그리고 생활양식은 최소한의 물질적 욕구만 인정되는 것으로써 간소해야 하며, 그리고 인간의 생활양식이 지구와 다른 종에 가급적 영향을 주지 않는 범위 내에서 거주를 요구하고 있다. 이러한 것을 기반으로 형성된 지역공동체는 주위환경과 조화를 이루면서 스스로 조절할 수 있는 관계의 성립을 의미하며, 자연의 지배가 아니라 자연과의 조화를 추구하는 생태적 공동체의 구축이라고 할 수 있다.

근본생태론는 ① 분권화된 비위계적 민주주의 지향, ② 자기규제적 공동체를 지향, ③ 생물적 지역 옹호, ④ 자기책임성 강조, ⑤ 비지도력 옹호, ⑥ 상부상조 관계 옹호, ⑦ 욕구의 단순성에 대한 추구, ⑧ 비폭력적 자기규제 옹호, ⑨ 종교적 신념에 근거한 가치지향, ⑩ 독점적 의식의 지양, ⑪ 전원 의식참여 지향, ⑫ 자연과의 공개된 의사소통 지향 등의 관계유지를 요구하고 있다.

<표 3> 생태지향적 패러다임과 산업과학적 패러다임 비교

구분	생태지향적 패러다임	산업과학적 패러다임
규모	지역 지역사회	주(광역) 국가 · 세계
경제	보존 안정성 자족 협동	착취 변화/진보 세계경제 경쟁
정치	분권화 보완성 다양성	집중화 위계 획일성
사회	공생 진화 분화	양극화 성장 · 폭력 단일문화

2.2.3. 공간-생태적 디자인

마지막으로 생태공동체가 갖는 의미 가운데 하나는 공간을 대상으로 한 생태적 디자인이다. 생태공동체가 취하고 있는 디자인 가운데 대표적으로 설명할 수 있는 것이 퍼머컬처이다. 퍼머컬처는 Permanent agriculture와 Permanent culture의 합성어로 퍼머컬처 Permaculture의 영문표기이다. 퍼머컬처는 생태학자인 빌 몰리슨에 의해 제시된 용어이다.

퍼머컬처는 특별한 환경에서의 나무, 식물, 동물, 인간활동과 구조의 통합이 최우선적으로 보장되고 낮은 유지비와 효율적인 생산을 위해 디자인된 것으로 도시와 농촌의 여건을 적용시킨, 영구적·자족적이며 지속가능한 농업체계로 시작되었으나, 최근에는 아파트 베란다에서 농장, 거대한 도시에서부터 야생초지까지 광범위하게 응용할 수 있는 실제적 개념으로 받아들여지고 있다. 퍼머컬처는 음식, 에너지, 집 등 우리에게 필요한 것을 제공하는 생산적인 환경은 만들 수 있을 뿐만 아니라, 우리가 지탱하고 있는 사회, 경제적 기반을 가능하게 하기도 한다. 자연환경과 자원을 통해 우리가 합리적으로 충족시킬 방법에 대한 고민으로부터 시작되며, 더 나아가서는 미래세대와 함께 하고자하는 농업과 환경체계를 염두에 둔 철학이라고 할 수 있다. 궁극적으로 모든 다른 자연자원과 토양, 물, 에너지 보전을 위해 고안된 디자인 체계 속에서 생태학적 안정성과 다양성을 유지하고자 하는 것을 퍼머컬처의 궁극적인 목적으로 삼고 있다.

이와 같이 빌 모리슨의『Permaculture : A Desingers' Manual』(1992)과 데이비드 홀맥그램의「Permaculture : Principle & Pathways Beyond Sustainability』(2002)에 퍼머컬처의 의미가 잘 정리되어 있다. 또한 (주)이장의 임경수 박사는「퍼머컬처란 무엇인가』(2003)라는 자료집에서 퍼머컬처의 원칙을 정리하고 있는데, 단순한 농업기술에서 더 나아가 식량과 섬유와 에너지를 생산하는 자족적인 체계를 설계하기 위해 잔연의 원리를 응용하며, 자연적 '천이'를 중요시하며, 생산과 관리에 필요한 것은 생물자원으로부터의 획득, 다양성의 수용, 환경의 건강성, 사회적 책임성, 공동체의 윤리 등이 퍼머컬처를 이루는 기본요소로 설명하고 있다.

영속적인 삶을 디자인하는 퍼머컬처의 가치관은 지구보호, 인류보호, 공동체성의 구축 등을 하는데 자세한 내용은 다음과 같이 정의할 수 있다.

첫째, 지구의 보호이다. 모든 생물과 무생물, 동물, 식물, 물, 땅, 공기 등을 보호하는 것이 그들의 원칙이다. 깨끗한 공기와 물의 유지, 산림과 서식지의 재생장과 보전, 생물 다양성 및 토양회복과 보전, 재활용, 에너지 보전, 적정기술 등을 동원을 조건으로 하고 있다.

둘째, 인류의 보호이다. 이는 스스로 신뢰하며 책임지는 것을 전제로 하고 있으며, 건강과 행복, 좋은 먹거리, 올바른 살림과 의미 있는 일, 공동체에 대한 소속감, 공동체의 개방, 신뢰와 협력 그리도 존중 등을 중요한 조건으로 한다.

셋째, 여분에 대한 분산을 통하여 공동체를 가꾸는 일이다. 이는 공동체를 가꾸기 위하여 나눔이 강조되는 부분이다. 여분의 분배는 노동, 정보, 돈, 기술 등에 다양한 분야에 다양하게 적용한다. 그 외에도 협동조합 운영을 통한 나눔의 실천, 조직화와 나눔, 자원과 부의 분배, 소비의 감소, 과정과 개발에 대한 공유 등을 중요한 조건으로 한다.

이러한 세 가지 원칙은 함께 노동하는 것, 자연 속에서 책임, 협력자로서 존중하는 것 대신에 자연과 함께 일을 하기 위한 것이며, 노동과 낭비를 최소화하기 위해 디자인 하는 것이다. 이와 같은 원칙은 마을 디자인하는데 있어서 과학적인 원리를 최대한 적용시킨 전략이라고 할 수 있다.

3. 생태공동체의 네트워크 경향

생태공동체 네트워크는 상호간의 관계망을 의미하기도 한다. 생태공동체는 유사한 영역의 공동체 또는 지역내 다양한 공동체들과 네트워크를 이루며 사회적 접점을 이루고 있는 특징을 지니고 있다. 또한 에너지, 유기농업, 생태건축, 도농직거래 등의 네트워크를 통하여 공동체를 지원하는 활동들이 형성되고 이들 또한 여러 생태공동체와 네트워크를 이루어간다. 생태공동체는 다면적인 측면을 지니고 있는 반면에 중층적인 관계망을 형성해가고 있다.

생태공동체의 네트워크는 공동체의 유형에 따라 그 내용을 달리하고 있다. 공동체를 크게 정주형과 기능형을 분리할 수 있다. 정주형 공동체는 계획공동체, 공동주거, 생태마을, 퍼머컬쳐로 구분할 수 있으며, 기능형 공동체는 영성-수련공동체, 마을만들기, 생활공동체, 지역화폐 등으로 구분된다(김성균, 2002;305~322).

생태공동체의 유형에 따라 네트워크의 모습이 상이하게 나타나고 있다. 특정신념을 바탕으로 공동체적 이상향을 추구하는 공동체의 성격을 지니고 있는 계획공동체와 영성-수련을 중심에 둔 공동체는 극히 제한적인 형태의 네트워크를 유지하고 있다. 그 외의 생태공동체는 조합원이나 회원 또는 일정한 생활세계 영역 그리고 지역사회를 중심으로 한 네트워크를 형성하고 있다.

계획공동체는 특정신념을 바탕으로 공동체의 원칙을 지향하면서 자체적으로 생산된 먹거리를 판매하면서 외부와의 관계를 형성하거나, 공동체에서 진행했던 프로그램 이수자들이 일반적인 일상생활을 하면서 먹거리 공급이나 회원잔치 등의 행사를 통한 네트워크를 유지하고 있다. 따라서 일부 계획공동체에서는 영성-수련 프로그램도 동시에 병행하는 경우가 있는데 일정기간 동안에 회원을 초대 등을 통하여 느슨한 네트워크를 유지하고 있다. 또한 외부강연 등의 기획을 통하여 외부세계와의 연계를 도모하고 있기도 하다. 가령, 산안마을의 경우 야마기시즘 이상을 바탕으로 한 외부강연프로그램을 진행한 바 있다.

생활공동체의 경우는 생활협동조합 관계와 조합회원을 중심으로 네트워크가 진행되는 경우이다. 적게는 3~5인 정도가 모여 생활공동체를 형성하거나 아파트 동단위 중심으로 생활공동체를 형성하여 생활협동조합이 제공하는 먹거리를 공급받고 회원과 회원간의 친목을 나누고 지역사회의 중요한 의제를 나누기도 한다. 가령 과천 한살림의 경우 과천이 상수도에 불소 투입으로 나타날 수 있는 문제를 지역사회의 주요의제로 다루어 내면서 지역사회와 주민의 중요성을 재인식하는 계기를 마련한 바 있다. 그 과정에서 생활공동체 구성원뿐만 아니라 전문가, NGO 등이 네트워크를 형성하기도 하였다.

공동주거는 주거를 중심에 네트워크로 주거단지를 개발하는 계획단계부터 마감단계까지 단계별로 전문가, 시행자, 거주하고자 하는 주민들이 네트워크를 이루어내면서 공동체적인 주거단지를 형성하고 있다. 한국에서는 안양아카데미테마타운이 공동주거를 모색한 바 있으나 지금은 그 기능이 소멸된 상황이다. 대표적인 외국의 경우는 덴마크의 뭉케쇠가뢰가 공동주거의 네트워크 모범적으로 수행하고 있다.

퍼머컬처 · 생태마을은 농촌지역을 중심으로 진행하고 있는 생태공동체라고 할 수 있다. 퍼머컬처와 생태마을은 지역사회를 바탕으로 한 생태공동체 구상이라는 점을 감안해 볼 때 네트워크 구성은 자연적이며 필수적인 것이라고 할 수 있다. 경남산청의 안솔기마을, 단양의 한드미마을 등이 전문적인 외부자원과 지역주민이 연계한 네트워크를 형성하고 있다.

마을만들기는 농촌과 도시지역에서 동시에 적용할 수 있는 생태공동체이지만, 생태공동체의 구체적인 실현보다는 주민조직을 중심으로 한 공동체의 형성, 그리고 환경교육 정도의 범주에 머무르고 있는 특징을 지니고 있다. 지역사회 의제를 중심으로 저소득 계층 지역을 중심으로 전개되는 경향이 강하며, 관악주민연대, 물만골 공동체, 송학마을 등이 마을만들기를 진행하고 있다. 특히 민간차원에서 진행된 마을만들기는 마을에 외부적 조건에 의해 마을자체가 위기적 상황을 맞게 되면서 자생적으로 마을을 지키고 공동체를 유지하고자 하는 과정에 나타난 경우가 대부분이다. 이러한 노력들은 외부의 다른 지역사회에 많은 시사점을 제시하게 되면서 마을만들기에 대하여 새로운 인식을 고양시키는 계기를 마련하기도 하였다. 마을만들기의 주체는 지역사회 주민을 중심으로 이루어지고 있으며, 이를 지원하는 네트워크가 형성되고 있는 상황이다.

지역화폐는 단위지역의 전체의 지역사회를 바탕으로 진행하는 생태공동체라고 할 수 있다. 지역화폐는 교육·경제 등의 영역에서 나타날 수 있다. 특히 경제와 관련된 지역화폐는 사람과 사람과의 관계를 가장 중요한 요소로 여긴다. 결국 사람과 사람간의 관계가 지역사회 전체 단위로 확장되면서 지역사회경제 구상에 대한 새로운 비전을 제시한다고 보고 있다. 그리고 사람과 사람간의 네트워크 구축에 있어서 재화와 용역에 중심으로 둔 경제적 거래가 아니라 나눔과 신뢰를 바탕으로 한 거래를 이루어 내고 있다. 한국에서는 대전 한밭레츠, 송파품앗이, 광명 두루 등이 지역사회 경제를 중심으로 한 네트워크를 유지하고 있는 상황이다.

<그림 1> 생태공동체의 네트워크

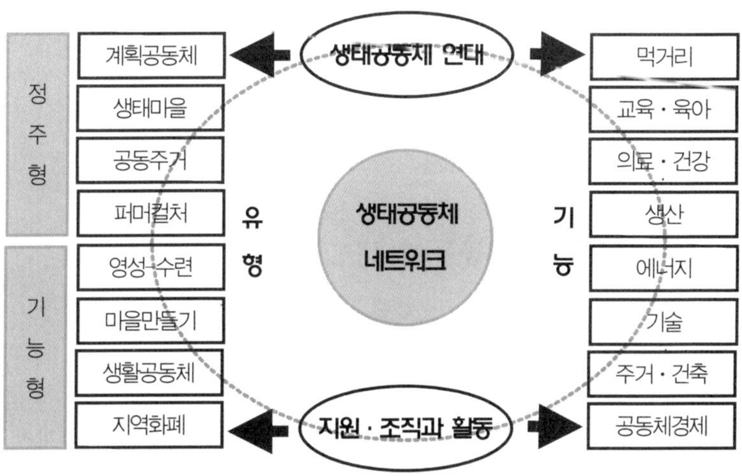

<그림 2> 생태공동체 네트워크 형성 정도

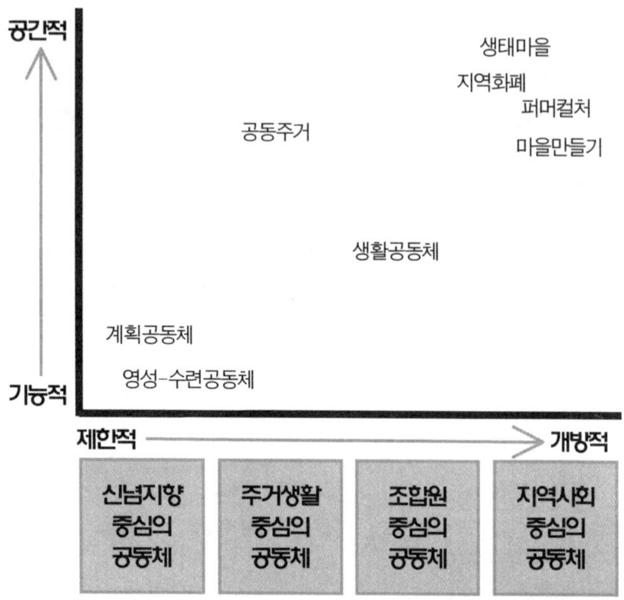

4. 사례연구: 생태공동체 네트워크

4.1. GEN(Global Eco-village Network)

GEN은 1990년 덴마크의 GAIA TRUST가 고도-기술산업사회에서의 지속가능하고 자연과 조화를 이루며 자연과 조화를 이루는 삶의 모델을 만들기 위한 생태마을 프로젝트가 제안으로 시작되었다. 그 이듬해인 1991년 생태마을 조사 및 보고서가 작성되면서 생태마을 프로젝트가 구체화되게 된다. 이 과정에서 공동체 프로젝트는 기존 마을과 결합된 새로운 문화 및 생활양식의 개발에 주안점을 두게 된다. 그리고 그 해 9월 세계 공동체 주요인사와 20여 명이 덴마크에 모여서 [생태마을]개념을 정리하게 된다. 그리고 1993년에 덴마크 지속가능 공동체 협회가 설립되고 1994년에는 생태운동에 전략을 논의하게 되면서 GAIA TRUST 의 후원으로 기존의 공동체들이 이 프로젝트에 참여하게 되었고 GEN이 비공식적 출범을 하게 된다. 그리고 1995년에 홈페이지(www.ecovillage.org)가 개설되고 21세기를 위한 '생태마을 및 지속가능 공동체 회담'을 갖게 된다. 이 회담에서 핀드혼과 GEN의 주관 하에 세계 40여 개국에서 400여명이 참석하는 성과를 거두게 된다. 그리고 대륙별로 자치적인 생태마을 네트워크 조직인 ENA(The Ecovillage Network of the Americas, 북미 남미 지역), Gen-E(GEN Europe/Africa, 유럽, 아프리카 및 중동지역), Genoa(GEN Oceania.Asia, 호주, 아시아, 태평양 군도) 등을 갖추게 되면서 GEN은 지구적인 운동으로 나타나게 된다.

GAIA CENTER는 GEN을 토대로 하여 생태운동을 전개하고 있으며, 고도 기술-산업사회에서 지속가능하고 정신적으로 충만하며 지연과 조화를 이루는 삶의 모델을 제기하기 위해 조성된 GAIA TRUST를 필두로 시작되었다.

그리스도 정신에 근거하고 있던 덴마크의 협동조합인 GAIA TRUST는 사람들이 자연과 더불어 사는 사회적 공동의 관심을 고무시키고자 데인 족 사람(9～11세기에 영국에 침입한 북유럽 사람)들에 의해 1987년 구성되었으며, 헬레나 노르베리 호지, 가이아 트러스트를 제안한 힐더 잭슨, 그리고 오로빌 공동체의 마틴 뮬러에 의해서 가이아 운동이 본격화되기 시작하였다.

이들은 세계 곳곳의 도시와 농촌에 퍼져 있는 50～70개의 소규모 생태마을(50～2,000여명의 거주자)에 국제 UN위원회에서 기금을 조성해 주기도 한다. 이러한 사업의 지원은 인류가 21세기에 지속적인 삶을 영위할 수 있는 모범적인 사례를 발굴하는 것이다.

GEN에서는 첫째로는 생태학적으로 지속가능한 공동체를 만들기 위하여 참여자들의 민주성 확보, 둘째로는 국가, 기후, 인구밀도(도시, 교외, 농촌), 문화, 그리고 지역적 조건들은 상이한 환경을 지니고 있다는 것에 대한 인정과 동시에 남북한 양진영이 동시에 프로젝트 추진하며, 셋째로는 생태학적, 사회적, 영적 등의 부분에 대한 다양한 접근을 하는 것이다. 네 번째로는 지속가능성에 대한 다양한 영역의 확보와 프로젝트를 제공하고, 다섯째로는 재생가능한 에너지, 생태학적 건축자재, 사회적 제공 기능, 유기농업 생산, 허드렛물의 재사용, 수질 복원, 퍼머컬쳐, 재활용, 생명지역을 위한 교육을 한다. 마지막으로 지역 내의 시민들에게 지속가능한 자원을 제공하는 것 등을 주요 의제로 삼고 있다.

이러한 활동을 위한 GEN의 다양한 요소들과 네트워크를 이루고 있는데, 대표적인 기구들이 Gaia Corp, Gaia Villages, Fjordvang, Gaia Technologies A/S 등의 관련 기관들이다. Gaia Corp는 유통관리분야에서 국제적인 사업을 하고 있는데, 수익금은 GAIA TRUST 수입에 중요한 역할을 하고 있다. Gaia Villages는 세계적인 지속가능한 공동체 개발의 전반적인 분야를 지원하고 있다. 이 업무는 GEN 사무국에서 담당하고 있으며 GEN 사무국은 도시와 농촌 그리고 지역과 지역을 eco-villages 차원에서 네트워크를 구축하는 일을 하고 있다. Fjordvang는 덴마크 북부지방에 있는 Gaia Villages의 집이다. 이곳에는 Gaia Villages와 프로그램 제작이며 GEN의 사무국장 일을 담당하고 있는 Hamish Stewart가 Fjordvang 사무업무를 담당하고 있다. Gaia Technologies A/S는 환경적으로 지속가능한 기술과 사업을 위해 투자된 사업체로서 인간적 규모의 기술 적용에 중점을 두고 있다. GAIA TRUST와 Gaia Villages에서는 20개국에 걸쳐서 분포하고 있는 70여 개의 생태 프로젝트를 위한 비용을 지원하고 있다. 그리고 Gaia Technologies A/S는 덴마크의 "녹색"기업이 투자하기도 한다.

따라서 GAIA TRUST가 진행하는 영역들은 그들이 지향하고 있는 목적에 근거한 것으로서 인간적 규모의 개발과 동시에 지구에 대한 생태학적 이해를 도모하고 있는 것이다. 고도의 기술사회에서의 고도의 삶의 질을 누리면서 자연과 더불어 사는 방식을 조화롭게 모색하고 있는 것이다.

GEN의 대표적인 운동은 Eco-village Movement Project이다. 이 운동은 생태위기 극복을 위해서 국제적 연대의 필요성을 절감하고 진행된 프로젝트로써 아프리카, 유럽, 오세아시아 및 아시아, 미주 등에 대륙별 사무국을 두고 생태공동체 운동을 전개하고 있다.

<그림 3> GEN을 중심으로 한 Global Eco-village Network

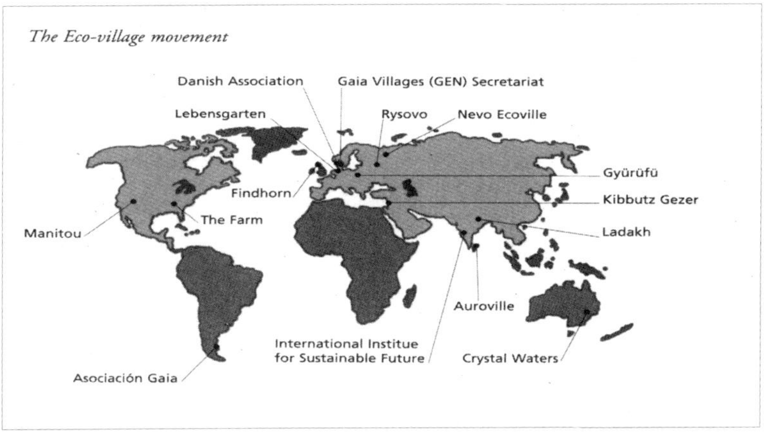

<그림 4> GEN의 네트워크 체계

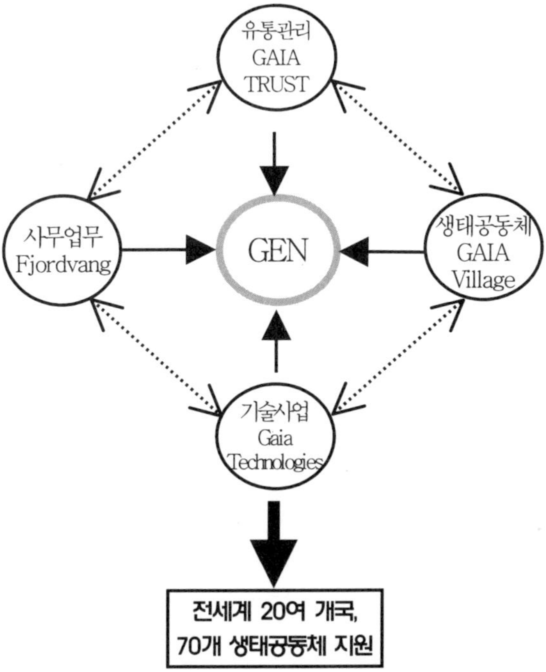

4.2. 원주지역 공동체(원주협동조합운동협의회)

4.2.1. 개요

원주지역의 협동조합운동은 초기 운동가들의 연로와 후진양성의 미흡, 신자유주의와 제1금융권의 팽창, 정부개입의 증가, 조합원 활동의 위축, 새로운 협동조합 정책 및 이론 생산의 미흡 등 운동과 경영 양측면에서 어려움을 겪어왔다. 이러한 상황은 생협의 위기보다는 새로운 네트워크를 형성할 수 있는 계기가 된다. 원주지역 협동조합운동 협의회와 산하 협동조직은 상호간의 긴밀한 네트워크를 형성해 간다(최혁진, 2004).

고 무위당 장일순 선생과 고 지학순 주교에 의해 지역자립의 경제 기반을 만들고 주민자치의 역량을 강화할 목적으로 원주밝음신협의 창립과 함께 시작된 원주지역의 협동조합운동은 현재 생활세계 전역으로 확대되고 있다. 지역금융의 기반 마련, 친환경농업의 확대 및 유통시설 확충, 소비자와 생산자와의 신뢰 구축을 위한 상호교류, 지역주민을 위한 보건의료시스템 구축, 빈민들의 위한 자활사업 진행, 지역 내 시민사회단체에 대한 지원, 주민 의식변화를 위한 출판물 발행과 교육 프로그램 진행 등이 현재 활발히 이루어지고 있다. 이러한 원주지역의 풀뿌리 시민운동은 아래와 같은 몇 가지 특징을 지니고 있다.

원주지역의 생협은 1972년 밝음신협을 시작으로 2004년에는 원주지역협동조합협의회가 조직되어 현재에 이르고 있다. 원주지역의 협동조합운동은 지난 30여년의 역사에서 지역 내 고리대금업으로부터 지역의 소상인들을 보호하고 그들이 자립할 수 있는 기반을 마련하였으며, 친환경농업에 기초한 생협운동 모델을 만들어 전국적으로 확대하는데 기여하여 왔다. 지역 내에서도 현재 원주지역에만 150여 농가가 유기농업에 참여하고 있으며, 농지면적으로는 50만평에 이르고 있다. 전체적으로 참여하는 회원들이 2만여 명을 넘어섰고 이들은 각 단체의 다양한 소그룹 모임을 통하여 공동체의 네트워크를 만들어 가고 있다. 또한 경제사업을 하지 않아 재정자립도가 취약한 시민사회단체를 지원하여 자립할 수 있는 조건도 마련해주고 있다. 이러한 가운데 최근 비공식적인 논의구조를 원주협동조합운동 협의회로 공식화하여 신자유주의에 대한 지역운동의 모델을 제시하고 있는 셈이다. 원주생협은 사회적 필요한 영역을 협동적 공동체를 조성하고 이를 바탕으로 네트워크 관계를 유지하고 있다.

<그림 5> 원주협동조합운동협의회 네트워크 체계

교육생협
신협
먹거리생협
의료생협

교육
경제
먹거리
의료

교육체계
거래
먹거리 공급
의료

⬇

지역자립경제의 구축
완전한 풀뿌리 민주주의 실현
생태적이고 인간적인 도시구상

⬆

성공회 나눔의 집
자활후견기관
각 단위 생협
(신협, 의료생협, 먹거리생협, 대학생 생협 등)

<그림 6> 생협을 중심으로 한 원주 지역사회 관계

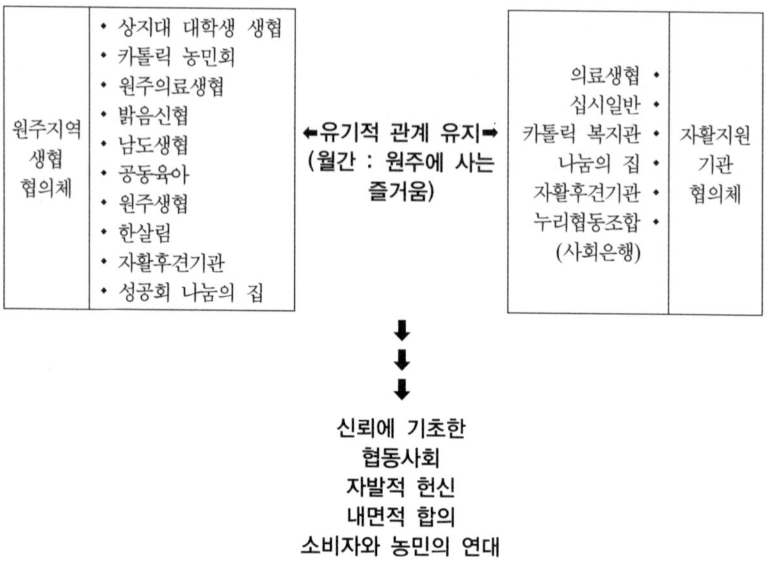

4.2.2. 원주지역 공동체(원주협동조합운동협의회)의 활동현황

(1) 원주의료생협

원주 의료생협은 2003년 5월에 창립하여, 그해 11월 11일날 개원하였다. 원주 의료생협은 의료혜택을 제대로 받을 수 없는 농촌지역에서 농민들이 자발적으로 돈을 모아 건강과 질병 등 보건의료 문제를 해결하기 위해 협동조합 방식으로 병원을 설립하였다. 원주 의료생협에는 지금까지 1080가구 3500여명이 조합원으로 참여하고 있으며, 거동이 어려운 환자를 위한 왕진서비스와 아동센터의 무료검진, 그리고 간병인을 위한 교육을 실시하고 있다. 소모임으로는 '밝음 요가교실', '웃기는 사랑방', '쌈지모임', '재가간병 사업단' 등 다양한 모임을 운영하고 있다

(2) 밝음신협

원주 밝음신협은 서민과 중산층, 자영업자와 상인 그리고 중소기업인 등을 대상으로 금융서비스를 하고 있으며, 이는 지역 경제 활성화의 견인차 역할을 하고 있다. 그리고 조합원 및 일반 시민을 위한 문화, 복지사업의 혜택까지 마련하고 있다. 국선도를 비롯하여 한문교실, 수화교실, 요가교실, 일본어교실, 서예교실, 손뜨개교실, 꽃꽂이교실, 홈패션교실 등 많은 강좌를 개설하여 원주시민의 문화 공간으로서 중추적인 역할을 하고 있다.

(3) 소꿉마당

소꿉마당은 부모와 교사, 아이들이 주인인 교육자치의 공간으로 학부모인 조합원들이 출자금을 내 터전을 만들고 함께 운영하는 교육자치 공간이다. 일의 전 과정에 아이들이 직접 참여하며, 전체회의를 통하여 의제를 결정한다.

(4) 원주생협

원주생협은 단순히 유기 농산물을 공급하는 유통업체가 아닌 생활공동체 운동이다. 원주생협은 지난 여러 해 동안 도시 생협의 소비자 조합원에게는 생산지 견학 프로그램. 생산자와 소비자가 함께하는 오리 입식 행사 및 단오잔치, 메뚜기 행사 및 생명농사 가을걷이 잔치 등을 진행하고 있으며 또한 도시 아이들이 자연 속에서 어울리는 법을 배우는 여름 땀방울 학교, 겨울 산골학교 등을 진행하고 있다. 그 외에도 대학생 생태 농활, 어린이 식품안전교실, 생활과 협동 강좌 등 조합원의 다양한 요구에 부응하기 위한 생활공동체 운동을 전개하고 있다.

(5) 원주한살림

원주 한살림은 한 살림을 태동시킨 곳이기도 하다. 1985년에 소비자 협동조합으로 출발하여 현재 3천세대의 회원이 안전한 먹거리를 생산자로부터 직접 공급받는 사업을 주축으로 하고 있으며, 기타 생명가치를 중심에 두고 살아가는 여러 가지 형태의 행사와 환경사업 그리고 점차 새롭게 대두되고 있는 회원복지향상 문제에 관심을 두고 활동하고 있다.

(6) 자활후견기관

자활후견기관은 경제적 이유 등으로 일할 기회를 찾기 어려운 취약계층에게 일자리를 지원, 자립할 기회를 제공하자는 목적으로 지난 2001년 7월 1일 설립됐다. 주요활동은 원주시에 거주하는 조건부수급자 및 차상위 계층, 저소득주민들을 대상으로 개인의 능력과 소질에 맞는 기술교육 및 훈련, 근로의욕 향상을 위한 자립, 자활의 기회를 제공하고, 취업알선과 더불어 생업자금 융자를 통해 저소득 주민들의 경제 활동을 돕고 있다.

(7) 성공회 나눔의 집

성공회 원주나눔의집은 성공회 원주교회 교우들이 YMCA에서 모임을 가지며 봉사하던 "나눔활동"을 체계적이고 생산적으로 지역사회에 기여하기 위해 만들어졌다. 또한, 빈민들이 주거하는 곳을 선정하여 설립하기로 결의하였으며, 지역의 저소득층을 위한 나눔을 고유한 목적으로 삼는다. 성공회 원주나눔의 집은 한국 사회에서 실업과 빈곤의 문제를 대안적 복지와 지역의 협동 조합적 방식에 근거한 공동체 운동으로 활동하고 있다.

(8) 카톨릭 농민회

가톨릭 농민회란 1966년에 창립된 농민운동 단체이다. 가톨릭 농민운동은 예수 그리스도를 따라 하느님 믿음으로 깨어나는 농민들이, '스스로' 그리고 '함께'. 농민 자신과 사회를 누룩처럼 변혁시켜 감으로써, 농민구원 겨레구원, 인류구원을 지향하는 생활 공동체 운동이다. 따라서 가톨릭 농민운동은 농민 안팎의 온갖 반인간적·반공동체적·반생명적인 '세상의 죄'와 지속적이고 단계적인 대결을 벌이면서, 인간답고 공동체다운 세계와 하느님 나라를 건설해 가는 농민들의 삶의 표현이다.

(9) 삼도생협

삼도생협은 물류 집중화되고 거대화되는 최근의 생협운동의 한계를 극복하고 지역 안에서 유기농 농가와 소비자들의 직접적인 관계망을 새롭게 형성해 가고 있다. 창립년도는 2003년 3월 6일 삼도 접경지역인 부론의 농민과 소비자를 중심으로 창립하였다. 활동은 유기농산물 유통이며, 농민을 위한 복지 프로그램을 운영한다.

(10) 상지대 대학생협

상지대 대학생협은 학내 후생복지사업의 개선과 사회에 대한 기여를 목적으로 창립하였다. 주요활동은 구성원의 신뢰를 바탕으로 풍요로운 복지환경을 조성해나가고, 구성원들의 마음에 감동을 줄 수 있는 다양한 문화콘텐츠를 개발·지원한다. 또한 조합에서 발생하는 잉여금은 조합원들의 합의에 따라 장학금, 발전기금, 시설재투자 등 학내 구성원들의 복지를 위해 사용하고 일부는 조합원에게 출자금 및 이용고 배당으로 환원한다.

(11) 카톨릭 복지관

카톨릭 복지관은 1990년 11월 개관한 이래, 원주지역의 균형 있는 발전을 위한 사회활동과 함께 지역사회 클라이언트들의 복지욕구 충족을 위한 다양한 서비스를 제공한다. 사회복지법인 원주가톨릭사회복지회 소속으로 법인 산하 20여 개의 각 복지분야별 시설·기관들과의 유기적인 관계를 맺고 있으며, 부설기관으로는 재가복지봉사센터와 가족의 보호를 받을 수 없는 노인들을 위한 주간보호센터, 이동목욕센터 등이 있다.

(12) 누리협동조합

금융권의 도움을 받지 못하고 있는 자활사업 참여자들이 스스로 조직한 누리협동조합이 있다. 지난 2002년 11월 자활지원기금마련 '일일주막'을 통해 기금을 조성하고 2003년 2월 창립총회를 거쳐 구성됐다.

(13) 십시일반

십시일반은 1997년 12월부터 시작하여 원주시에 거주하는 영세 독거어르신, 노숙인, 장애인들에게 점심식사를 제공하고 있다. 또한 점심 식사료 200원은 불우한 학생들을 위한 장학금에 사용되고 있다. 연중무휴로 식사가 제공되며, 자원봉사자 및 이용자들의 참여로 운영되는 열린 시설이다. 이용자회는 어르신그룹, 장애인그룹, 노숙인 그룹의 대표자들이 모여 구성하고, 월1호 회의를 통해 의견제시 및 토의 등으로 십시일반 운영에 동참하고 있다.

(14) 원주에 사는 즐거움

<원주에 사는 즐거움>은 원주협동조합운동협의회 간의 교류와 소통을 교환하며 지역사회의 의제를 다루는 월간 소식지이다.

4.2.3. 원주지역 공동체(원주협동조합운동협의회) 네트워크 특징

원주협동조합운동협의회는 협동조합간 네트워크를 구축하고, 협동조합외의 다른 유관기관과의 연계를 도모하는 특징을 지니고 있다. 특히 자활지역원주지역협의회와 유기적 관계를 맺음으로써 운동 목적을 가시화시키고 있다. 이 협의회의 네트워크 체계는 교육, 경제, 먹거리, 의료 등의 영역에서 네트워크를 구축하고 있다. 이 협의회의 네트워크 구축 목적은 ① 지역사회 자립경제 구축, ② 완전한 풀뿌리 민주주의 실현, ③ 생태적이고 인간적인 도시 구상이다.

(1) 지역사회 자립경제의 구축

지역자립경제 구축은 원주지역에 대형마트 등의 유입으로 자동차 문화의 편리성 증대, 토착상권인 재래시장과 소상인의 몰락이 지역사회의 문제로 대두되면서 원주지역경제를 위기로 몰아넣게 된다. 따라서 개발과 성장논리와 가격과 효율성의 논리 그리고 거대자본에 대한 대응이 필요하다고 보고 관계성과 신뢰에 기초한 지역사회 수준의 경제들의 네트워크 구축을 진행시킨다.

원주의 네트워크는 원주협동조합운동협의회를 중심으로 이루어졌다. 밝음 신협은 신용에 기초한 대출업무에서 생태주의에 기초한 새로운 사업에 참여하고, 조합원이 지역의 소상인들과 지역주민들간의 네트워크를 강화시켜나간다. 결국 밝은 신협은 원주협동조합운동협의회에서 중심적인 역할을 맡고 있으며, 지역의 시민사회단체와의 연대를 강화하면서 거대자본 중심의 개발론에 대한 대안 네트워크를 구축해가고 있다.

원주한살림 생협과 원주생협, 삼도생협은 물류를 집중화되고 거대화되는 최근의 생협운동의 한계를 극복하기 위하여 지역 안에서 유기농 농가와 소비자들의 직접적인 관계망을 형성하고 있다. 이 생협들은 생산물을 통한 교류를 지역사회에 중심을 두고 새로운 협동적 관계를 만들어 가고 있다. 자본집약적 시장에서 요구하고 있는 재화와 용역에 기초한 거래가 아니라 대면성과 신뢰에 기초한 거래를 진행하고 있다.

성공회 원주 나눔의 집에서는 노동부의 일자지 창출사업을 통하여 각각의 생협과 함께 농촌지원 프로그램을 운영을 통하여 네트워크를 형성하고 있다. 친환경 농산물 유통사업단과 농촌재가복지서비스사업이 생산자의 친환경 농산물 유통을 대행하여 사업적 연계와 도시 저소득층에게 새로운 일자리를 창출하는 효과를 발휘하고 있다.

원주자활후견기관은 협동조합 방식을 취하고 있으며, 지역생협들과의 직접적인 만남도 도모하고 있다. 결국 자활후견기관은 사업에 참여하는 빈곤층들과 함께 신용조합을 만들었다. 또한 지역의 복지단체는 대상사업을 중심으로 신용조합을 구성한 바 있다. 즉 협동조합이라는 다양한 네트워크를 통하여 지역공동체를 유지하고 있다.

원주생활협동조합운동협의회의 원활한 의사소통은 매월 발행하는 월간지 <원주에 사는 즐거움>이 중요한 역할을 한다. 이 월간 소식지는 각 회원단체간의 교류와 소통 그리고 지역사회의 미래에 대한 대안제시, 조합원들의 자발적인 참여활동의 강화시키고 있으며, 이 월간지는 조합원이 중심이 되어 만들어지고 있다.

원주의료생협과 나눔의 집은 홈헬퍼 사업, 가정결연사업, 농촌재가케어사업을 추진하여 지역 내 독거노인, 저소득층, 농촌지역주민을 위한 복지 의료지원시스템을 구축해가고 있다.

원주협동조합운동협의회는 각 회원단체들간의 지역사회 자립경제 구축을 위한 조합원들과의 다양한 활동을 유지하고 있는데, 그 중심은 지역사회 중심의 경제를 제공할 수 있는 문화적 체험을 통하여 지역사회 주민들의 참여와 신뢰를 형성해 가고 있다.

결국 각 조합간의 네트워크에 기반 한 활동은 원주 지역공동체를 형성하는 중요한 기반이 되며 각 단체 조합원들의 다양한 소모임 활동을 활성화시키고 있다. 이와 같이 지역사회 자립경제 구축은 지속가능한 사회와 공동체를 모색하는 중요한 시발점으로 보고 있다.

(2) 완전한 풀뿌리 민주주의 실현

원주협동조합운동협의회는 지역사회 주민중심의 풀뿌리 민주주의 실현이다. 이 실현을 위한 과정을 위해 각 단체간의 네트워크 구축을 중요한 기제로 보고 있다. 이들은 지난 30여 년간의 협동조합운동의 역사성에도 불구하고 지역사회 주민 중심의 자치가 미흡하다고 판단하고 협동조합을 통하여 자치적 능력을 배양시키고자 하였다.

협의회는 일상생활의 문제를 조합원과 지역주민의 의사를 존중, 그리고 참여를 통하여 지역자치의 새로운 기반을 마련하고자 한다. 소식지 만드는 일, 생협 물품 결정하기, 매장 운영, 조합원의 중요한 의가결정을 하는 일, 새로운 사업의 기획, 마을 독거노인들을 위한 대안 마련, 학교 급식 개선하기, 원주 하천 살리기 등 다양한 분야의 참여를 통하여 지역사회 주체로서의 역할을 수행하고 있다.

또한 협의회는 지역사회의 NGO와 함께 친환경농업조례, 학교급식조례, 보육조례 등의 제례제정운동을 전개한 바 있다. 특히 학교급식조례는 시민 1만명의 참여로 발의된 바 있다.

풀뿌리 민주주의의 실현은 일상생활의 문제와 직면하여 있다고 보고 여성교육, 소비자교육, 생태교육, 어린이 교육 등을 지역사회 NGO와 함께 진행하고 있다. 결과적으로 이러한 활동은 자치적 경험을 배양시키고 지역적 차원의 대응책을 마련할 수 있다는 것이다. 협의회는 조합의 참여에 기초하여 조합간의 네트워크를 유지하고 상호 관계성을 도모하는 중요한 역할을 하고 있다.

(3) 생태적이고 인간적인 도시 구상

생태적이고 인간적인 도시구상이 협의회의 주요 목표 중의 하나이다. 원주가 혁신도시로 선정되면서 개발의지가 급속하게 확장될 것으로 판단하고 있다. 이 과정에서 지역사회 중심의 논의보다는 중앙집중적인 개발의 논리가 우선할 것이라고 판단하고 있다. 따라서 생태적인 사업모델 개발을 통하여 대안적 경제양식을 위한 방안을 마련하고자 한다. 협의회는 원주지역의 생활협동조합운동이 다양한 활동을 통하여 얻은 경험을 바탕으로 지역사회 중심이 대안모델을 만들어 가는 노력을 모색하고 있다.

4.2.4. 실상사 산내면 지역공동체

(1) 개요

전북 남원의 산내면 일대는 실상사를 중심으로 도농공동체를 모색하고 있는 지역공동체 현장이다. 지리산 뱀사골로 가다보면 전북 남원 산내면 사거리를 지나게 되는데 이 삼거리가 산내면의 중심지역이다. 실상사는 마을 한가운데 자리를 잡고 있다. 행정구역상으로는 산내면은 8개의 리로 구성되어 있다. 산내면 마을 공동체 운동과 관련되어 있는 지역사회는 남원시 인근 지역인 운동읍・인월면・아영면과 산내면과 경계를 이루고 있는 경남 함양군 마천면이다.

산내면은 지리산 뱀사골에 유입지점에 위치하고 있어 도시로부터의 접근성이 비교적 양호하다. 산내면은 지리산 국립공원의 주능선을 끼고 있어 조망권이 상당히 우수하여, 생태관광코스 등의 적용이 가능하며, 템플스테이 · 공동체 탐방 등 다양한 교육문화프로그램의 운영이 가능한 곳이다. 역사적으로는 한국전쟁 당시 좌 · 우익의 갈등의 현장으로 한국 근 · 현대사의 아픔을 지니고 있는 곳이기도 하다. 산내면 지역은 농사와 관광관련 사업을 병행하고 있으며, 양봉 및 임야 활용을 통한 특산물 생산을 하고 있다.

이 지역은 다른 농촌지역과 마찬가지로 급격한 고령화로 인하여 지역사회 자체가 위기를 직면하기도 하였다. 1990년대 중반까지는 실상사 지역의 인구는 60세 이상의 노인이 80%를 차지하고 있는 전형적인 산촌지역이었다.

실상사는 1990년 중반부터 도시와 농촌이 서로 공존하는 도농공동체의 복원을 목표를 지역공동체 운동을 전개하게 된다. 불교내적으로는 도시 사찰과 농촌사찰을 연결하는 역할을 하고, 사회적으로는 농촌을 살리기 위해 도시가 참여 할 수 있는 방안을 모색하게 된다. 이러한 사업 구상의 필요성을 승가모임을 통해 사회각계각층의 구성원을 모시고 수차례 토론회를 진행하기도 하였다. 여러 가지의 준비과정을 거쳐 1998년부터 본격적인 지역공동체 구상을 위한 프로젝트를 진행하게 된다.

4.2.5. 실상사 산내면 지역공동체의 활동현황

(1) 실상사농장

실상사농장은 1만 평 땅에다 농사를 짓고, 친환경 농법과 기술을 개발하고 농장을 통해 도시에서 내려온 사람들을 교육할 수 있는 곳으로 만들어 가기 위한 준비를 한다. 현재 농장은 8년째 농사를 친환경 농법으로 짓고 있으며 쌀을 비롯한 10개 품목이 친환경 인증을 받은 상태이다. 또한 봄 · 가을로 실시하는 실상사 귀농학교의 실습지 역할을 하고 있기도 하다.

(2) 불교귀농학교

불교귀농학교는 서울에서 농촌으로 이전하는 사람들을 교육하는 곳으로 봄과 가을에 매년 2회씩 열고 있으며 주로 도시의 직장인들이 오고 있다.

주요 이론과정은 세계관과 철학, 친환경 농법에 대한 이해, 농촌에서 살아가기 위해 필요한 다양한 의식주 문제들이며, 먼저 귀농한 선배들의 경험담과 현장 방문을 통해 귀농에 대한 정보를 얻는다.

(3) 실상사 귀농학교

실상사 귀농학교는 농촌에서 사는 법과 농업에 대한 기술을 익히고 싶은 사람들을 위한 학교다. 연 2회 봄과 가을에 열고 2개월 동안 지리산 교육원에서 숙박을 하며 교육을 받는 곳으로, 주로 친환경 농법이나 농기계 다루기 등 귀농에 필요한 기술중심으로 실습을 통해 몸으로 익히고, 농사 이외에 농촌에서 할 수 있는 다양한 일거리인 효소 담그기, 천연염색, 양봉, 집짓기 등을 익힌다.

(4) 현장귀농학교

현장귀농학교는 기초 귀농학교(전국 9개)와 실습과정(실상사귀농학교)을 졸업하신 분들 중 특별한 기술이나 지역을 택해 1년 동안 그 지역의 선생님과 함께 지역에 살면서 지역주민으로 살아가기 위한 태도와 철학, 농법 등을 익히는 곳이다.

(5) 생협

생협은 귀농자 정착지원과 도농교류를 위해 1998년 8월 서울에 위치한 사찰에 유기농 매장을 열었다. 이 매장에서는 귀농학교 졸업생들이 생산한 물품을 일반사회에서 제시하는 기준에 상관없이 인드라망 내부 기준을 통해 사찰에서 유통시키고 있다. 현재는 전국 사찰을 대상으로 친환경 공양미 올리기 운동을 펼치고 있다.

(6) 실상사 작은학교

실상사 작은학교는 산내면 가정의 아이들을 위한 중등 과정 학교이다. 현재 3년 과정이고 45명의 아이들과 10여 분의 선생님들이 학교를 꾸려가고 있다. 실상사 작은 학교는 중등 과정으로 시작했지만 현재 고등 과정을 준비 중이고 나중에는 대학과정까지 만들어서 지역에서 살아갈 수 있는 젊은 사람들을 많이 키워내고 이런 경험들을 사회적으로 회향할 수 있는 시스템을 만들고 있다.

(7) 한생명

'한생명'은 산내면에서 마을 공동체를 만들어 가기 위한 방향 제시와 정책 생산, 기획과 운영을 총괄하는 곳이다. 또한 인드라망의 이념을 구체적으로 펼치고 모델화하는 곳이기도 하다. 한생명에서는 실상사 환경 농업 작목반을 만들어 지역 주민 및 귀농자 50여 가구와 함께 논농사를 친환경적으로 짓는 친환경 농업 지구로 전환하였으며, 문화와 복지를 위한 산내여성농업인센터를 개원하였다. 그 외에도 방과 후 학교, 건강사랑방, 여성문화교실, 산내들 무농약 쌀 판매, 유기농 김장 축제 등의 활동을 하고 있다.

(8) 지리산 교육원

지리산 교육원은 실상사 귀농학교가 열리는 곳으로 농림부로부터 남원시 환경 농업 교육장으로 지원을 받아 지역 주민들에 대한 친환경 농업 교육이 이루어진다. 또한 귀농자나 예비 귀농자들에게 집짓기, 염색, 효소 및 음식만들기, 명상 강좌 등을 통해 귀농 후 필요한 구체적 준비들을 할 수 있는 곳으로 자리매김하고 있다.

(9) 지리산 친환경 영농조합

지리산 친환경 영농조합은 한생명에서 진행하던 지역을 친환경 농업지구로 만드는 일을 계속하고 친환경 농법의 개발과 보급, 지역 경제 활성화에 필요한 다양한 기반을 마련하기 위해 2006년에 창립했다. 영농조합은 일차적으로 지역 농업을 친환경 농업으로 전환하여 안정화하기 위한 농법 개발과 보급 농자재 생산을 담당하며, 생산된 것들을 서울에 있는 인드라망 생협이나 다른 생협들과 연계시키는 역할을 한다.

(10) 근본 도량 실상사

근본 도량 실상사는 불교의 오랜 전통인 사부대중이 참여하는 운영방식과 지역 공동체 속에서의 사찰의 역할, 지역 사찰과 농촌 사찰의 역할에 대한 고민 속에서 지역사찰로의 모델화를 해나가는 곳이다. 실상사는 마을 공동체를 만들어 가는데 필요한 담론 구성과 개인 수행을 위한 다양한 강좌나 공부모임 등을 만들어 활동하고 있으며, 종교적인 일 외에도 지리산 살리기, 낙동강 도보 순례, 산내면 마을 공동체에 필요한 지원 등을 하고 있다.

(11) 지역사회단체

산내면을 마을 공동체로 가꾸어 가는 데는 지역의 청년회·부녀회·방범대·번영회 등 여러 자치 조직과 산내면·남원시·농업기술지원센터·지역학교 등 모든 기관과 기구가 함께 참여하고 있다. 특히 한생명이 중심이 되어 산내면 마을 협의회를 구성해 산내면의 발전 방향이나 공동의 문화행사 등을 진행하고 있다. '지리산평화결사'와 '지리산생명연대' 또한 협력단체로서 지리산의 환경 문제나 지역의 환경 사안을 함께 해결하면서 지역공동체를 일구어 나가는데 한 몫하고 있다.

(12) 인드라망 생명공동체

인드라망 생명공동체는 산내 지역에 소지역 공동체의 모델을 만들기 위하여 전체 차원에서 조정하고 협력과 지원을 하는 곳이다. 인드라망 생명공동체는 산내면의 경험들을 토대로 지역사찰과 도시 사찰의 역할을 모델화해 불교계 대중 운동으로 펼쳐나갈 계획이다.

4.2.6. 실상사 산내면 지역공동체의 네트워크 특징

(1) 생명살림을 중심으로 한 구심점 형성

실상사는 지리산살리기, 새만금 삼보일대 등을 통해 불교계 사회운동의 중심중의 하나를 이루고 있다. 이는 대립과 갈등이 아니라 생명과 평화를 중심으로 한 실천적 활동으로 실상사를 중심으로 한 산내면 일대 지역공동체 형성에 중심으로 이루고 있는 이념이기도 하다. 이러한 생명철학은 지역사회를 중심으로 한 실천적 과제에 대한 고민을 바탕으로 네트워크 형성의 중요한 역할을 하고 있나. 산내면 일대의 지역공동체는 생명문화, 녹색문학, 명상, 명상과 마음다루기, 자연의학과 몸 다루기, 교육과 생태적 · 자립적 삶의 실천 등을 주요의제로 삼고 있다. 이러한 의제는 경제적 효용성보다는 생태적 효율성, 자연과 인간의 조화로움을 생활화하는 과정으로 이해할 수 있다. 이러한 구체적인 계획과 집행은 산내면 마을 100계획에 구체화시킬 예정이다.

(2) 지역공동체의 복원

실상사 산내면 지역공동체는 실상사를 중심으로 한 네트워크 구성은 지역공동체 복원의 가능성을 시사하고 있다. 산내면 지역에는 지난 9년 동안 꾸준히 사람들이 찾아오고, 그 중에 많은 사람들이 지역사회에 정착하고 있다. 작은학교 · 한생명 · 교육원 · 영농조합 등에서 인드라망 활동가들이 40명에 이르고 있으며, 연간 방문객은 1만 명에 이르고 있다. 그 외에도 산내면 일대에 정착한 귀농자는 250여명에 이르고 있다. 1998년~2004년 기간의 증가율과 2005년도 1년 사이에 증가율을 보면 2005년도 한 해년도 증가율이 상당히 높게 나타나고 있다.

실상사 귀농학교를 처음 시작하던 1998년에 이 지역으로 귀농자는 극히 많지 않았다. 그러나 일상생활에 필요한 기관들이 지역에 조성이 되면서 귀농학교 졸업자들의 지역사회에 정착률이 높아지면서 귀농자수가 증가하기 시작했다. 현재 귀농학교 졸업자의 약 70% 이상이 이 지역 외에도 하동, 장수,

남원 등에 귀농하고 있는 상황이다. 그 외에도 초기 귀농자들의 2세가 태어나면서 지역사회 인구가 증가하고 있다. 출생자 수를 보면 2006년도 현재 귀농자 자녀 11명, 지역주민자녀 7명으로 나타나고 있다. 또한 미혼자가 이 지역에 와서 결혼한 부부가 20여 쌍 정도에 이르고 있어, 젊은 층의 점유비율이 높아지고 있는 상황이다. 또한 이 지역의 자녀가 도시에서 살다가 다시 귀촌하고 있기도 하다.

따라서 실상사를 중심으로 한 산내면 일대의 지역공동체는 결국 생활과 관련된 네트워크를 통하여 농촌지역사회가 복원할 수 있는 가능성을 열어주고 있는 셈이다.

<표 4> 지리산 산내면 귀농자 현황

구분	아이	어른	가구수	총인원
1998년~2004년	75	86	56	161
2005년	30	53	33	83
총계	105	139	89	244

출처: 인드라망 공동체 내부자료(2006)

(3) 생동감 있는 지역공동체의 복원

실상사를 중심으로 한 산내면 일대의 지역공동체는 일반적인 농촌지역과는 달리 지역사회를 구성하고 있는 각 주체들간의 활동이 생동감 있는 지역공동체를 이끌어 내고 있다. 실상사가 지역사회의 가치와 생명운동의 근원지로 자리매김하고 있으며, 한생명은 여성농업인센터 운영을 통하여 지역사회 여성농업 활동을 지원하고 있으며, 방과 후 학교는 지역사회 학생들의 방과후 활동을 지원하고 있다. 그 외에도 지역사회 주민들의 건강을 위해 주민건강사랑방을 운영하고 있으며, 친환경 농업 대규모 지구 조성 사업 추진을 통하여 다양한 지역공동체 복원을 위한 과정 등을 전개해 나가고 있다.

산내면 일대는 생명운동, 생태교육, 대안교육, 친환경 지역농업, 자연의학, 녹색문학, 전통과 현대가 조화된 문화의 형성 등의 생활문화 인프라 조성을 통하여 생동감 있는 지역공동체 복원을 모색하고 있다.

특히 지리산의 청정성·생명성에 중심을 두고 마을 산내면 일대는 친환경 쌀을 재배하고 인드라망 공동체를 통하여 도시 지역과의 직거래를 진행하고 있다. 이 과정에서 지리산영농조합은 지역사회 주민들의 자연·환경·생태가 잘 보전되고 삶의 질이 제고될 것으로 보고 있다.

결과적으로 산내면 일대의 지역공동체는 실상사를 중심으로 한 생명공동체의 형성을 기반으로 지역사회와의 다양한 연계와 결합을 통하여 지속가능하면서 생동감 있는 지역사회 발전을 진행시켜가고 있다고 볼 수 있다.

4.3. 생태공동체 네트워크의 특성

사례연구에서 보여준 생태공동체 네트워크의 특징을 정리하면 다음과 같다.

첫째, 생명지역을 중심에 둔 네트워크를 유지하고 있다. 생태공동체에 있어서 생명지역에 대한 이해는 아주 중요한 의미를 지닌다. 생태공동체의 궁극적인 목적이 지역사회의 생태주의 적용과 활용이라는 측면을 고려해 볼 때 사례가 보여주고 있는 생명지역적 관점은 필수불가결한 요소라고 할 수 있다. GEN은 지구적인 차원에서 생명지역주의를 지향하며, 원주지역공동체는 협동조합협의회를 중심으로 지역자립적 공동체를 지향하고 있다. 그리고 실상사를 중심으로 한 산내면 지역공동체는 불교철학에 근거한 생명지역공동체 지향하고 있다는 점이다. 따라서 생태공동체를 유지하는데 있어서 철학적 관점을 갖는 것은 생태공동체 운영에 있어서 중요한 의미를 지닌다고 볼 수 있다.

둘째, 호혜성은 상호이익을 위한 네트워크를 중심으로 진행한다는 것이다. 지구적 차원의 에서의 상호이익이 지속가능성에 중심으로 둔 상호이익으로 미래세대와의 관계를 고려한 상호이익을 고려하고 있다는 점이다. 그리고 생태공동체가 일반적으로 보여주고 있는 다면적 측면의 네트워크, 즉 조합과 기관 그리고 마을내·외부의 관계를 통하여 호혜성을 유지하고 있는 특징을 지니고 있다.

셋째, 동반자적 관계를 공동체를 구현하는 계획과 실행과정에서 구체화되고 있다. 거시적으로는 생태공동체의 구상이라는 목표 아래 계획과 실행을 이루어 내는 과정에 중심을 둔 동반자적 관계를 형성하고 있다는 것이다.

넷째, 권력도 수평적이면 다면적인 방법으로 협력적 교류관계를 형성하는 힘으로 작동시키고 있다는 점이다. 지구적 생태마을 구축을 위한 관계망을 교류하는 관계를 형성하거나, 마을만들기를 위한 교류관계를 형성하거나 장기적인 마을발전 방안을 위해 수평적 관계를 형성하는 특징을 보이고 있다.

<표 5> 생태공동체 네트워크의 특징

	GEN (Global Ecovillage Network)	원주지역공동체 (원주생활협동조합운동협의회)	실상사 신내면 지역공동체
이념·철학	생명지역주의 지향	장일순·지학순 생명사상 지역자립 공동체 지향	불교철학의 생활세계화 생명지역공동체 지향
호혜성	지구적 생태마을 네트워크 조성	조합과 기관간의 상호이익 증진	마을 중심의 상호이익과 증진
상호의존성	상호 지원 및 협력	조합과 기관간의 관계 강화	마을과 지역사회 각 기관의 관계 강화
동반자 관계	생명지역 에 근거한 계획과 실행	지역사회자립경제를 위한 계획과 실행	내생적 지역사회 발전을 위한 계획과 실행
권력	GEN을 중심으로 한 정보공유 및 교류관계 형성	건강마을만들기 위한 정보와 협력적 교류관계 형성	100년 계획을 위한 협력적 교류관계 형성

5. 생태공동체 네트워크가 갖는 시사점

5.1. 내생적 발전에 주력

생태공동체는 내생적 발전 전략의 특징을 지니고 있다. 내생적 발전은 지방적이고 비공식적 부문의 강화, 내부 잠재력의 활용, 지역주의적 사고, 인적 자원의 동원과 인간개발의 추구, 사회문화적 지역적 특성에 조응하는 삶의 공간 조성 등 지역스스로의 에너지에 의한 지역사회에 잠재되어 있는 자원의 동원능력을 의미하고 있다고 볼 때, 생태공동체는 지역사회 차원에서 의제를 발굴하고 모색하고 있다는 점에서 내생적 발전 전략을 지향하고 있다고 볼 수 있다.

생태공동체가 지향하고 있는 지역자립의 경제기반을 마련하고, 지역자치운동과 결합되어 가는 과정을 거치면서 주민참여에 의한 협동적이고 공동체적인 비영리 사업체들을 지켜갈 수 있는 지역사회 운동의 디딤돌 역할을 하고 있다.

5.2. 주민협력에 기초한 네트워크 구축

원주의 원주협동조합운동 협의회에서 보여주듯이 기존 단체들간의 이해 정도를 뛰어넘어 지역사회 차원에서의 새로운 주민협력에 기초한 지역사회 네트워크를 구축하고 있다. 원주의 경우 원주에 산재되어 있는 산하 조직들은 기존 단체만의 협소한 네트워크를 뛰어넘어 다양한 시민사회운동과 협력해 가고 있다. 가령, 원주밝음신협은 원주여성민우회, 소비자문제를 연구하는 시민의 모임 원주지부, 무위당을 기리는 모임, 원주한살림 매장 등에 필요한 공간을 무상으로 제공하고 있으며, 기타 부대시설(회의공간 등)을 각 단체가 필요에 따라 사용할 수 있도록 제공하고 있다. 또한 여러 시민단체의 활동가들이 각 협동조직의 임원으로 참여하면서 지역 주민들의 교육 등을 담당해 내고 있다. 그리고 시민대학을 추진하고 있는 원주 상지대학(총장 강만길)과 교류협정을 체결하여 부족한 전문성을 확충하고 지역운동의 인재를 양성하고 있다. 이 외에도 GEN, 성미산마을, 홍성문당리 환경마을 등도 유사한 상황을 유지하고 있는 형편이다.

5.3. 지역사회 수준의 자치력 증대

생태공동체가 네트워크를 유지하는 과정에서 중요하게 취급되고 있는 것은 지역사회 수준의 자치력이다. 이러한 자치력은 지역사회 차원에서 스스로 창발적으로 형성되는 것으로 원주의 경우 생명사상에 근거한 생태적 가치를 공유하는 과정에서 정치적으로 풀뿌리 민주주의의 가치를 중요한 의제로 삼고 있다. 따라서 지역사회 의제를 소수명망가에 의존하기보다는 구성원의 협력적 관계를 통하여 도출된다는 점이다.

5.4. 적절한 유연적 외부관계 유지

생태공동체는 스스로 지역사회 차원에서의 문제의식을 갖고 지역발전 및 비전을 제시하고 있다. 이와 같은 노력은 지역사회의 당면과제를 스스로 해결하려는 과정에서 나타난 자생적인 노력중의 하나라고 볼 수 있다.

6. 결론

표피적으로 보면 네트워크는 경제적 성장을 바탕으로 한 입장을 견지하고 있으며 생태공동체는 생태주의적 전략에 주안점을 두고 있다고 생각한다면 둘과의 관계의 조망하는 것은 그리 쉬운 일이 아니다. 그러나 생태공동체가 향후 맞이하게 될 대안사회의 한 유형이라면 이에 대한 검토가 중요하다고 본다. 네트워크를 생태공동체 내부에서의 관계망을 파악하고 그것이 갖고 있는 의미를 파악한다면 지역사회 차원에서의 수준을 검토하고 향후 과제를 검토하는 일이 가능하다고 본다.

본문에서 언급한 생태공동체의 네트워크화 전략에 대한 분석이 그리 과학적이지 못하더라도 생태공동체가 보여주고 있는 시사점은 분명히 있다고 본다. GEN, 실상사 산내면 지역공동체, 원주협동조합협의회 등에서 보았듯이 지역사회와 적절한 네트워크를 아주 긴밀하게 유지하고 일상생활의 문제를 깊이 있게 조망하고 있다.

지역사회를 스스로 연구할 수 있는 연구진을 구축하거나 외부자원과 긴밀하게 연계하고 있으며 기관간의 군집을 유지하고 있다. 그리고 신협이나 생협을 통하여 자금을 조달하고 브랜드를 개발하고 있다.

이와 같이 생태공동체가 보여준 제반적인 요소들은 지역발전을 모색하는 과정에서 새롭게 등장한 내생적 발전의 원리가 녹아들어가 있으며, 주민협력에 기초한 네트워크를 구축하고, 이를 바탕으로 자치력을 증대하고 있다. 또한 적절하게 외부적 자원을 활용하거나 이용하고 있다고 볼 수 있다.

참고 문헌

강혜정(역)(2005), 『마을만들기의 발상』, 소화.

김귀순(2003), 『세계의 생태마을을 찾아서』, 누리에.

김성균(2002), "한국 공동체의 흐름과 스펙트럼", 한국지역사회개발학회, 『지역사회개발연구』 제27권 제2호.

김성균(2006), "공동체 이론과 사례소개", 영산선학대학교, 『성지공동체 방향 모색』, 2006 소태산 사상 연구원 학술세미나 자료집.

김용웅 외(1999), 『지역발전론』, 한울.

김용웅 외2인(2003), 『지역발전론』, 한울.

류혜정(역)(2006), 『지역사회개발』, 인간과 복지.

시민의 시문(역)(2005), 『도시 속 희망공동체 11곳』, 시금치.

윤전우 외 1인(역)(2006), 『에코머니』, 이매진.

이근행(2003.3), 「지역을 꿰는 구슬그물 실상들 지역공동체를 가다」, 『말』, 월간 말.

이근행(2006), 「한국 공동체운동의 형성과 전개에 관한 연구」, 성공회대학교 NGO 대학원 석사학위논문.

이향민(2006), 「생명평화 세상을 향한 도·농공동체 실상사 지역을 중심으로」, 영산선학대학교, 『성지공동체 방향 모색』, 2006 소태산 사상 연구원 학술세미나 자료집.

임경수(2003), 『퍼머컬쳐디자인』, 이장.

최혁진(2004), 「협동과 자치의 도시만들기: 원주협동조합운동협의회」, 시민환경정보센터 외, 『한중일 생태공동체 미래찾기』, 제2차 동아시아 환경회의 자료집.

최혁진(2005), 「협동조합간 지역협의회 구성 및 의료생협 역할」, 『의료생협입문: 의료생협 10년, 건강마을만들기 성과와 전망』, 생활협동조합전국연합회·의료생협연대.

한생명(2003), 『생태적인 산내 내일이 있는 산내』, 내부자료집.

Diana Leafe Christian(2003), 『Cresting a Life Together』, New Society Publishers.

Hildur Jackson & Karen Svensson(2002), 『Ecovillage Living』, Green Books.

Jan Martin Bang(2005), 『Ecovillage』, New Society Publishers.

Rosemary Morrow(1993), 『Earth User's Guide Permaculture』, Kangaroo.

생태공동체 확산을 위한 기반제도

전 춘 명 (한신대학교)

1. 시론

지난 70년대 초반부터 태동하기 시작한 생명과 환경에 대한 높은 사회적 관심과 활동은 중반부터 유기농업을 계기로 이에 관련된 공동체들의 기틀을 마련하였으며, 90년대 들어서면서 국내 생태공동체는 본격적으로가 활성화되었다. 생태공동체의 활성화 과정에서 형성된 공동체는 점진적이며 다양하게 확대되었고, 심화된 생태적 위기상황을 극복할 수 있는 기반을 마련하였으며, 마을단위의 공동체적 관계성과 생태적 순환성 및 다양성 그리고 나아가 자치를 이루는 대안사회운동의 종합적 실현지로 자리 잡게 되었다. 이러한 과정에서 생태공동체에 대한 접근 방식은, 사회문제들을 그 근원으로부터 따져 자연속의 인간으로 어울려 살아가는 본질적인 삶의 방식을 추구하는 방법과 마찬가지로, 무엇을 위한 준비 과정이 아닌 지금 현실사회에서 추구하는 바를 이루어 생명문제를 극복하는 길을 제시해야 하는 과제를 갖게 되었으며, 따라서 생태공동체 운동은 곧 사회운동으로 이해되었다. 이는 곧 드러난 문제에 즉자적으로 대응하기보다는 그 문제의 뿌리로부터 대안을 구축하는 방식으로 접근하여, 구조적 문제나 제도적 다양한 특성 등과 같은 사회문제를 행위적 수준에서 대응하는 방식을 의미하는 것이다. 즉, 생태공동체에 대한 논의 과정에서 무엇보다도 중요한 관점은 외부 조건에 흔들리지 않으며, 지속가능하고 공동체적인 삶의 단위를 꾸린다는 측면을 최우선적으로 고려해야 한다는 것이다. 이제 생태공동체는 거스를 수 없는 사회적 현상이자 사회적 경향이고, 동시에 생태공동체 운동이 본질적인 사회운동이라면 이를 어떻게 활성화할 수 있는지 그리고 활성화하기 위해 필요한 제반 조건들은 무엇인가에 대한 답변을 구해야 할 것이다.

90년대 후반부터 현재까지 진행 중인 연구는 '생태공동체의 지속화 전략'으로서 사회변화를 바라보는 관점과 사회변화를 이끌어 가는 생태공동체의 기획에 대한 규명인 반면에, 앞으로 이루어지는 연구는 생태공동체 활성화 방안의 성격을 갖추어 여러 지역에서 다양한 싹을 틔우고 있는 생태공동체가 자라나 열매를 맺고 퍼져가기 위한 안팎의 조건과 그 관계에 대하여 연구초점을 맞추어야 한다. 이는 생태공동체를 사회적 생명체로 간주하여 그 생명체와 주변 환경의 관계를 살펴보는 '생태공동체의 사회생태학'적 입장인 것이다. 이러한 경향에 부응하여 본 연구는 다양한 사회적 측면과 사회적 조건들 가운데에서도 기반 제도 측면을 중점적으로 살펴보고자 한다. 이는 곧 변화·발전하는 제도는 사회운동의 사회화를 점검할 수 있는 주요 척도로서 사회 변화의 반영이자 사회적 변화의 폭과 깊이를 담아내는 그릇으로서, 그 그릇의 크기와 모양에 따라 사회적 활동의 다양성과 관계맺음이 나타나고 싹트고 있기 때문이다. 더불어 본 연구에서는 기존 생태공동체의 발전과정에서 문제시되었고, 확대과정에서 걸림돌이 되었던 요인들에 관한 규명과 동시에 이에 대한 해결방안 등이 제시된다.

본 연구는 이처럼 지속가능한 사회 전환의 주요한 역할로서 자리를 잡은 생태공동체에 관한 모델을 구축하는 과정에서 무엇보다 생태공동체가 확산·심화하기 위해 필요한 제반 조건을 파악하고자 하며, 이를 위해 다음과 같이 구성되어 있다. 우선 서론에 이어 2장은 생태공동체의 개념 및 한국의 생태공동체 모델의 특성을 개괄하고, 생태공동체와 제도와의 관계를 논한다. 생태공동체의 특성은 자연적·사회적 환경을 순환의 생태적 관점으로 디자인하고 체계화할 뿐만 아니라 인간이 자연 및 사회와 맺는 관계를 생태적, 공동체적인 관계방식으로 재구성하는 것으로, 이는 생태적 사회 전환의 과정이자 주체적 인간의 생태적 각성 과정이기도 하다. 또한 생태공동체를 통한 지속가능한 생태사회로의 전환은 다른 어떤 사회변동 과정보다도 인간들의 주체적 역할이 강조되고 있기에, 생태공동체는 주체인 인간이 자신과 자신을 둘러싼 자연과 사회제도적 조건을 끊임없이 개선·개혁하는 역동적인 과정을 보여준다. 그러나 현재 생태공동체 모델의 확산을 위한 제도적 접근은 획일적이고 고정된 정책적인 틀로 구성되어 많은 한계점을 보여주고 있다. 따라서 본 연구의 핵심부분인 3장은 생태공동체의 확산방안을 제시하며, 특히 기존 생태공동체의 형성·발전과정에서 생태적이고 공동체적인 삶을 구축하는데 무엇이 현실적인 걸림돌이고, 무엇이 디딤돌 역할을 할 수 있는지 규명할 것이다. 아울러 행위적 수준의 오랜 관행으로서 삶의 방식에서부터, 자치단체 차원이나 국가단위의 제도적 수준의 관련 정책들을 검토된다. 이를 위한 실증적인 기반으로서 생태공동체로 살아가는 마을 가운데 전환의 기간이 한 세대를 넘긴 홍성의 홍동면, 20년에 이른 화성의 산안마을, 10년 남짓 된 장성의 한마음 공동체등을 중심으로 해당 공동체에서 직면하고 있는 문제들과 이를 해결하기 위해 어떠한 제도들이 조성되어야 하는가 하는 문제들을 살펴볼 것이다. 이와 같이 계획된 다양한 연구를 통해 생태공동체가 지속 발전될 수 있는 기반 조건 등은 4장 결론부에서 제시된다.

2. 한국생태공동체의 형성과 현황

2.1. 생태공동체의 개념

생태공동체 개념에 관한 정의를 규정하기에 앞서 우선 '공동체'라는 개념을 먼저 살펴보고자 한다. '공동체'라는 개념은 학술적으로 다양하게 사용되고 있기 때문에 개념규정에 용이하게 접근하기 어려우나 일반적으로 사회학계에서 '공동체'는 사회적이며 지역적인 조직체의 단위를 일컫는 용어로 사용되고 있다. 이렇게 규정되고 있는 공동체는 '지역성', '사회적 상호작용' 및 '공동의 유대'와 같은 세 가지 구성요소를 포함하며, 이는 곧 지역적 차원, 사회학적 차원 그리고 문화·심리적 차원에서 접근해야 한다는 것을 함축하고 있다. 그러므로 생태공동체는 생태적인 입장과 공동체적 입장의 결합체로서 공동체 구성원들은 생태적인 가치관을 공유하고, 공유된 가치를 자신들의 생활공간에서 실현해 나가는 집단적인 단위체라 할 수 있다. 이러한 집단적인 단위체인 생태공동체가 일반적으로 지양하고 있는 기본원칙은 자연환경적인 관점에서 거주지의 자연서식지 보호, 고형폐기물의 재활용, 친환경 건축재료 사용, 재생가능 에너지 활용 및 자동차 이동거리의 최소화 등과 같은 운동을 지향하고 있으며, 지속가능한 경제활동 관점에서는 공동체의 경제 창출, 공동체 내부와 공동체들 간의 교환을 촉진하는 대안 화폐 방안 모색, 실질적인 공동소유와 궁극적으로는 무소유 실현 및 자연농업 및 유기농업 중심의 생활을 영위한다. 아울러 이념적 관점에서 살펴보면, 생태공동체에 거주하는 구성원들의 다양한 의사는 민주적인 절차에 따른 수렴, 공동체의 입장과 가치를 공유하여 공동체 구성원들의 결속력 강화에서 찾아볼 수 있다.[1)]

이와 같이 이루어진 생태공동체에 대한 다양한 개념접근과 더불어 최근 2004년도에 발간된 "eurotopia"에 따르면, 생태공동체는 '생태적이어야 하

1) Vgl. 송명규/김 병량(2001): 생태공동체 운동의 이념적 기초. in: 한국지역개발학회지 13, S. 196-197.

며, 사회적으로 공동체를 형성해야 하고, 문화적이며 영성적이어야 한다'라고 정의되었다. 이를 보다 세부적으로 살펴보면, 첫째, 생태적이어야 한다는 조건은 공동체가 쓰는 에너지, 집의 구조, 자원의 순환 등 모든 것이 생태적인 원리를 따르는 것으로서 자급자족을 위한 유기농법과 무공해 농법을 이용한 농사를 그 조건으로 제시한다. 둘째, 공동체적 조건을 갖춘다는 의미는 공동체 내에서 위계질서가 존재하지 않고 전 공동체 구성원들이 동등한 권리와 의무를 갖고 함께 토론하고 대화를 나누면서 의사결정을 하는 시스템으로서, 사람의 관계 및 조직의 구조가 공동체적 민주주의의 원리에 의해 진행되는 것을 뜻한다. 세 번째 조건인 생태공동체는 영성적이어야 한다는 의미는 종교적인 의미가 아니라 정신적인 가치를 추구하고 이를 일상생활 속에서 구현하는 것을 뜻한다. 이는 곧 물질적 가치에 중심을 두고 있는 현대사회에서는 어려운 일이겠지만 생태공동체에서는 자연과 벗하고 이웃과 대화를 하면서 정신적인 삶에 가치를 부여하며 살아간다는 것이나. 그러나 국내 생태공동체는 이러한 세 가지 조건을 모두 충족시키면서 형성, 운영되기보다는 개별 공동체의 다양한 이념 및 가치관 등에 따라 한두 가지 특정한 조건을 중심으로 이루어져 있다고 할 수 있다.

2.2. 한국 생태공동체 형성배경 및 특성

한국의 생태공동체 또는 생태마을[2]을 구성원의 거주지형태에 따라 분류하면 다음과 같은 세 가지 유형, 즉 기존마을형, 계획마을형 및 혼합마을형 등

2) '생태공동체'와 '생태마을'이라는 표현은 용어사용상 그 자체에 나타난 바와 같이, '생태공동체'는 비록 모든 환경이 생태적으로 이루어져 있지는 않다고 하더라도, 무엇보다 공동체 구성원들 간에 '생태적 공동체'성격이 강조되어 있다. 반면에 '생태마을'은 함께 살아가는 구성원들 상호간의 '공동체'적인 모습을 완벽하게 이루고 있지는 않지만 마을의 생태적 생활환경에 중심을 두고 있다고 할 수 있다. Siehe: 박경철(2004): 한국 '생태공동체' 및 '생태마을' 현황. in: 국중광 · 박설호: 생태위기와 독일 생태공동체, S. 491-493. 본 논문은 이러한 관점에 의거하여 '생태공동체'와 '생태마을'을 분명하게 구분하지 않고 연구를 진행하고자 한다.

으로 이루어져 있다. 첫째, 기존마을형은 주로 농촌의 기존마을 주민들이 농산물 생산방식을 환경농법 또는 유기농법으로 전환하여 농작물을 생산하고, 자신들의 거주하고 있는 마을환경을 개선하여 궁극적으로는 삶의 방식을 생태적으로 개선하는 마을 형태로서, 이러한 유형의 대표적인 마을은 충남 홍성군 문당리 마을과 전남 장성군에 소재한 한마음공동체이다. 둘째, 계획마을형은 생태적인 이념과 철학을 공유한 구성원들이 주민 자치적으로 마을을 조성한 형태로서, 이에 대표적인 마을은 경기 화성의 신안마을, 경남 산청의 간디 생태마을 등을 손꼽을 수 있겠다. 셋째, 혼합마을형은 기존마을형과 계획마을형을 혼합한 형태이며 기존마을이 생태마을로 전환하는 과정에서 새로운 계획적인 생태마을을 조성하며 동질적 이념을 추구하고자 공동체를 구성하는 형태로서, 가장 특징적인 사항은 주로 농촌으로 귀농하는 사람들이 중심이 되어 이루어지는 마을형태이다. 이러한 유형의 대표적인 마을은 전북 무주 진도리 귀농마을을 찾아볼 수 있다.[3] 이외에도 생태공동체의 유형에 따라 분류되기도 하는데, 이는 유통 중심 공동체(한살림, 인드라망 생명공동체), 생산중심 공동체(한마음공동체, 한농 복구회), 치유중심 공동체(의료생협, 라파공동체, 한마음치유 공동체)와 현재 국내 90여 개의 공동체로 가장 많이 확산되어 있는 교육중심 공동체(풀무학교, 간디학교, 과천 무지개 학교), 종교영성 공동체(가톨릭 수도원, 예수원, 두레마을), 사회복지 공동체(다일공동체, 동광원, 작은누리), 그리고 생태마을(안솔기 마을, 청미래 마을, 하늘소 마을) 및 그 밖의 지역공동체(문당리, 물만골공동체, 성미산 주민공동체, 한생명)) 등으로 구성되기도 한다.[4]

생태공동체 유형별로 다양하게 분류되고 있는 한국 생태공동체는 앞서 언급하였듯이, 90년대 들어서면서 본격적으로 활성화되어 자리잡아가고 있다.

---

3) 한신대학교 학술원 생태공동체연구팀(2006): 한신대학교 학술원 생태공동체연구팀 심포지움 자료집, S. 4-5.

4) 황대권(2006): 한국생태공동체의 현황과 성공을 위한 조건들. in: 한신대학교 학술원 심포지움 별쇄 자료집.

따라서 한국 생태공동체의 활성기인 90년대를 전후 기점으로 설정하여 시대별로 생태공동체의 형성배경과 그 특성을 살펴보면 다음과 같다.

첫째, 지난 50년대 한국 사회는 해방 이후 사회적 혼란과 한국 전쟁으로 인한 피폐된 사회문화적 생활로 인하여 국가는 무엇보다 빈곤을 극복하기 위한 즉, 보리고개 벗어나기 위한 운동, 국토의 황폐화 해결방안, 고용기회의 확대방안, 자립경제 토대구축 방안 등을 위한 모든 수단을 동원하였다. 특히 대미경제원조를 기반으로 운영되는 국가 운영시스템 뿐만 아니라, 무엇보다 일본식민지 잔재를 완전히 청산하지 못한 출발 기반으로 인한 정신적 박탈감이 매우 크기 때문에 그 심각성은 더욱 가중되었다. 이러한 열악한 사회적 환경에서 이필현을 중심으로 이루어진 신앙과 사랑의 공동체 동광원(1948), 귀일원(1964)이 생겨났으며, 원경선 중심으로 한삶회(1955)가 농장공동체를 이루었다. 또한 민중이 중심이 되어 사회에 대한 실천적 운동을 실현한 함석헌의 씨알농장(1957)과 박태선의 신앙촌(1957) 등이 이 시기에 형성된 주요 공동체이다. 이밖에도 대안교육공동체의 시조라 할 수 있는 풀무농업고등기술학교(1958)는 이찬갑을 중심으로 공동체적 삶을 지양하는 실천적 교육현장 터전을 마련하였다.

둘째, 60～70년대 시기 동안에 한국 생태공동체 운동은 국가적 의제를 중심으로 한 경제개발 5개년 계획과 농촌개발을 의제로 한 새마을 운동과 같은 사회적 배경을 갖고 있다. 경제개발 5개년 계획과 새마을 운동은 '조국근대화'라는 슬로건을 표방하면서 이른바 경제성장을 우선 목표로 설정한 국가재건프로젝트였다. 즉, 농법국가에서 공업국가로, 경공업에서 중공업으로 전환하여 사회경제적 패러다임을 재구조하면서 특정지역을 중심으로 집중화 현상이 일어나게 되었다. 특히 자본과 다양한 일자리 등이 집중된 서울을 비롯한 대도시 주변에 노동력이 모이게 되어 서울을 둘러싸고 있는 산과 하천을 중심으로 대규모 무허가촌이 형성되어 일용직 노동자들의 거주지가 형성되었다.[5] 이와 같은 사회, 경제적 배경에 의해 형성된 거주지로 인하여 지금의 공동체적 전망을 가름할 수 있게 한 일련의 계기 등이 발생하였다. 무엇보다 도시빈민을 대상으로 선교활동을 전개하였던 김진홍, 허병섭, 정일우, 제정구 등이 주도적으로 지역사회 공동체 운동을 하였다. 이들 지역사회 공동체들은 우선 도시에서의 자립적 생활을 목표로 진행하였으나, 이들 중 청계천을 둘러싼 도시민빈촌은 주거지정비계획이라는 명목으로 철거의 위기를 맞게 되면서 삶의 터전이 해체되는 위기에 봉착하게 되었다. 이 과정에서 김진홍 목사를 중심으로 진행하던 활빈교회(1971)는 국내 최초로 집단 이농을 결정하고 경기도 화성군 이화리에 두레마을(1975)로 이주하여 특정신념을 바탕으로 한 계획공동체로 자리를 마련하게 되었다. 이밖에도 서울 양평동, 청계천, 목동, 상계동 등의 무허가 주택지를 대상으로 주거지정비계획이 진행되면서 이곳에 거주했던 자들을 중심으로 또 다른 형태의 일반 지역사회 형태를 갖춘 지역사회 공동체를 형성하였다. 이 지역사회공동체는 지금의 경기도 시흥시 철산동에 자리를 잡게 되었고 이른바 작은자리센터(1979)가 중심이 활동하게 되었다, 이 작은자리센터는 지역사회지원활동 뿐만 아니라 한국의 도시빈민정책에 대한 전반적인 고민을 수용하는 도시빈민연구소 활동의 근원지 성격을 갖는다고 할 수 있다. 이러한 운동은 이후 금호, 행당, 하왕의 재개발지역에 거주하는 주민기획단을 지원하면서 지역공동체 운동에 새로운 운동결합에 영향을 주어, 그 결과 도시공동체 운동은 주거권운동이라는 새로운 개념을 창출하였고, 주민협동공동체 실현을 위한 다양한 준비와 시도들이 반복되었다. 김진홍 목사와 더불어 이해학 목사는 청계천 철거민들이 대규모로 수용되었던 경기도 성남 구시가지를 중심으로 한 성남주민교회(1973)를 통하여 지역사회운동을 전개시켜나갔으며, 이 시기에 허병섭목사는 노동의 의미를 강조하는 또 다른 지역사회운동을 전개하였다. 60～70년대 시작한 이 공동체들은 우리 사회 근대성의 산물이라 할 수 있으며, 무엇보다 이들 공동체의 중심과 역할은 한국사회에서 공동체 운동에 관한 담론을 제시하고 있다. 즉, 두레마을은 전형적인 계획공동체로 출발하여 이후 계획공동체를 기초로 하는 생태공동체의

5) 이 시기에 주로 형성된 거주지는 상계동, 중계동, 하계동 및 월곡동, 목동, 청계천, 봉천동과 신림동등을 손꼽을 수 있다.

전략과 방법을 다양하게 모색하고 있다. 제정구와 정일우등이 주축이 되어 형성된 철산동의 복음자리 마을(1975)과 한독주택마을(1979) 등은 자연적인 지역사회공동체를 유지하면서 지역사회 운동과 조직의 중요성을 공동체적 관점에서 지속적으로 제시하였고, 특히 앞서 언급되었듯이, 주거권 운동의 주 핵심운동세력으로 부상하였다. 성남 구시가지 지역을 기반으로 지역사회운동의 중심이 된 주민교회는 주민생협을 토대로 한 생활공동체 운동과 대안교육기관인 창조학교를 모범적으로 운영하고 있다. 또한 허병섭을 기반으로 출발한 밀알공동체(1974)는 노동의 의미를 새롭게 해석하고 새롭게 해석된 의미를 전달하고자 대안교육기관에 많은 노력을 기울이고 있다. 이처럼 다양한 계획공동체, 생활공동체, 지역사회공동체 등이 형성되고 이들의 운동이 활발하게 촉진시킨 동기는 60~70년대 한국 사회의 근대성이라 할 수 있다.

셋째, 80~90년대는 한국사회에서 지역사회운동과 공동체 운동의 확대, 발전하는 시기라 총칭할 수 있다. 우선 남상도 목사가 전남 장성군에 있는 백운교회로 부임하면서 태동한 한마음공동체(1984)를 손꼽을 수 있다. 이 공동체는 생명을 중심으로 연계된 지역조직화를 통하여 자연과 삶, 사람과 사람 사이의 생태적 관계를 형성시키는데 주안점을 두고 있으며, 무엇보다 생산, 유통, 소비과정을 거치면서 공동체를 이루어 낼 수 있다는 판단 하에, 1990년 3월 생산자협동조합 형태로 한마음공동체를 거듭 새로이 출범시켰다.[6] 이 공동체 이외에 1993년부터 충남 홍성군 홍동면 문당리 일대를 중심으로 주형로를 중심으로 지역사회공동체를 이룬 문당리마을(1993) 등이 있다. 환경마을로서 문당리마을은 세계화질서 속에서 오리농업을 도입하여 자생적 농업생산을 구축하고 이를 기반으로 생명, 환경 사업으로의 농업, 농업을 통한 다양한 소득원 창출과 유통망 개선, 삶의 질 개선 및 친환경적 생활개선, 국토의 환경보전에 기여하는 농촌 조성 환경을 위해 마련된 마을로서 주민 스스로

6) 이러한 목적에 부응하여 주변에 있는 마평리, 덕성리, 평산리, 분향리 일대 지역 60영농가가 생산자 공동체를 형성하였고, 광주지역을 중심으로 약 400여 세대가 소비자 공동체를 이루고 있다.

자발적으로 문당리 100년 계획프로젝트를 마련하여 실행 중에 있다. 이외에도 대안교육기관인 간디학교(1994)의 배후지로 시작한 안솔기마을(2001)은 자연과 사람, 사람과 사람이 조화를 이루고 함께 살아가는 모습자체가 생동하는 교육의 장을 목표로 추구하면서, 그 안에서 생활하는 구성원들은 자연으로부터 받은 혜택 이상으로 자연을 소중하게 보전해가는 삶을 실현하고자 형성된 한국 최초의 생태마을이라 할 수 있다. 안솔기 생태마을은 45,000평 가운데 9,000평을 부지로 개발하고 2001년부터 입주가 시작한 상태이다. 이밖에도 청미래마을(1999)은 유기농업을 주요 생산방식으로 한 자립적 생태마을을 구상하고자 시작된 생태공동체이다. 이 마을은 농사, 집짓기, 살림살이, 품앗이 등의 다양한 제반분야에서서 친환경적 삶을 구현하고 최소한의 것만을 공유하며, 개인의 차이성을 최대한 존중하다는 원칙하에 생활하고 있다. 이들이 마련한 약 30,000평 부지중 21,000평은 입주자들에게 부지로 분양하고, 9,000평은 녹색대학과 입주자들의 공동경작지로 활용할 계획이다. 이처럼 생명운동과 생활공동체 운동을 병행하면서 운영되고 있는 생태공동체 이외에 성찰적 삶을 중심으로 이루어진 공동체들도 나타났다. 토지, 노동, 삶에 대한 새로운 가치 추구를 기반으로 한 최한실 중심의 푸른누리(1995)는 이른바 '무소유, 무아집, 절대 평등, 늘 행복한 세상'이라는 의제를 중심으로 자기 자신이 자연과 우주가 하나임을 깨닫게 하는 것을 수행원칙으로 삼고 있다. 그리고 정어진 목사를 중심으로 한 생명누리(1996)는 생명을 아끼고 자연과 하나가 되는 생태적 가치관 및 생활에서의 생명존중, 스스로 자신의 삶을 꾸려나가는 자주 및 삶과 관련된 모든 것을 민주적으로 해결하는 자치공동체에 중심을 설정하고 생태적 삶에 의미를 두고 있다. 그러나 푸른누리와 생명누리는 발전하지 못하고 그 명맥만 유지하고 있는 실정이다. 이처럼 절대적인 생태적 삶을 중심으로 이루어진 공동체와 더불어 종교를 중심으로 나눔과 사랑을 실천하는 다양한 공동체등이 형성되었다. 대덕천을 중심으로 한 예수원(1977), 정용갑을 중심으로 한 이랑둥지(1981)과 최일도를 중심으로 한 다일공동체 및 법륜을 중심으로 한 정토회(1988) 등이 그 대표적인 종교공동체로서, 이들 공동체들은 개인의 수행, 노동 및 공동체적 삶의 모습을 생활과 실천과정에서 실현할 수 있도록 강조하고 있다.

넷째, 2000년 이후 생태공동체의 특성은 무엇보다 '생태'라는 화두를 중심으로 생태위기 문제의 심각성을 공유하면서 인문과학, 사회과학 및 자연과학 등 제학문의 다각적인 연구기반을 토대로 형성되었다고 할 수 있다. 특히 공동체 운영에 과학기술을 접목시키고자 노력한 양병이의 생태산촌만들기(2000)와 임경수가 중심이 되어 이루어진 (주)이장(2001) 등을 손꼽을 수 있다. 사회과학 소장 진보학자들로 구성되어 이루어진 생태공동체연구모임(2001)으로 지금은 생태공동체운동센터로 공동체 이론 연구 및 생태마을 컨설팅 등 다양하게 활동하고 있다.

지금까지 논의된 시대별 한국 생태공동체의 형성 및 개별 특성을 다음과 같이 도표로서 제시될 수 있겠다.[7]

<표 1> 한국 공동체의 시대별 특성과 의의

	1950년대	1960~1970년대	1980~1990년대	2000년 이후
사회적 배경	· 전후복구의 시대	· 새마을운동을 기반으로 한 조국근대화와 지역공동체 운동	· 환경문제와 생명문화운동 전개	· 생태위기 문제와 대안사회운동
공동체 형성 배경	· 극빈층 중심의 공동체 · 사회적 약자 보호와 사회적 가치의 획일화에 대한 우려	· 도시빈민지역 중심의 공동체 · 거대화 · 집중화 방식의 개발 패러다임에 대한 자생적 저항과 자치권 확보	· 중산층과 결합한 생활공동체 · 다양한 일상생활의 욕구 수용과 시민사회적 욕구의 결합	· 생활세계의 새로운 체제에 대한 검토와 분석
공동체 특성	· 빈민공동체	· 지역사회공동체 · 생산공동체	· 생활개혁중심의 공동체	· 진보적 공동체 연구 및 지원 컨설팅
	· 동광원(1948) · 귀일원(1964)	· 야마기시즘의 실험 (1966)	· 서당골(1983) · 산안마을(1984)	· 생태산촌만들기 (2000)

7) 여기 제시된 표와 그림은 김성균(2002): 「한국 공동체의 흐름과 스펙트럼」, 『지역사회개발연구』 제27집 2호, S. 314-315의 내용을 수정 보완한 것이다.

형성된 주요 공동체	· 한삶회(1955) · 씨알농장(1957) · 신앙촌(1957) · 풀무농업고등 기술학교(1958)	· 증평영농조합법인 (1964) · 주민교회와 지역공동체(1973) · 두레마을(1975) · 복음자리마을(1977) · 밀알공동체(1974) · 예수원(1977)	· 푸른누리(1995) · 한살림(1986) · 한마음공동체(1986) · 생명누리(1996) · 이랑둥지(1987) · 정토회(1988) · 주민기획단(1988) · 다일공동체(1989) · 정농생협(1990) · 안양아카데미테마타운(1991) · 아파트공동체운동 (1993) · 간디학교(1997) · 미내사클럽(1998) · 청미래마을(1999) · 안솔기마을(2001) · 녹색대학생태마을 (2001)	· 이장(2001) · 생태공동체 연구모임(2001) (현)생태공동체 운동센터
공동체 중점 활동 내용	· 사회적 약자 보호 · 검소 · 청빈의 일상화 · 학교의 지역사회화	· 공동생산체제 도입 · 생산공동체 지향 · 자생적 지역빈민 운동	· 소비자운동 · 유기농 중심의 도농직거래 · 영성자각 프로그램 · 지역 환경 살리기	· 공동체 이론 및 연구 · 생태마을 컨설팅 · 국제기구의 네트워크화 및 연대

<그림 1> 한국 공동체 전개과정의 특성

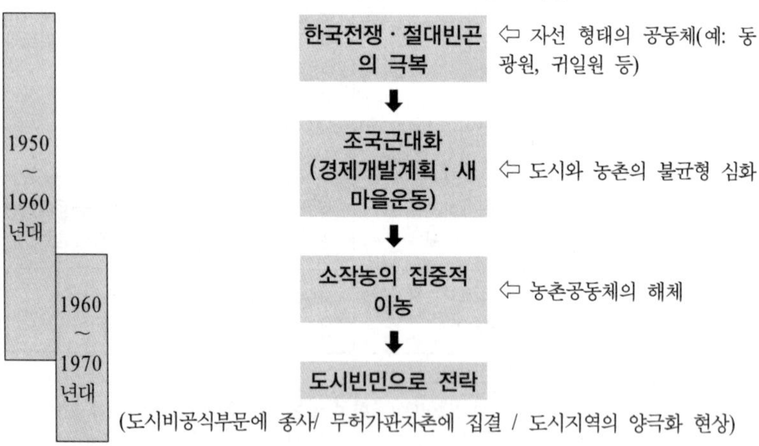

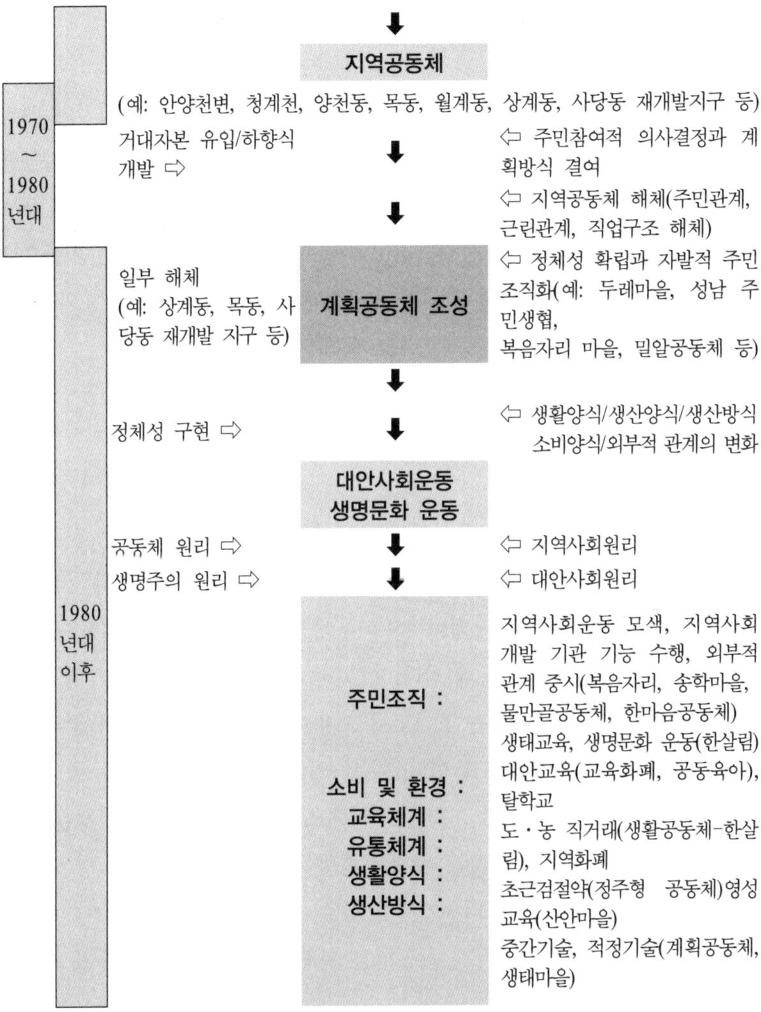
1970 ~ 1980 년대
지역공동체
(예: 안양천변, 청계천, 양천동, 목동, 월계동, 상계동, 사당동 재개발지구 등)
거대자본 유입/하향식 개발 ⇨
⇦ 주민참여적 의사결정과 계획방식 결여
⇦ 지역공동체 해체(주민관계, 근린관계, 직업구조 해체)
1980 년대 이후
일부 해체
(예: 상계동, 목동, 사당동 재개발 지구 등)
계획공동체 조성
⇦ 정체성 확립과 자발적 주민조직화(예: 두레마을, 성남 주민생협,
복음자리 마을, 밀알공동체 등)
정체성 구현 ⇨
⇦ 생활양식/생산양식/생산방식
소비양식/외부적 관계의 변화
대안사회운동
생명문화 운동
공동체 원리 ⇨
⇦ 지역사회원리
생명주의 원리 ⇨
⇦ 대안사회원리
주민조직 :
지역사회운동 모색, 지역사회개발 기관 기능 수행, 외부적 관계 중시(복음자리, 송학마을, 물만골공동체, 한마음공동체)
소비 및 환경 :
생태교육, 생명문화 운동(한살림)
교육체계 :
대안교육(교육화폐, 공동육아), 탈학교
유통체계 :
도·농 직거래(생활공동체-한살림), 지역화폐
생활양식 :
초근검절약(정주형 공동체)영성교육(산안마을)
생산방식 :
중간기술, 적정기술(계획공동체, 생태마을)

3. 생태공동체 확산 방안[8)]

지금까지 국내에 산재되어 있는 다양한 생태공동체들의 형성 시기와 배경 등에 대하여 고찰하였다. 본 장은 이들 공동체들에서 운영되고 있는 다양한 제도들에 중에서 상대적으로 원활하게 진행되어, 여타 다른 공동체에 수용될 필요성이 있으며 궁극적으로는 생태공동체 운동이 확대 될 수 있는 기반으로서 기능을 갖는 제도들, 특히 경제적-, 사회적- 및 환경적 기반제도와 법·제도 개선을 통한 기반조성을 중심으로 논의되겠다.[9)]

3.1. 경제적 기반조성

생태공동체가 원활히 운영되기 위해서 무엇보다 우선시 고려되는 선결조건은 구성원들의 경제활동을 보장할 수 있는 고용기반이라 할 수 있다. 국내 공동체들 중에서 고용시스템 구성이 잘 이루어진 충남 홍성에 위치한 문당리 마을의 경우를 살펴보면 다음과 같다. 이 마을은 지속 가능한 농촌마을로 거듭 발전하게 될 경우 예상되는 효과로서 고용기회의 증대와 더불어 궁극적으로는 완전고용기반을 조성하고 있다. 우선 일차적으로 고용기회가 증대하면 마을 거주 주민에게 우선적인 기회를 부여하고, 잉여 수요인력이 발생할 경우 인근지역이나 외부에서 유입하는 방법을 통해 운영된다. 구체적인 업무를 제시하면 다음과 같다. 문당리 발전계획의 경우 마을 전체를 관리하는 인력, 방문객을 위한 서비스 제공 업무수행에 따른 인력, 문당리 지역 및 주변 지역의

---

8) 본 장에서 제시된 일부 표와 그림은 홍성환경농업마을(2000): 『21세기 문당리 발전 백년 계획』, 연구자료집에서 발췌하였음을 밝혀둔다.

9) 본 연구는 자연 생태 친화적 관점에서 출발한 지형구조 보존 및 개발 또는 에너지 절약 중심적 또는 자연발생 에너지 활용과 이에 입각한 건축형태 완성과 등과 같은 자연과학의 물리적 연구 영역은 지양되고 사회기반을 중심으로 하는 인문사회학적 입장에서 출발하고자 한다. 자연과학적 영역을 중심으로 상세하게 이루어진 연구는 최근 출간된 아래 문헌을 참조할 수 있다. 임기표(편저)(2005): 『지속가능한 사회를 위한 생태마을과 영구농업 환경설계 가이드』, 전남대학교 출판부.

생태계 모니터링 및 보전을 위한 인력, 녹색관광자원 인력, 농민후계자 양성 인력, 환경교육을 위한 인력, 마을 홍보관리인력, 생산체계관리인력, 마을 기반시설 관리인력 등이 필요하게 되어 많은 일자리가 창출되어 공동체 구성원들을 위한 완전고용기반 체계가 완성될 수 있겠다. 이를 그림을 통해 제시하면 다음과 같다.

<그림 2> 문당리 고용창출 개념도

소농				
	두레공동체	생태, 녹색관광		공동체 관리인력
	공동시설	지역홍보	공동체의 운영, 관리	마을회관 운영관리인력
	마을회관	공동체관리	생산의 분업화	방문객 서비스제공인력
	서비스제공	귀농인구관리		생태계모니터링 및
		물관리	공동체 구성원에게	보전인력
		축사관리	각자의 역할과	녹색관광자원 인력
		정보관리	인센티브부여	농민후계자양성인력
		기타		환경교육인력
	2차적			마을홍보관리인력
	고용기반			환경교육인력
				생산체계관리인력
				마을기반시설관리인력

위와 같이 제시된 완전고용 시스템을 성공적으로 운영하기 위해서는 개별적으로 분화된 영역이 전문화될 필요가 있다. 아울러 이에 따른 인력은 마을 자체에서 일차적으로 충족시키는 것을 원칙으로 하여야 하며, 이는 곧 공동체 구성원 구성 및 유지를 위한 인적기반 형성에 지대한 영향을 갖는 것이기 때문이다.

전체 공동체 구성원들의 완전 고용시스템을 구현하기 위한 전체조감을 토대로 몇 가지 특성화 될 수 있는 영역을 제시하면 다음과 같다.

첫째, 대다수의 공동체에서 시행되고 있는 환경 친화적 유기농 농산품을 생산 판매하는 특화전략이다. 즉 무농약, 무화학 비료로 이루어진 생산으로서을 경쟁력을 갖고 안정된 판로를 확보함으로써 공동체 경제력을 증진시켜야 한다. 문당리의 경우, 오리농법으로 재배된 쌀을 채택하여 생산물의 판로와 소비시장 등 농산물 전 과정을 특화하여 상품경쟁력과 지역 이미지를 극대화 시키고 있다. 특히 생산과정과 생산물 수확 그리고 상품화 등의 전 과정을 소비자들과 함께 하는 참여 프로그램을 운영하여 새로운 유통방법을 시행하고 있다. 또한 주력 상품을 '쌀'에 국한하지 않고 '문당한의원', '허브원' 및 '문당 종합농산물 가공장' 등과 같이 경제력을 향상시킬 수 있는 새로운 영역을 개발 운영하는 다품종 생산체계의 필요성을 강조하고 있다.

둘째, 유기 농업 중심의 생산, 유통 판매로서 파생될 수 있는 새로운 농외 소득원을 활성화하는 방안이 필요하다. 즉 농산물 생상과정과 유통방식 자체를 관광 자원화하여, 이른바 녹색관광, 생태관광 등을 운영하는 관광 프로그램 및 환경, 생태 교육을 시행할 수 있는 교육의 장을 체험할 수 있는 체험교육 프로그램을 마련하는 것이다.[10)]

셋째, 공동체 특화작업을 통하여 얻어진 재원은 공동체의 경제 기반을 확고히 구축하고 지속적인 장기 발전을 위하여 재투자되어야 한다. 즉 재투자와 발전을 거듭할 수 있는 경제적 순환기반을 마련하여야 한다는 것이다. 마을 재원은 아울러 단지 앞서 제시한 생산 소득원에 국한하지 않으며, 민자 유치 및 외자 유치를 할 수 있는 다양한 방안을 모색하고, 국가재정 지원 역시 수혜를 받을 수 있도록 적극적인 노력을 기울어야 한다. 이와 같이 세 가지 영역을 중심으로 제시된 경제적 기반조성을 위한 방안을 경제순환을 목표로 하여 제시하면 아래 주어진 그림과 같이 도식화될 수 있겠다.

10) 체험교육의 장을 활성화하기 위한 방안으로 도시에서는 체험할 수 없는 메뚜기 잡기대회, 미꾸라지 잡기 대회, 생태계 그림대회 등과 같이 도농교류 프로그램 등이 실제 운영되고 있다.

<그림 3> 공동체 경제기반 활성화를 위한 경제순환도

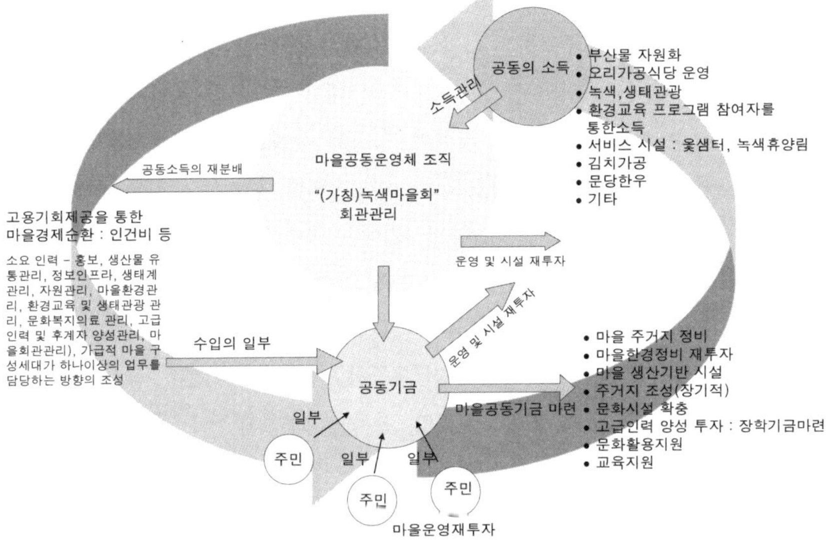

이밖에도 생태공동체의 경제적 기반을 활성화시키기 위한 다양한 방법들 중에서 금융기반 마련하여 운영하는 시스템으로서, 이들 가운데 손꼽을 수 있는 것은 원주협동조합협의회가 출발할 수 있게 한 원주밝음신협에서 찾아볼 수 있다. 원주지역의 생협은 1972년 밝음신협을 중심으로 출발하여 2004년 원주지역협동조합협의회가 조직되어 현재에 이르고 있다. 이 조합은 특히 지난 30여 년 동안 지역에 깊이 뿌리내린 고리대금업으로부터 지역 내 소상인들을 자유롭게 해주었고, 이들이 자립할 수 있는 경제적 기반을 조성해주었다.[11] 이러한 경제적 기반을 토대로 친환경 농업에 기초한 생협운동모델을 만들어 전국적으로 확대하는데 기여하고 있다.[12]

---

11) 한신대학교 학술원 생태공동체 연구팀(2006): 『한국에서의 생태공동체, 그 가능성과 전망』, 심포지움 자료집, S. 41.

12) http://www.wcoop.or.kr/ 참조.

3.2. 사회적 기반조성

개별 생태공동체가 추구하는 다양한 목적과 이념 등이 실현되기 위한 전제조건 중에서 무엇보다 중요한 것은 생태공동체의 체계적인 운영과 자립기반이 조성될 수 있도록 계획하는 것이며, 공동체 구성원들의 적극적인 참여와 상부상조의식을 토대로 하는 상호신뢰라 할 수 있다. 이러한 의식을 구축하기 공동체 내에서 이루어지는 행사, 농번시기에 인력수급, 자녀교육 및 교육관련 지원, 공동시설의 확대, 정보인프라 구축 및 유아 와 노인을 위한 시설확충등과 같이 다양한 프로그램이 운영되어야 한다.

우선 공동체 구성원 전체의 문화적 욕구를 충족시킬 수 있는 공간, 즉 마을회관 등을 만들어서 구성원들의 모임, 잔치 및 가정 대소사 등과 같은 행사를 진행할 수 있는 자리가 필요하며, 세시풍습 살리기, 정기적인 전통문화 놀이를 통한 우리 전통문화의 계승 및 체험 그리고 연주회, 연극·영화상연 등을 통하여 다양한 문화 활동 공간을 제공하여야 한다. 이는 곧 자녀교육 및 후계자 양성과 연계될 수 있는 프로그램 성격을 갖기 때문에 그 중요성이 더욱 더 부각되고 있는 실정이다. 자녀교육문제에 대한 해결방안과 더불어 공동체에 거주하고 있는 노인을 위한 프로그램 역시 중요하다. 특히 노인들의 경우 무엇보다 중요한 것은 건강관리문제이다. 따라서 노인을 위한 정기적인 의료검진 또는 진료를 위한 공동체 주변 및 인근지역 의료기관과의 협력관계가 필요하며, 보다 바람직한 방안은 병원과 평생진료체계를 만들어 평생 건강관리 및 예방 의료체계를 갖추는 노인건강관리시스템을 구축하여야 한다.

이처럼 공동체의 사회적 기반조건을 이루기 위해 다양하게 실현되고 있는 프로그램들 중에서 자녀교육문제는 결코 피해갈 수 없는 중요한 사안이다. 즉, 생태공동체 구성원들이 해당 지역에서 지속적으로 살아가기 위한 조건들 중에서 무엇보다 교육 문제가 대두되고 있으며, 이는 공동체의 존폐위기와 직결되기도 한다.[13] 따라서 공동체 구성원들이 공동체 생활을 하면서 만족할 수 있는 교육여건 조성이 우선시 되어야 하며, 이를 위한 방안들은 선별하여 제시하면 다음과 같다. 첫째, 우선 공동체가 소재하고 있는 지역의 대학과의 연계를 통해 지역민을 위한 일정비율 입학 제도를 마련하도록 노력하여야 한다. 이는 곧 한국사회에서 대학진학을 위해 도시보다 상대적으로 열악한 지방의 교육환경을 극복하기 위한 방안으로서 공동체 구성원들의 자녀의 교육과 매우 밀접한 관계에 있으며, 더 나아가 구성원들의 공동체 이탈을 방지할 수 있는 기능을 갖는다. 둘째, 공동체 구성원 및 주변 지역민 그리고 공동체에 관심을 가지고 있는 기타 사람들을 위한 자격증 프로그램을 운영할 필요성이 있으며, 이를 위해 공동체 자체 내에서 운영되는 프로그램 과정을 통하여 자격증을 부여하는 방법 또는 외부 기관에 위탁하여 특정 교육과 기술을 습득할 수 있는 방안 등이 운영되어야 한다. 셋째, 공동체의 지역적 특성을 이용하여 외부인을 위한 현장체험실습과 연구를 위한 실험 부지를 조성하고 농산물 생산 기술 및 효율적인 농산물 유통 방안 등을 홍보하는 프로그램을 운영한다. 무엇보다 도시인들을 위한 프로그램을 운영하는 것이 바람직하며, 이는 곧 공동체 운동을 확산시키는데 원동력이 될 수 있다. 도시인들의 경우 도시에서 경험하지 못하는 자연과 땅의 생명력 그리고 핵가족화로 인하여 상실된 전통문화 및 공동체성을 경험 할 수 있는 장을 마련하여 도시인들에게 고향 정취를 느낄 수 있는 체험의 장으로서 공동체가 그 기능을 수행하도록 한다. 넷째, 정보화 시대에 부응하는 차원에서 공동체에 관련된 각종 정보 등을 보유, 확산시킬 수 있도록 정보인프라를 구축하고 이에 따른 교육환경을 개선하도록 노력해야 한다. 즉 공동체내의 정보교류 및 인프라를 구축하여야 하며, 이를 위해서는 장기적이고 단계적인 계획 하에서 진행되어야 한다. 인프라 구축을 통하여 모든 구성원들은 정보네트워크에 참여할 수 있게 되며, 다양한

---

13) 국내 여러 공동체를 방문하여 이루어진 인터뷰 결과 대다수의 공동체가 직면하고 있으며 가장 두드러지게 대두되고 있는 문제는 자녀교육문제이다. 이른바 대입을 위한 자녀교육 여건은 도시보다 상대적으로 열악하기 때문에 자녀들이 초등학교 상급학년 정도의 나이가 되면 대다수의 공동체에서 구성원 가족들이 도시로 다시 이주하는 현상이 나타나고 있다. 본 장에서는 이러한 대입 중심의 교육문제에 대한 접근뿐만 아니라 공동체 구성원들이 지속적으로 거주할 수 있도록 교육 여건을 제공할 수 있는 방법 등을 제시하고자 한다.

정보공유는 아울러 사회 흐름과 관련된 정보를 원활하고 효율적으로 공동체 구성원들에게 수용된다. 그러나 이러한 정보인프라 구축 사업은 많은 비용을 필요로 하는 단점을 안고 있다. 이에 대한 철저한 준비과정과 실행과정을 경험한 문당리의 경우 아래 주어진 <그림 4>를 통해 자세히 알 수 있다.

<그림 4> 정보 인프라 구축 작업 과정

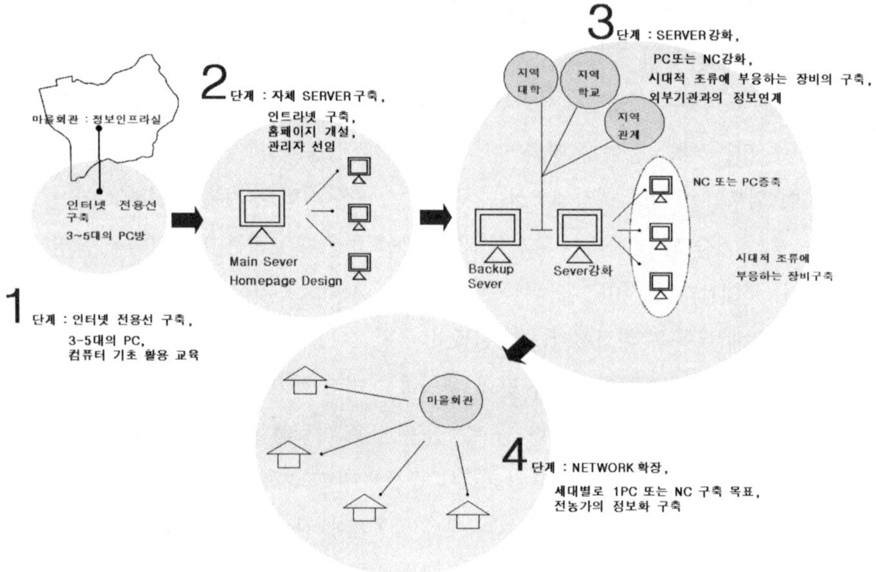

전체 4단계로 진행된 정보인프라구축작업은 우선 컴퓨터 기초 활용교육을 겸비한 정보화의 필요성 제기 및 목표달성이다. 2단계는 마을 자체 서버를 구축하고 홈페이지 개설하여 이를 적극적으로 활용하며 구성원들에 대한 정보화 교육을 심화, 확대시킨다. 3단계는 이미 구축된 서버는 시대 기류에 적합하도록 확장하며, 외부 관련기관과의 정보연계사업을 추진한다. 4단계는 최종단계로서 모든 구성원 세대에 컴퓨터가 공급되고 네트워크화되어 전 세대가 정보화에 참여하게 되는 과정이다.

이상과 같이 공동체 구성원들을 위한 사회적 기반 조성을 위한 다양한 프로그램에 관한 내용을 정리하여 표로 제시하면 다음과 같다.

〈표 2〉 공동체 교육 관련 프로그램

교육대상	교육내용	교육시설
유아 · 어린이	- 공동체내 환경교육 프로그램 - 놀이 문화 체험교육 프로그램 제공 - 어린이용 개인텃밭 제공	- 도서관 - PC 구입 및 정보화 교육시설 구비 - 농업실습장 - 기타 교육 시설 및 관련 프로그램 제공
청년층	- 외부인, 외부기술, 정보 강좌제공 - 장학제도 마련 - 교육지원체제 제공	
중 · 장년층	- 정보교육 - 전문기술 정보교류 및 교육기회 제공 - 공동 농업 실습장 마련	

이밖에도 국 · 내외 공동체와의, 예를 들면 국제생태마을네트워크 Global Ecovillage Network(GEN) 등과 같은 단체와 유기적인 관계를 모색하여 상호 자매결연 또는 협력 체제를 구축하여 개별 공동체의 이념 확산에 기여할 수 있도록 한다.

3.3. 환경적 기반조성

생태공동체의 주거환경은 주로 농촌지역을 중심으로 형성되어 있으며, 공동체 지역의 훼손된 생태계를 복원하고 기존의 생태자원은 보다 안정된 생태계의 흐름을 유지하도록 힘쓰는 생태계 보전 및 관리계획하에 유지되어야 한다. 이러한 기본 방향 설정 하에서 에너지 절약적, 물질 순환적, 그리고 자연에너지를 적극 활용하고 친환경 자연 건축 재료를 사용하는 생태적 건축개념을 도입하여, 신축, 개축, 증축 등의 모든 건축과정에 적용되어야 한다.[14] 이에 관

14) 생태건축에 관한 내용은 전춘명(2004): 독일 생태공동체의 건축 양식 유형 연구, in: 생태위기와 독일 생태공동체, S. 407-435을 참조할 수 있다.

한 구체적인 실행방안을 제시하면, 우선 단지 내에서 배출되는 모든 오염물질과 생활쓰레기는 원칙적으로 제거되거나 정화, 또는 재순환되도록 설계가 이루어져야 한다. 아울러 생태연못을 조성하여 오염수를 정화시키고 우수와 함께 중수를 활용할 수 있는 시스템을 도입하고 모든 지반은 가능하면 투수성으로 계획되어야 한다. 건물 지붕은 녹화하고, 단지외곽이나 클러스트별 공간구획은 담장을 설치하지 않고 중정으로 연결하거나 혹은 생울타리 등으로 조성한다. 또한 자연채광과 통풍이 잘 이루어지도록 설계하고, 가능하면 풍력을 이용한 에너지 활용시스템 등을 도입하여 에너지 절약 효과를 극대화할 수 있도록 한다. 건축재료는 모두 자연재료를 사용하며, 벽체는 황토나 혹은 황토 등을 가공한 흙벽돌을 사용하는 것을 원칙으로 한다. 이러한 방식으로 형성된 주거 주변은 생물이 서식 가능한 비오톱을 조성하여 주거지 자체를 외부인들에게 생태교육장 또는 관광자원지역으로서 활용할 수 있도록 하는 방안도 있다. 지금까지 간략하게 기술된 내용을 그림으로 제시하면 다음과 같다.

<그림 5> 생태공동체 주거지역 형성 방향

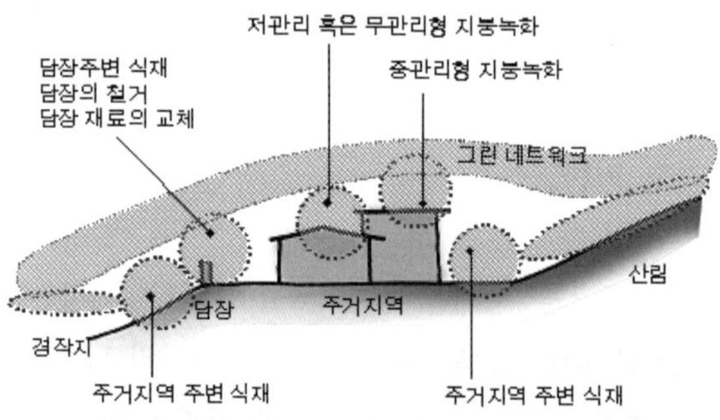

이외에도 에너지 부분을 중심으로 물 순환적 활용에 대하여 기술하면 다음과 같다. 생태공동체는 인위적 에너지 투입 또는 외부의 에너지 유입요소를 극소화한다는 전제하에 생태계의 순환과정에서 생성되는 부산물이나 폐기물 등은 자체 내에서 완전히 처리될 수 있는 방안을 마련해야 하며, 이는 곧 건

강하고 자립적인 생태환경을 유지하는 토대가 되는 것이다. 물질순환체계는, 앞서 언급하였듯이, 기존의 물의 흐름을 활용하고 방안, 우수 및 중수시스템 도입, 투수성 포장 조성, 생태화장실 도입, 미생물 자연정화시설도입, 바이오가스 이용들을 들 수 있다. 이에 대한 전체적인 순환체계는 다음 <그림 6>을 통해서 알 수 있다.

<그림 6> 생태적 물순환도

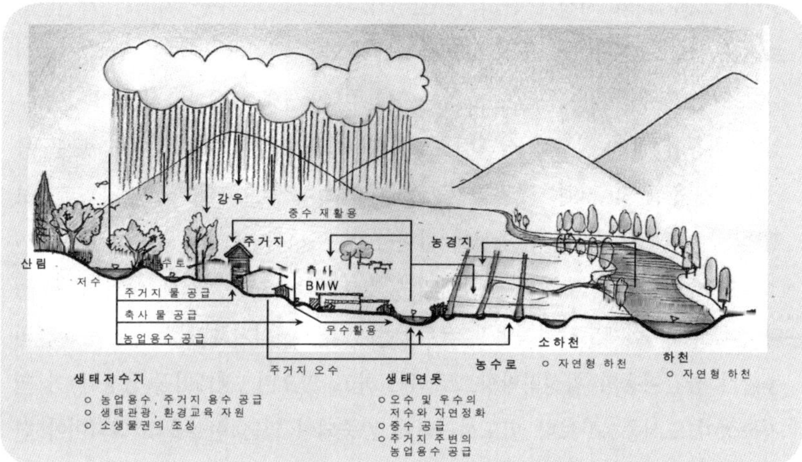

3.4. 법 · 제도 개선을 통한 기반조성[15)]

본 장은 앞서 기술된 생태공동체 활성화를 위한 경제적 기반, 사회적 기반 및 환경적 기반 방안들이 적용되고 실현되기 위해 필요한 제도개선방안을 제시하고자 한다. 실제 한국 사회에서 생태공동체 형성 및 운영은 제도적인 문제로 인하여 원활하게 이루어지지 못하는 경우가 많다. 따라서 이러한 걸림돌을 제거하기 위한 해결방안을 영역별로 분류하여 모색하고자 한다.

---

15) 본 장에서 다루고 있는 내용은 국가균형발전위원회(2006): 선진국의 혁신클러스터. 동도원을 중심으로 일부 재구성하였다.

첫째, 자연환경보전법 개정을 손꼽을 수 있다. 현재 우리나라 국토 자연환경보전의 기본 원칙을 포괄적으로 규정한 최상위법은 '자연환경보존법'으로서, 이 법은 생태계 보존과 멸종 위기에 처해 있는 동식물 보호 등 자연환경을 체계적으로 보전, 관리하기 위해 국가, 지방자치단체 및 사업자가 수행해야할 기본적인 원칙과 채무를 규정하고 있으나, 이 법의 적용은 단지 멸종 위기 야생 동·식물의 포획금지, 국제적으로 멸종 위기종에 대한 국제거래규제, 생태계보전지역의 지정과 관리 등 보전가치가 높은 특수한 지역의 자연환경보전을 위한 규제방안을 중심으로 이루어져 있을 뿐이다. 따라서 실제 사람이 살고 있는 정주공간을 중심으로 하는 친환경적, 생태적 생활양식을 유도할 수 있는 내용이 거의 전무한 상태이므로, 자연환경보전법상에 이른바 '생태마을(공동체) 육성 및 지원' 근거를 도입하는 작업이 필요하다. 또한 자연환경보전법 상 친환경 시범단지 조성에 관련하여 '도시의 생태적 건전성 향상'(47조) 조항이 있으나, 도시에 국한시키는 것으로서, 우리 현실에 부합될 수 없다. 더군다나 실제도시계획법과 국토이용관리법에 의거하면 도시와 농촌간의 통합적 공간이용의 활성화방향으로 유도하고 있으며, 생태마을(공동체)의 입지특성이 도시중심부보다 비도시지역에 집중되어 있는 현실을 고려되어야 한다. 따라서 도시와 비도시의 지역 구분을 배제하고 통합적인 관리 방식으로 전환된 상황에서 기존 '도시'개념을 확대하여 비도시까지 확대 적용될 수 있도록 '정주공간' 등과 같은 문구로 개정되어야 한다.

둘째, 건축 관련법 개정에 대한 필요성이 있다. 대다수의 생태공동체 및 생태마을에서 지어지는 건축구조의 특성은 오수의 자연정화, 생태적 건축공법 등과 같이 생태적으로 건전한 생활기반 시설을 지향하고 있으나, 현재 이를 위한 시설 도입은 각종 관련법규의 규정이나 지자체의 인식 부족, 기술 검증 및 모듈화의 미비 등과 같은 장벽으로 인하여 원활하게 이루어지고 있지 않다. 따라서 우선 관련제도의 정비와 함께 실제 제도를 현장에서 접하는 공무원 및 건설업자 등에 대한 규제유연화 변화가 병행되어야 한다. 구체적인 실례로서 '주택법' 규정상 20호 이상 주택을 건설할 경우, 부대복리시설에 대한 획일적인 규제로 인하여 생태공동체가 지향하는 자연정화 또는 재래식 화장실 등 생태적인 기발 시설의 도입이 원천적으로 봉쇄되어 있으므로, 획일적이고 경직된 규제의 유연화가 절대적으로 필요하다. 또한 흙담 공법을 사용하는 생태적 건축기법으로서 기존 농촌건물을 리모델링한 경우, 일부 지자체는 해당 기술이 법적으로 충족되어 있지 않으며, 안전을 보장하지 못한다는 이유로 승인하지 않은 사례도 있다. 그러므로 생태건축에 필요한 친환경소재, 공법 등을 인증하여 생태건축 기술이 상용화되고 이에 대한 활성화 차원에서 제도적 장치가 마련되어야 한다. 더불어 생태마을 및 공동체에 적합한 생태적인 기반시설을 확대하거나 질적 수준을 고려하여 다양한 생태-, 환경 친화적 인센티브를 도입하여 지원하는 제도적 장치를 도입할 필요성이 제기된다.

셋째. 지방조례가 제정될 필요성이 있다. 이러한 조건이 필요한 이유는 지자체장 임기 및 지역 사회변동으로 인하여 파급되는 영향을 최소화하여 지속적이고 안정적인 지원이 가능하도록 하기 위해서다. 더불어 지자체 차원에서 이루어지는 조례제정은 중앙정부차원에서 고려하지 못하는 지역 특수적 특성을 살리면서 지역 자원을 충분히 활용하는 체계로 발전할 수 있는 장점이 있다. 그러나 현재 생태마을을 조성하기 위한 취락지구를 계획할 경우, 구체적인 내용은 대통령령을 따르고 있기 때문에, 기초 자치 단체 나름의 조례제정 및 계획은 어려운 상황임으로, 이에 대한 조례제정이 필요한 것이다. 다행히 국내 일부 지자체에서 생태마을과 관련된 지방조례가 제정되고 있어,[16] 이들 조례는 해당 마을에 대한 향후 마을 관리전반을 포괄할 수 있는 조례로 발전할 수 있는 가능성을 담고 있다.

---

16) 실제 지역 특성에 맞추어 지방조례제정이 이루어진 마을은 진안군 으뜸마을 가꾸기 조례(2003년 제정), 순창군 그린투어리즘 육성지원 조례등을 손꼽을 수 있다. Vgl. 국가균형발전위원회(2006: 208-210).

4. 결론

한국 생태공동체 활성화를 위한 방안을 모색하기 위하여 이루어진 다양한 기반제도에 대한 분석 및 대안 제시를 목적으로 설정한 본 논문은 우선 생태공동체 개념에 대한 정의 및 한국 생태공동체의 현황과 특성을 고찰하였다. 더불어 각기 다른 형성배경과 이념을 바탕으로 발전한 생태공동체들의 특성을 규명하면서 경제적-, 사회적-, 환경적 관점 및 제도개선을 연구하여 다음과 같은 결과를 도출하여 정리할 수 있겠다.

첫째, 지난 70년대부터 한국 생태공동체는 개별적으로 특수한 역사적 배경을 갖고 태동, 형성되었다. 특히 경제성장 일변도의 사회배경에서 사회운동의 일원으로 출현한 공동체는 소외된 자들을 위한 새로운 보금자리 성격을 가졌고, 90년대부터는 환경-, 생태 운동의 사회적으로 활성화시키는 계기를 마련하였다. 이 과정에서 일부 공동체는 유기농업을 기반으로 도시와 농촌의 연계체로서 뿐만 아니라 조화를 이루어 낼 수 있는 중요한 가교역할을 수행하게 되었다. 21세기 들어서 생태문제는 일상생활의 문제로 인식되었을 뿐만 아니라 자연과 인간의 유기적 협동관계에 대한 중요성을 불러일으켰다.

둘째, 경제적 관점에서 생태공동체 활성화를 위한 가장 중요한 방안은 재정 자립을 위한 지역 특성을 살린 유기농 사업의 활성화와 재정 관리의 절대적 투명성이다. 또한 모든 공동체 구성원들이 독자적이고 협력적인 경제적 수입원 보장이 제공되어야 한다. 사회적 관점에서는 시대조류에 맞게 컴퓨터 기반설비의 운영과 이에 대한 공동체 구성원들의 교육이 선행되어야 한다. 현 공동체 세대원을 위한 교육뿐만 아니라 2세를 위한 교육 기반시설 즉, 초등교육부터 대학교육에 이르는 전 교육과정이 장기적 안목에서 필요하며, 이는 공동체 이탈을 방지할 수 있는 중요한 시설이다. 생태공동체 활성화를 위한 환경적 요인은 생태공동체가 지향하는 목적과 일치되기 때문에 무엇보다 생태적 지역조성 및 생태 건축에 대한 대중화 작업이 필요하다.

셋째, 한국 사회에서 생태공동체의 활성화를 위한 다양한 요건들 중에서 실제 현장에서 많이 논의되고 있는 사항은 곧 관련 법, 제도 조항 개정 및 신설이다. 주로 지방에 위치한 생태공동체는 부지 선정에서부터 생태 공동체 대지 조성 그리고 공동체 구성원들이 거주하는 건물을 건축 및 리모델링하는 모든 과정에서 직면하는 제도적 모순이 산재되어 있기 때문에, 이에 대한 개정 및 새로운 지방조례제정이 필요하다.

본 연구에서 지금까지 논의되었던 기존 생태공동체 발전과정의 문제 및 확대과정에서의 걸림돌과 이에 대한 해결방안들은 앞으로 형성될 또는 현재 운영되고 있는 생태공동체들의 활성화를 위한 토대로서, 그리고 생태공동체에 대한 다각적인 연구가 더욱 더 촉진될 수 있는 계기로서 그 의미를 찾을 수 있겠다.

참고 문헌

국가균형발전위원회(2006): 선진국의 혁신클러스터. 동도원.

국중광/박설호(2004): 생태위기와 독일 생태공동체. 한신대출판부.

김성균(2002): 한국 공동체의 흐름과 스펙트럼. in: 지역사회개발연구 제27집 2호, S. 305-322.

문순홍(2006): 생태학의 담론. 도서출판 아르케.

박경철(2004): 한국 '생태공동체' 및 '생태마을' 현황. in: 국중광/박설호(2004): 생태위기와 독일 생태공동체, S. 485-512.

송명규/김병량(2001): 생태공동체 운동의 이념적 기초. in: 한국지역개발학회지 13, S. 185-199.

임기표(편저)(2005): 지속가능한 사회를 위한 생태마을과 영구농업 환경설계 가이드. 전남대 출판부.

전춘명(2004): 독일 생태공동체의 건축 양식 유형 연구. in: 국중광/박설호(2004): 생태위기와 독일 생태공동체, S. 407-435.

한신대학교 학술원 생태공동체 연구팀(2006): 한국에서의 생태공동체, 그 가능성과 전망. 심포지움 자료집.

황대권(2006): 한국생태공동체의 현황과 성공을 위한 조건들. in: 한신대학교 학술원 심포지움 별쇄 자료집.

홍성환경농업마을(2000): 21세기 문당리 발전 백년 계획. 연구자료집.

http://www.ecovillage.org

http://www.wcoop.or.kr

한국 공동체 현황

간디학교 [설립연도 1997.9.9] http://gandhischool.net/ 경상남도 산청군 신안면 외송리 122번 교무실 전화: 055)973-1049 이메일: puzeda@hanmail.net 간디학교는 진정한 전인교육의 한 모델을 만들고자 노력하는 교육공동체이다. 창의적 지식교육의 방법 계발, 감성교육과 덕성교육을 하기 위한 여러 가지 다양한 교과의 배치와 계발을 꾸준히 해 나감으로써 진정한 의미의 특성화학교를 만들어 가고 있는 대안교육공동체이다.

관악지역화폐 [설립연도 2000.3] 약 100여명의 회원들이 '나무'라는 지역화폐를 사용하고 있다. 기존의 실업사업이 생계비 지원, 보조금 지급 등의 복지 공급자 중심의 공동체이다.

광명 YMCA 생협 [설립연도 1994.8.1] http://www.kmymca.or.kr/ 경기도 광명시 하안3동 62-4번지 우성빌딩 601호 전화: 02)809-2081 팩스: 02)809-2085 이메일: kmymca@hanmir.com 가정과 마을에서 자치를 이루고 지역공동체와 지역자치를 이루어 생명과 평화의 도시 광명을 만들어 나가고자 회원들이 마을과 지역을 중심으로 활동하고 있는 생활공동체이다.

광주나누리 [설립연도 2002.11] 광주나누리는 센터를 중심으로 지역화폐운동을 전개하고 있다. 회원사이의 믿음을 바탕으로 현금 대신 지역통화인 나누리를 통하여 물품과 서비스를 거래함으로써 경제적인 유익성과 더불어 이웃과 유대를 형성하는 지역공동체이다.

귀빈래 마을 [설립연도 1983] http://chsfarm.co.kr/ 경상북도 상주시 화북면 입석리 산6-1 전화: 054)535-5039 팩스: 535-3562 청화산의 계곡에 형성된 귀빈래(貴賓來)마을은 예로부터 귀한 분들이 온다는 유래로 이루어진 마을 이름으로, 인류의 건강과 평안을 심는 청화산 농산물을 공급하고 새로운 농경문화를 창출해 가고자 노력하는 지역공동체이다.

귀일원 [설립연도 1947.1.1] http://gwiilwon.or.kr/ 광주 광역시 남구 봉산동 132-1번지 전화: 062)652-0576 이현필 선생을 중심으로 버림받은 이웃을 고난 중에 돌아보며 자신을 지켜 세속에 물들지 않게 하고, 하나님을 사랑하며 이웃을 사랑하는 삶을 실천하기 위해 작은 공동체 모임으로 시작하여 현재 정신장애인들과 장애인들을 보호 치료하며 신앙심에 의한 자활자립능력을 갖도록 버림받은 이웃에게 사랑을 실천하며 그리스도께 봉헌된 삶을 살고자 설립하였다. 귀일원도 동광원과 마찬가지로 한국의 공동체 운동에 있어서 중요한 의미를 지니고 있는 곳이다.

금호행당하왕주민기획단 : 송학마을 [설립연도 1991] 재개발 사업으로 인하여 세입자의 권리가 무시되거나 합리적으로 보장되지 않는 상태에서 강제로 철거되는 사태가 발생하지 않도록 스스로 단결하여 임시거주시설의 설치와 공공임대주택에 확실히 입주할 수 있도록 함으로써 세입자로서의 인간다운 삶을 도모하는데 목적을 두고 있는 지역공동체이다.

낙골교회 http://www.nakgol.or.kr/ 서울 관악구 신림7동 667-83 (4층) 전화: 02)869-9067 낙골교회는 1983년 난곡마을에 세워진 작은교회로서 가난한 이웃들의 벗으로 함께하여 왔다. 시대와 민족 그리고 이웃을 위한 나눔과 섬김의 공동체이다.

다일 공동체 [설립연도 1999.4.5] http://www.dail.org/ 경기도 가평군 설악면 묵안리 390-1 다일 영성생활 수련원 전화: 031)585-6478 팩스: 031)585-6479 청량리 도심 한복판은 다일공동체의 나눔과 섬김의 사역현장이고 이 곳은 주안에서 쉼을 얻고, 영적으로 재충전을 하는 곳이다. 이곳에서는 공동체를 살기로 서약한 가족들이 매일매일 "어떻게 예수처럼 사는가?" 하는 하나의 목표를 향해서 나눔과 섬김의 봉사생활을 추구하는 신앙공동체이다.

동광원 [설립연도 1952.6.1] http://dongkwangwon.netian.com/ 수원시 팔달구 화서동 41-4 전화: 031)255-0367 동광원은 아동복지법 제1조에 해당하는 만 4세부터 18세까지의 요보호 아동을 보호하고, 그리스도의 정신과 성경의 교훈으로 지도하여 건전한 사회인으로 성장케 한다. 동광원의 목적은 문화활동, 집단활동, 예체능 활동을 통해 아동의 정서발달 도모하고 있다. 동광원은 한국의 공동체 운동에 있어서 중요한 의미를 지니고 있는 곳이다.

두레 공동체 [설립연도 1971] http://www.doorae.com/ 경기도 화성군 우정면 화산 7리 692-15 두레 공동체 운동본부 전화: 055)964-2317 팩스: 055)964-2318 두레공동체운동은 70년대 가난한 이웃이 모여 살던 서울 청계천에서 시작되었다. 두레공동체운동은 하나님의 통치와 사랑이 모든 피조물에게 넉넉히 임하게 하는 총체적인 하나님나라 운동이다. 아울러 복음의 힘이 구석구석에 미치도록 하는 온전한 복음 운동이며, 파괴된 인간을 '연대적 인간', '공동체적 인간'으로 회복하는 '사람살림' 운동을 추구하고 있는 계획공동체이다.

들꽃 피는 마을 [설립연도 1994.10.9] http://www.wahaha.or.kr/ 경기도 안산시 단원구 와동 751-6 전화: 031)486-8836 / 8838 팩스: 031)486-8839 이메일: waha1318@hanmail.net 들꽃피는 마을은 대안가정과 대안학교를 바탕으로 청소년들이 공동체로 살아가는 곳이다. 혈연가정을 잃었기에 더욱 가정의 따뜻함과 지역사회의 세심한 배려가 필요함을 절감하면서 공동체 운동을 전개하고 있는 대안교육공동체이다.

떼제 공동체 [설립연도 1979] http://www.taize.fr/ 서울 강서구 화곡동 105-51 전화: 02)2606-7079 1940년 로제 수사가 가톨릭과 개신교를 아우르는 에큐메니칼 국제공동체를 여기에 창설했다. 하루 세 차례 드리는 공동기도가 떼제의 생활의 중심이다. 몇몇 형제들은 다른 대륙의 가장 가난한 사람들 가운데서 작은 신앙공동체를 이루고 있다.

무지개 교육마을 [설립연도 2002.8] http://www.moojigae.or.kr/ 경기도 과천시 별양동 19-1번지 전화: 02)3679-7778 이메일: maul@moojigae.or.kr 마을은 자연과 인간의 상생관계와 그 존재의 소중함에 대한 배움과 실천 속에서 사랑과 평화를 체득하고 다양성과 개성이 존중되는 더불어 사는 생활교육공동체적 삶을 지향하며, 학교의 설립 및 지원과 함께 삶과 배움의 터전인 지역공동체문화를 추구하고 있다.

물꼬학교 [설립연도 1989.12] http://www.freeschool.or.kr/ 충북 영동군 상촌면 대해리 689 자유학교 전화: 043)743-4833 팩스: 043)743-0213 1989년 '열린글 나눔삶터'를 시작으로 새로운 학교를 꿈꾸던 물꼬는 1997년 가을을 넘기며 물꼬생태공동체를 준비하기 시작하였다. 2004년 상설학교로 문을 열겠다던 약속을 지킨 자유학교 물꼬는 그 바깥에 물꼬 생태공동체를 모색하고 있다.

물만골 공동체 [설립연도 1953] 부산광역시 연제구 연산 2동 산 181번지 전화: 051)852-0399 이메일: kdp0399@korea.com 물만골 공동체는 도시빈민지역의 현안인 주거문제 해결을 극복한 삶의 공동체를 꿈꾸며, 환경과 생태 그리고 인간이라는 주제가 어울리는 도시빈민의 손으로 만들어가고 있는 지역공동체이다.

미래를 내다보는 사람들의 모임(미내사) [설립연도 1998.1] 미내사 클럽은 자신의 기술과 재능, 또는 무엇이든 남과 나누고자 하는 마음 있는 사람이면 누구든지 참여하실 수 있으며 돈 없이는 아무 불편 없이 서로의 기술과 물품을 나누고 지역주민간의 유대관계를 공고히 하며 사랑을 나누는 공동체 모임이다.

민들레 공동체 [설립연도 1991] http://www.dandelion.or.kr/ 경남 산청군 신안면 갈전리 42번지 전화: 055)973-6813 팩스: 없음 이메일: contact@dandelion.or.kr 민들레 공동체는 이 시대의 사치와 향락, 물질주의와 개인주의라는 타락한 자본주의의 흐름에 대항하여, 단순하고 소박한 삶(simple and decent life)을 추구하고 있다. 직접 노동으로 의식주를 가능한 해결하고 손으로 만들고 길러서 삶을 일으키는 것이 기본이 되어야 한다는 원칙을 강조하고 있는 신앙공동체이다.

밀알공동체 [설립연도 1998] http://www.milcomm.org/ 경북 칠곡군 가산면 학산리 785번지 전화: 054)972-9301 장애인과 비장애인이 더불어 살아가는 사회를 만들어 가는데 목적을 두었으며 설립이념은 인간 존중의 가치실현, 공동체적인 삶, 나눔과 섬김이 있는 공동체이다.

방주공동체 [설립연도 1994] http://62bangju.com/ 경북 울진군 서면 쌍전리 151 전화: 054)783-5368. 011-9569-5368 방주공동체는 20여년 이상의 유기농업을 실천하는 농민단체로서 농업을 통해 지역 생태계를 살리고 나아가 소비자들의 오염된 밥상을 살림은 물론 다른 생명과 상생을 지향하는 생명운동을 전개하고 있는 공동체이다.

보은예수살이 [설립연도 1998.1] http://bonacom.or.kr/ 충북 보은군 산외면 대원리 62-1번지 전화: 019-9165-9904. 이메일: bonacom@bonacom.or.kr 보은 예수살이 공동체는 '하나님의 사랑으로 서로 사랑하며 하나님의 백성들을 위로하라' 아래 설립된 예수마을이며 기독교, 가정, 농촌, 선교 공동체이다.

사랑방공동체 교회 [설립연도 1982] http://sarangbang.org/ 경기도 포천시 소흘읍 무림리 348번지 전화: 031)544-1615 팩스: 031) 544-1618 교회의 본래적인 삶은 예수 그리스도 화해의 십자가를 근거로 성령에 의해 이루어지는 공동체적인 삶(성령의 코이노니아)을 강조하고 있는 공동체이다. 사랑방교회는 유치부, 초등부, 중등부, 고등부 전 교육과정의 대안학교를 운영하고 있다.

산안마을(야마기시회) [설립연도 1984] http://www.yamagishism.co.kr/index.htm 경기도 화성시 향남면 구문천 3리 산141-1 전화: 031)353-3920 팩스: 031)353-8832 행복회 야마기시회는 "자연과 인위, 즉 천(天) 지(地) 人(人)의 조화를 도모하여, 풍부한 물자와 건강과, 친애의 정으로 가득 찬, 안정되고 쾌적한 사회를, 인류에 가져오는 것"을 취지로 하고 있다. 다시 말하면, 인간을 자연과 대치(對峙)하는 것이 아니라, 자연과 인간은 일체(一體)로서, 인간이 자연과 조화를 이루며 살 뿐만 아니라 사람과 사람 사이도 마찬가지로 인간은 혼자만으로 존재할 수 없는 일체 속의 일원으로서 조화를 이루며 사는 것을 강조하고 있는 계획공동체이다.

솔뫼농장 [설립연도 1994] http://solmoefarm.cafe24.com/ 충북 괴산군 청천면 이평리 전화(팩스 겸용): 043)833-8810 전화: 010-4411-8107 솔뫼농장은 자연과 더불어 농사지으며 땅을 살리고 소비자의 건강을 생각하는 생명농업, 유기 농업을 실천하는 곳이다. 농민과 소비자 사이의 인간적 나눔과 인연을 소중히 생각하고 양심과 정성을 다해 농사짓고 회원 서로 간에 돕고 나누는 공동체를 지향하며 토박이와 귀농자가 함께 하는 모임으로 열려있는 미래의 대안을 가진 농촌을 지향하고 있는 공동체이다.

실상사 사부대중 공동체 http://www.silsangsa.or.kr/ 전라북도 남원시 산내면 입석리 50번지 전화: 063)636-3031 팩스: 063)636-3772 이메일: silsangsa@silsangsa.or.kr 실상사는 출재가의 대중이 함께 모여 '사부대중 공동체'를 이루고자 노력하고 있다. 실상사에는 불교의 연기 사상을 교육이념으로 삼은 중학 과정의 학교인 '실상사 작은 학교'는 교계 최초의 대안학교이다. 또한 역시 교계 최초이자 유일한 '실상사 귀농학교'는 현대 도시인들에게 새로운 삶의 철학을 심어주고 있다.

안성의료생협 [설립연도 1996] http://medcoop.or.kr/ansung/ 경기도 안성시 인지동 414-5번지 전화: 031)672-6121 안성의료 생협은 생태주의적 삶, 질병을 치료하고 건강을 유지하는 보건예방, 주민의 자치적인 활동을 통한 협동, 주민 중심의 주민자치를 모색하는 의료공동체이다.

안솔기 생태마을 [설립연도 1997] http://www.educovillage.com/ 경상남도 산청국 신안면 외송리 66번지 전화: 055)973-2962 우리는 건강한 삶을 원하는 사람들이 행복하고 아름답게 살기를 소망하며 한계에 부닥친 자본논리를 극복하고 새로운 대안적 삶을 모색하고 있는 생태마을이다.

양실회 [설립연도 1967.10.18] http://www.yangsil.or.kr/ 경기도 광주시 실촌면 곤지암리 산 10-1 전화: 031)762-6200 팩스: 031)762- 6215 양실회는 기독교 정신에 입각하여 사회생활의 기본단위가 되는 가정을 사랑을 실천하는 공동체로 만들고, 그 정신으로 나아가 사회봉사활동을 목적으로 하고 있는 신앙공동체이다.

예수살이 공동체 [설립연도 1998] http://www.jsari.com/ 서울특별시 마포구 합정동 370-34 전화: 02)3144-2144 팩스: 02)334-2144 이메일: office@jsari.com 예수의 생애와 삶 속에서 나타난 인간해방의 사상과 소유로부터의 자유, 소외된 이와 함께 하는 기쁨, 아름다운 세상을 위한 투신의 정신을 따르는 신앙공동체이다.

예수원 [설립연도 1965] http://www.jabbey.org/ 강원도 태백시 태백우체국 사서함 17호 전화: 033)552-0662~3 예수원은 노동과 기도의 삶을 영위하며, 기도의 실제적인 삶을 모색하는 영성수련 신앙공동체이다.

원주생활협동조합 [설립연도 1989] http://www.wcoop.or.kr/ 강원도 원주시 호저면 주산리 642-1 전화: 033)731-1896,4272 팩스: 033)731-1895 원주생협은 환경 농업을 실천하고 있는 농민 조합원 285가구 등과 원주 일원의 소비자조합원 690여 가구로 구성되어 있으며, 친환경농업 기술의 보급, 친환경 농산물의 공급과 함께 생명사상의 발상지인 원주를 생명의 도시로 가꾸기 위한 다양한 사회적 활동을 하고 있는 생활공동체이다.

작은누리 [설립연도 1993.10] http://cafe.daum.net/jakunnuri 경북 문경시 가은읍 원북리 268 전화: 011- 9578-9373 작은누리는 생명의 본성을 따라 사는 삶과 평등한 삶을 추구하고 있는 공동체이다.

정토회 [설립연도 1988] http://www.jungto.org/kor.html 서울시 서초구 서초3동 1585-16 전화: 02)587-8990 팩스: 02)587-8998 이메일: jungto@jungto.org 정토회는 '모두가 함께 행복한 세상을 실현하기 위한 일에 참여함으로써 사회뿐만 아니라 자기 자신의 행복과 자유가 실현된다'는 원리에 입각하여 일하고 있는 수행공동체이다.

팔당생명살림 [설립연도 1976] http://www.psss.or.kr/ 경기도 양평군 양서면 양수리 756-24 전화: 031)577-8021 / 팩스: 031)577-8022 팔당생명살림은 오늘날 물질, 편리중심의 산업 문명이 빚어낸 비인간화, 반생명적인 질서를 극복하고 인간과 인간, 인간과 자연이 상호 공존, 상생하는 길을 찾기 위한 것이다. 팔달생명살림은 이웃과 협동하고 생산자와 소비자가 연대하여 농약과 화학비료로 죽어가는 밥상을 살리고 공해로 찌들어가는 자연을 되살려 내가 살고 이웃이 살고 모두가 더불어 사는 길을 모색하고 있다.

풀무농업고등기술학교 [설립연도 1958.4.28] http://www.poolmoo. or.kr/ 충남 홍성군 홍동면 팔괘리 664번지 전화: 041)633-3021(교무) 633-1419(행정) 이메일: jmchul@poolmoo.or.kr 풀무학교는 진리에 겸손하고 인간을 존중하며 생명을 사랑하는 것을 인간형성의 기본내용으로 성서를 포함한 교양과 보통과목, 실업과목 등 전인교육 과정을 배우고 있다. 풀무농업고등기술학교의 목표는 성서에 바탕을 둔 깊이 있는 인생관과 학문과 실제 능력에서 균형 잡힌 인격으로 하나님과 이웃, 지역과 세계, 자연과 모든 생명과 함께 더불어 사는 평민(교훈)을 기르고자 함이다. 풀무학교는 "학교는 지역사회요, 지역사회가 학교요"라는 지역공동체적 의미를 강하게 지니고 있다.

풀무생협 [설립연도 1960] http://www.pulmu.or.kr/ 홍성군 홍동면 금평리 223 홍성풀무생협 전화: 041)632-9025 풀무생협은 농약과 화약비료를 거부하고 고집스럽게 유기농업을 고수해온 생산 농민들의 생활협동조합이다. 풀무생협의 목표는 첫째, 생산농민들의 협동을 통한 삶의 질 향상이며 둘째, 친환경적인이고 지속가능한 생산, 소비, 유통체계의 구축이다. 셋째, 참여와 자치, 생명가치를 지향하는 대안문화의 형성이며 넷째, 생산자와 소비자가 함께하는 생활공동체이다.

한농복구회 [설립연도 1994] http://www.hannong.com/ 경상북도 울진군 서면 왕피리 101번지 전화: 054)534-7961 팩스: 054) 534-4241 돌같이 심지가 견고하여 마음이 변질되지 않는 사람들이 모여서 이를 국내외적으로 실천하고 확대하기 위하여 친환경농업을 교육하고 연구하며 국내외 교류 및 홍보로 총체적 지구환경 회복을 이루어 인류의 참 행복과 복지 농촌를 도모하는 지역공동체이다.

한마음 공동체 http://www.yuginong.co.kr/ 전라남도 장성군 남면 평산리 614-27 전화: 061)393-0649 한마음 물류센터 062)383-6280 한마음 유기농 쇼핑몰 061)393-1925 자연학교 농업 농촌 문제의 근본을 해결하기 위하여 정의, 생명, 민족공동체에 근거한 생산, 유통, 소비가 함께 어우러져 생활 속에서 농민운동을 실천하기 위하여 1990년 3월 호남 최초로 설립된 유기농업 단체로 생명 먹거리를 위한 공동체이다.

한밭레츠 http://www.tjlets.or.kr/ 대전광역시 대덕구 법1동 282-7 민들레 의원 3층 "지역품앗이 한밭레츠" 전화: 042)638-2465 한밭레츠는 품앗이 정신을 바탕으로 나눔과 대면을 강조하고 있는 지역공동체이다. 한밭레츠는 회원이 홈페이지를 통해 공동체 화폐'두루'를 이용하여 거래한다. 또한 두 달에 한

번 씩 회원운동회를 통하여 공동체 유지에 많은 노력을 한다.

한살림 [설립연도 1986] http://www.hansalim.or.kr/ 서울시 서초구 양재1동 145-5번지 6층 전화: 02)3498-3600 팩스: 02)576-1309 한살림은 생명의 가치관과 세계관으로 모든 생명이 한집 살림하듯 더불어 살자는 뜻을 지니고 있다. 자연과 더불어 살며, 우리 후손에게 건강하고 밝은 생활터전을 물려주고, 농촌과 도시, 이웃과 이웃의 문을 활짝 여는 생명살림의 공동체이다. 한살림은 먹을거리와 자연 생태계가 조화를 이루는 농법으로 생산하고, 이렇게 만든 먹을거리를 이웃과 함께 나누는 소중한 일을 바탕으로 생명살림 운동을 펼치고 있다.

한생명 http://www.hanlife.or.kr 남원시 산내면 백일리 345-3 전화: 063)636-5388 팩스: 063)636-5390 조화로운 삶, 더불어 사는 지역 공동체, 생명을 살리는 농업. 인드라망 세계관과 농업을 바탕으로 경제, 문화, 복지, 교육 등 지역문화를 가꾸어 농•도공동체의 삶을 실현해 가는 지역공동체이다.

홍성환경농업마을 http://mundang.invil.org 충남 홍성군 홍동면 문당리 405번지 전화: 041)631-3538 이메일: nanum2100@ hanmail.net 홍성환경농업마을은 농촌의 희망을 찾고 자립 및 상호부조를 바탕으로 두레공동체의 모습으로 건강한 자연 속에서 자연의 섭리에 순응하는 마을 공동체를 추구하는 것을 바탕으로 한 지역공동체이다. 마을공동체의 삶을 위해 문당리 마을 100년 계획을 마련하여 마을의 장기 발전을 체계적으로 모색하고 있다.

생태공동체운동센터 http://www.commune.or.kr 서울시 중구 장충동 2가 186-28 우리함께빌딩 4층 02)2285-5004 이메일: ecolhk@chol.com 생태공동체운동센터는 생태공동체 건설 및 운영, 연구 및 교육, 그리고 네트워크 구축을 모색하는 NGO이다.

녹색대학교 [개교연도 2003] http://www.noksac.ac.kr 경남 함양군 백전면 평정리 469 전화: 055)964-0987 팩스: 055)962-0051 녹색대학은 온살스

러운 생명공동체의 건설을 창학이념으로 설립된 국내 최초의 대안대학이다. 녹색대학은 학부와 대학원 과정이 있다.

성결대학교 생태공동체연구소 http://www.community.re.kr 경기도 안양시 만안구 안양8동 산 147-2 전화: 031)443-6731 이메일: community@kornet.net 성결대학교 생태공동체연구소는 생태공동체의 경향과 흐름을 연구하는 연구소이다.

영산선학대학교 [개교연도 1927.4.1] 전남영광군 백수읍 길룡리 20- 2번지 전화: 061)350-6015 팩스: 061)350-6040 영산선학대학교는 원불교 정신을 후천개벽사상을 중심으로 공동체 세상을 지향하는 대학이다. 또한 영산성지 공동체 모색을 위한 방안도 구체적으로 모색하고 있다.

풀무환경농업전문과정 [개교연도 1999.2.5] http://www.poolmoo. net 충남 홍성군 홍동면 운월리 790 전화: 041) 631-6604 팩스: 041)631-6605 이메일 : csk0603@hanmail.net 풀무환경농업 전공과정은 나날이 악화되어 가는 환경과 수입개방화로 위기에 처한 농업, 도시와 단절된 농촌의 위축, 내분비 교란제인 환경호르몬과 윤리가 결여된 유전자 조작으로 심각하게 위협을 받는 국민건강의 문제를 연구하고 농업을 실천하는 생명의 수호자, 더불어 사는 사회의 건축가를 기르는 교육의 중요성에 눈떠 누군가 해야 할 일을 앞서 실천하는 풀뿌리 주민대학, 더불어 사는 지역과 사회 구현을 모색하는 대안대학이다.

한신대학교 학술원 생태공동체연구팀 경기도 오산시 양산동 411 생태공동체연구팀은 독일과 한국의 생태공동체의 흐름과 경향에 대하여 인문사회학적 연구를 하고 있는 연구팀이다.

한국 생태공동체의 실상과 전망

초판 1쇄 인쇄 2007년 2월 21일 **초판 1쇄 발행** 2007년 2월 26일
엮은이 국중광 **펴낸이** 박성복 **펴낸곳** 도서출판 월인
주소 142-879 서울특별시 강북구 수유2동 252-9
등록번호 제6-0364호 등록일 1998. 5. 4
대표전화 (02) 912-5000 팩스 (02) 900-5036
e-mail worinnet@hanmail.net
homepage http://www.worin.net

ISBN 978-89-8477-358-5 93330

값 13,000원

이 책은 2005년 한국 학술진흥재단의 지원에 의하여 연구되었습니다. 과제번호 KRF-2005-079-AM0052